침묵기도, 하나님을 만나는 길
일상의 성화를 위한 훈련

침묵기도 ———————— 하나님을
만나는
길

**일상의 성화를
위한 훈련**

김
수
천 지
음

kmc

주님의 종의 길을 가도록 지도해 주신

영적 아버지 전명구 감독님(기독교대한감리회 감독회장 역임),

하늘에 계시는 장모님 오성자 권사님,

기도의 어머니 윤은혜 권사님,

사랑하는 아내와 딸들,

그리고 교정을 위해 수고해 주신 이관수 목사님(평화감리교회)과

출판을 후원해 주신 한국기독교영성연구소 하근수 이사장님(동탄시온교회)과

이사님들께 깊은 감사를 드립니다.

차례

PART **2**
하나님의 임재를 경험하는
침묵기도의 실제

인간은 유한한 존재다. 인간의 한계는 인간의 자기중심성이라고 할 수 있다. 본성적으로 자기 지향적인 인간은 그 자기 지향성 안에서 바로 자신의 한계를 발견한다. 자기 지향성의 결과로 인간은 소외를 경험한다. 자기중심적인 삶을 살아가는 사람은 어느 공동체에서나 환영받지 못한다. 자기중심적으로 자연을 착취해 온 인간은 자연으로부터 소외당하고 있다. 지구 온난화로 인해 인류는 집단적으로 엄청난 재앙을 경험하고 있다. 자연과 더불어 조화로운 삶을 살도록 지어진 만물의 영장이 자연으로부터 소외당하고 있는 것이다. 더 심각한 소외는 자신으로부터의 소외일 것이다. 자기중심적인 삶을 살아가는 한 우리는 참 자아와의 갈등으로부터 자유롭지 못하다. 사도 바울의 고백처럼 참 자아와 자기중심적인 자아 간의 갈등에서 탄식을 경험한다(롬 7:23~24).[1]

자기중심성의 한계 안에 갇힌 인간에게 갈등은 바로 희망이다. 그 갈등으로 인해 인간은 자신의 한계에 머물지 않고 그것을 넘어서려 하기 때문이다. 그러나 인간의 상황은 알코올중독자와 같다고 할 수 있다. 알코올중독자들은 그 중독에서 벗어나야 함을 자각하지만 자기 힘으로는 결코 쉽지 않다. 전문적인 알코올중독 치료소를 찾아야 하는 것이다. 그러나 우리는 현실에서 대부분의 중독자들이 전문적인 치료소를 찾지 않고 갈등만 하다가 생을 마감하는 것을 본다. 이처럼 대부분의 사람들도 자기중심성의 한계 가운데 갈등만 하다 삶을 마감한다.

인간의 역사는 자신의 한계를 초월하려는 또 다른 노력이었다고 말할 수 있다. 특별히 그리스도인들은 존재론적인 관점에서 자신이 직면한 상황을 해석하며 그 한계를 극복하려 했다. 비록 자기중심성으로 인해 모든 것으로부터 소외된 상황에 직면해 있지만 인간 존재의 근원인 창조주의 간섭은 여전히 유효하다는 것이다. 신은 인간을 창조하였을 뿐만 아니라 인간의 자기중심성을 초월하도록 돕는 분이 되어 왔다. 이러한 관점을 믿는 사람들은 역사를 통하여 그것을 증명해 왔다. 비록 모든 신앙인들은 아니지만 진지하게 성경의 약속을 믿고 실천한 사람들은 자기중심성이라는 한계를 극복해 왔다. 그리고 가장 이타적인 삶의 모범이 되어 왔다.

성경이 약속하는 바는 인간을 창조한 하나님은 인간이 그 하나님의 성품을 회복하도록 인간 존재의 가장 깊은 곳에서 돕는다는 것이다. 인간이 하나님의 성품을 닮아 가는 과정을 성화 또는 신화(deification)라고 한다.[2] 만일 인간이 지금도 자기중심적인 한계를 절감하고 있다면, 그리고 알코올중독자와 같이 전문적인 상담자를 필요로 한다면 하나님의 성품을 닮아 가는 과정에 대한 연구는 가치 있을 것이다.

성화의 과정을 탐구하기 위해 필자는 동방정교회의 신화에 관한 사상을 중심으로 연구했다. 주지하듯이 동방정교회는 개신교회와 신학적으로 유사한 교단으로서 지리적으로는 소아시아를 포함한 동유럽 지역에서 발생하고 성장하였다. 1054년 서방교회인 가톨릭교회와 성령에 대한 논쟁으로 분열된 이후, 개신교회에는 다소 생소한 교단이 되어 온 게 사실이다. 하지만 그들의 영성신학적 전통은 세 가지 사실에서 영성신학에 대한 관심이 깊어지고 있는 개신교회에 시사하는 바가 크다.

첫째, 지리적으로 사도들이 활동하던 지역인 소아시아를 그 뿌리로 두고 있다는 사실이다. 둘째, 동방교회의 전통은 새로운 신학에 대한 탐구보다는 교부들의 가르침을 계승해 왔다는 점이다. 셋째, 하나님과의 연합에 이르는 영성 훈련의 길이 단일하다는 사실이다. 즉 서방교회는 영성가들마다 비교적 다양하게 영성 훈련을 실천해 왔으나 동방정교회는 예수기도(The Jesus Prayer)를 통한 '마음의 기도(The Prayer of the Heart)'라는 단일한 방법이 실천되어 왔다.

이 책에서 연구 방식은 해당하는 1차 자료들을 분석한 후 최근의 분야별 연구들을 검토하는 방식으로 진행하였다. 1차 자료들이 헬라어로 기록된 점을 감안하여 우선 영역본들을 분석하였다. 그리고 원어에 대한 해석이 필요한 경우 해당하는 본문의 헬라어본을 분석하였는데 헬라어본으로는 고전 헬라어 또는 현대 헬라어본을 참고하였다. 2차 자료로는 주제별로 전문적인 학술지의 논문들을 포함하여 권위 있는 학자들의 최근 연구들을 검토하여 연구의 객관성과 학문성을 유지하고자 하였다.

본문에 대한 개괄에 앞서 몇 가지 용어의 정의를 설정하고자 한다.

첫째, 관상기도에 대한 정의다. 영성가들이 실천한 깊은 침묵기도를 일반적으로 관상기도(Contemplative Prayer)라고 부른다. 한자어로 관상은 '생각으로 본다'는 뜻이다. 헬라어로 관상은 "떼오리아"라고 하는데 이 단어는 신약성서에서 누가복음 23장 48절과[3] 사도행전 17장 16절에서[4] 두 번 사용되었다. 두 본문 모두 물리적인 바라봄을 의미한다. 물론 영성가들이 추구한 것은 물리적인 바라봄이 아니라 생각으로 보는 것을 의미하였다. 그렇다 하더라도 생각으로 본다는 것은 개신교회 신자들에게는 낯설고 어려운 개념이다. 기본적으로 관상의 상태란 '성령을 통한 하나님의 임재 의식을 획득하고 경험하는 것이며 그 성령의 활동에 맡기는 상태'라고 정의할 수 있다.[5] 따라서 필자는 관상기도를 개신교회 신자들에게 친숙한 '침묵기도'라는 단어로 사용하고자 한다. 다만 관상기도의 역사를 다룬 1부에서는 기존에 번역된 모든 자료들이 관상기도라고 표현하기에 독자들이 혼란을 겪지 않도록 '관상기도'라고 표현할 것이며, 적용을 다룬 2부에서는 '침묵기도'라고 표현할 것이다.

둘째, 관상기도의 정의만큼이나 쉽지 않은 것이 영성이라는 용어다. 영성은 영어로는 'spirituality'로 번역된다. 그러나 영성이 무엇인지에 대한 정의는 간단하지 않다. 영성을 포괄적으로 '기도하기와 생활하기의 결합'으로 정의하는 견해도 있고[6] 그리스도교적인 관점으로 '성령 안에서의 삶'으로 규정하는 견해도 있다.[7] 하지만 필자는 그것은 여전히 그리스도교 진리의 핵심과 거리가 있는 정의라고 생각한다. 그리스도교 진리의 핵심은 십자가의 길이다. 그래서 영성을 '성령 안에서 기쁨으로 고난의 길을 가는 것'이라고 정의하는 바다. 고난의 길이 기쁘다고 하는 것이 영성의 핵심을 드러낸다. 영성은 성령을 통해 하나님의 임재를 경험하는 것이다. 그런데 하나님의 임재란 신적 사랑에 압도되는 것이며 바로 그 신적 사랑에 감동된 신자는 하나님을 사랑하기에 하나님을 위한 고난의 길을 기쁨으로 가게 되는 것이다.

셋째, 영성 훈련에 대한 용어 사용이다. 근래 들어 이 용어를 영성 수련 또는 수행이라는 개념으로 사용하는 경향이 있다. 당연히 영성 수련 또는 수행이 보다 더 전문적이고 적절한 용어처럼 들릴지도 모른다. 하지만 '행동을 닦는다'는 의미의 수행보다는 '생각을 훈련한다'는 의미의 수련이 더 적절하다. 그런데 이미 개신교회에 익숙해진 영성 훈련이라는 용어를 바꿀 필요가 없다고 판단되어 이 책에서는 영성 훈련으로 사용하고자 한다.

아울러 이 책에서 다루는 인물들은 영어식 표현이 아닌 고유 언어의 발음대로 표기하였다(이해를 돕기 위해 영어식 표기를 병기). 이를 위한 기준으로 현재 한국교회사학회에서 편집 중인 표준인명 표기안을 참고하였다.

이 책은 1부와 2부로 구성되었다. 먼저 1부에서는 하나님의 임재를 통해 실현되는 하나님과의 연합이라는 주제 아래 영적 훈련을 단계별로 연구하였다. 그리고 각 장별로 동방정교회 영성신학사에서 대표적인 인물들을 선정하고 그 주제에 맞는 저술들을 직접 분석해서 그 의미를 밝히고자 하였다. 그 주제는 여섯 개의 장으로 나누었는데 1장은 마음의 개념, 2장은 완전의 개념, 3장은 내적 성찰, 4장은 무정념에 이르는 법, 5장은 관상기도의 방법, 6장은 신성의 빛의 개념이다. 연대기적으로 정리하자면 2장과 3장은 4세기의 인물들을, 4장과 5장은 주로 그 이후의 영성가들, 마지막으로 6장은 11세기 신학자의 사상을 분석하였다.

역사적인 연구에 이어 2부에서는 개신교인 특히 한국교회의 신자들을 위한 다양한 침묵기도의 방법을 장별로 소개하였다.

먼저 역사적인 연구의 1장에서는 마음의 개념에 대하여 다루었다. 성경은 마음을 참 자아가 머무는 곳으로 설명한다(벧전 3:4).[8] 동방정교회에서는 이 마음을 인간 존재의 중심으로 이해해 왔다.[9] 왜 마음이 존재의 중심이며 참 자아가 머무는 곳인가? 성령을 통해 하나님이 임재하시는 곳이기 때문이다. 그 하나님의 임재를 통해 자기중심적인 자아는 이타적인 존재로 변화된다. 따라서 마음은 진정한 변화가 일어나는 곳으로 성경은 마음을 새롭게 함으로 변화를 받으라고 말한다(롬 12:2).[10] 그러나 마음은 훈련이 필요하다. 우주도 포함할 수 있는 것이 인간의 마음인데 그 마음은 악을 포함한 모든 것을 담을 수 있기 때문이다. 그래서 예수님은 마음의 청결을 강조하셨다(마 5:8).[11] 동방정교회 영성가들은 청결한 마음이란 잡념을 극복하고 마음을 하나님께 집중하는 것으로 이해하였다. 청결한 마음에 이르는 것은 훈련으로 가능하다. 훈련을 통해 마음을 하나님께 집중할 때 성령을 통한 하나님의 임재를 경험하게 된다. 그리고 그 하나님의 임재 안에 머물 때 인간의 마음은 변화된다. 하나님의 성품을 닮게 된다. 이기적인 존재에서 이타적인 존재로 변화되는 것이다.

2장에서는 4세기 니사의 그레고리오스의 《모세의 생애》에 나타난 완전의 개념을 분석하였다. 완전은 신화의 최종 목적지이기에 그 목표에 대한 명확한 개념 이해가 중요하다. 영성신학자로서 그레고리오스는 신자가 신화의 길을 가는 데 그 길의 모델이 있으면 좋을 것이라고 판단하였다. 그래서 성경적 모델로 모세의 삶을 주목하였다. 하나님과 동행한 모세의 삶을 통해 완전으로의 길이 무엇인지를 제시한 것이다. 모세의 삶은 신자들이 영적 진보의 과정에서 경험하는 정화, 조명, 그리고 연합의 과정을 잘 보여 준다. 그런데 그레고리오스는 완전은 정적인 상태의 개념이 아니라 진보를 향해 끊임없이 달려가는 동적인 개념이라고 결론짓는다. 비록 모세가 하나님의 친구로 여겨졌고 그의 온유함은 지상의 모든 사람보다 뛰어났지만 모세가 절대적인 개념의 완전에 이른 것은 아니었다. 그레고리오스는 이것을 시내 산에서 하나님이 모세에게 등만 보이신 사건을 통하여 설명한다. 하나님의 얼굴을 보기 원하던 모세에게 하나님은 등만 보이셨다. 그러나 모세는 그 체험을 통해 생생한 하나님의 임재를 경험하였고 더 큰 소망으로 불타올랐다. 그 소망은 하나님의 얼굴을 대면하는 영광된 종말에 대한 갈망이었으며 그 갈망으로 인해 모세는 경주장의 말처럼 완전을 향해 더욱 매진할 수 있었다.

3장에서는 4세기 에바그리오스와 마카리오스의 교훈에 나타난 내적 성찰의 길을 분석하였다. 이집트 사막의 수도자로 인간의 심리 통찰에 탁월했던 에바그리오스는 인간의 마음이 끊임없는 생각의 활동에 의해 지배됨을 깨달았다. 기도란 잡념을 극복한 순수한 지성의 활동으로 이해하였다. 그래서 잡념을 극복하기 위한 마음에 대한 관찰과 경성을 강조하였다. 그는 마음에 떠오르는 잡념을 극복하는 방법으로 마음에 떠오르는 헛된 생각들을 주의 깊게 관찰하라고 조언한다. 그리고 잡념이 진정되면 순수한 생각이 성령의 임재만을 갈망하라고 가르친다. 한편 동시대에 같은 지역에서 수도하던 마카리오스는 지성 대신에 마음에 초점을 두었다. 마음은 감성과 관련이 깊은 곳으로 성령이 임재하는 곳이다. 마카리오스는 기도에 있어서 느낌과 마음 안에서 이루어지는 성령의 활동을 강조한 것이다. 이렇게 순수한 사고의 활동을 강조한 에바그리오스와 마음을 강조한 마카리오스의 교훈은 후대에 이르러 상호 보완적으로 통합되어 정신과 마음이 하나가 되어 드리는 전인적인 기도(the prayer of whole person)를 형성하게 되었다.

4장에서는 동방정교회 영성의 고전인 《필로칼리아》의 저자들이 제시하는 내적 고요의 길에 대하여 분석하였다. 하나님의 임재에 이르기 위해서는 선결 과제로 내면의 정적에 이르러야 하는데 다른 말로 무정념이라고도 불렀다. 무정념에 이르는 길은 다양한데 가장 대표적인 것은 예수기도(The Jesus Prayer)다. 예수님의 이름을 부르는 예수기도를 반복함으로써 마음의 고요에 이르는 것이다. 둘째, 마음의 정적에 이르기 위하여 자신의 죽음의 순간에 대한 묵상을 훈련하였다. 죽음 앞에서는 삶의 모든 집착을 극복하게 되는데 바로 죽음의 순간을 묵상함으로써 마음속의 모든 잡념들을 진정시켰다. 셋째, 덕의 함양 훈련을 통하여 무정념에 이르게 되었다. 여러 가지 덕 가운데 특별히 절제, 인내, 사랑, 겸손을 강조하였는데 이러한 덕들은 그것을 성취한 만큼 내면의 고요를 경험하는 데 유익하기 때문이다. 끝으로 눈물의 은사를 강조하였다. 통회나 감사의 눈물은 생각을 정화한다. 그래서 쉽게 잡념들을 잠재우고 내면의 고요에 이르게 한다.

5장에서는 하나님의 임재를 경험하는 관상기도에 관하여 논하였다. 무정념에 이르는 훈련을 통하여 마음의 정적에 이르면 관상기도 가운데 하나님의 임재를 경험하게 된다. 역사를 통하여 동방정교회와 서방 가톨릭교회는 서로 다른 방식의 관상기도를 실천하여 왔다. 따라서 서방교회의 관상기도 방법을 이해하는 것도 도움이 된다. 서방교회는 일반적으로 렉시오 디비나의 방식으로 관상기도를 했다. 렉시오 디비나는 말씀 묵상을 통하여 잡념을 진정시키는 방식이라고 할 수 있는데 기본적인 방법은 읽기, 묵상하기, 기도하기, 관상하기의 순서로 진행된다. 말씀을 묵상하며 잡념을 진정시키기에 쉽게 생각을 집중할 수 있는 기도다. 나아가 말씀을 통한 정화와 조명도 경험할 수 있는 장점이 있다. 반면, 동방교회는 예수기도를 통해 관상기도를 실천하여 왔다. "예수여, 이 죄인을 불쌍히 여기소서!"라는 기도문을 반복함으로써 정신과 마음이 하나가 되어 하나님의 임재를 갈망하는 기도다. 이 기도는 그리스도교적 인간관을 잘 표현해 주는 건강한 기도라고 할 수 있다. 무엇보다도 예수의 이름이 지닌 능력을 의지함으로써 신적 은혜를 경험할 수 있다.

6장에서는 하나님의 임재를 구체적으로 상징하는 신성의 빛의 의미에 대하여 논하였다. 사실 신성의 빛의 개념은 개신교 신자들에게는 낯선 것이라서 신학적 의미를 파악하는 것이 필요하다고 여겨진다. 11세기의 성 시메온은 동방정교회 역사에서 3명의 신학자 가운데 하나로 추앙되었다. 시메온은 특별히 신성의 빛에 관한 가르침으로 유명한 영성가다. 동방정교회의 성화에 자주 등장하는 머리 주위의 신성의 빛은 예수님과 모세에게 나타났던 성경적 배경에 근거한다. 동방정교회 영성가들은 성령을 통한 하나님의 임재를 경험할 때 내면이 따뜻해지며 영혼 안에 불꽃이 타오르는 것을 경험하였다. 그리고 그러한 내면의 불꽃은 외적인 빛으로 반사되는 것으로 믿었다. 실제로 시메온은 젊은 시절부터 이 신성의 빛이 자신에게 임하는 것을 경험하였다. 시메온에 따르면 신성의 빛은 그것을 경험하는 신자에게 지극한 내면의 기쁨을 선사한다. 그리고 그 기쁨은 영적 진보를 위한 최고의 동기를 부여하여 더욱 영적으로 정진하게 한다. 더 나아가 성령 임재의 구체적인 현상으로서 신성의 빛은 그것을 경험한 신자의 삶 속에서 성령의 열매를 나타낸다. 그래서 시메온은 가난한 자들을 그리스도와 동일하게 섬겨야 함을 강조한다.

2부에서는 침묵기도의 실제 적용을 위한 방안들을 논하였다.

1장에서는 현재 한국 개신교인들이 실천하고 있는 통성기도에 침묵기도를 적용하는 방안을 제시하였다. 손을 들고 '주여'를 세 번 부르며 드리는 통성기도는 한국교회의 독특한 영성 훈련 방법이다. 이러한 기도를 통하여 한국교회 신자들은 잡념을 진정시키고 생각을 하나님께 집중하는 경험을 하고 있다. 이 기도는 특별히 성령의 능력을 체험하는 데 유용한 기도가 되어 왔는데 이제 여기에 침묵기도를 접목함으로써 성화와 하나님의 뜻을 분별하는 기도로 정진할 수 있다.

2장에서는 찬양과 침묵기도에 관하여 논하였다. 찬양은 한국인의 감성적 성향에 잘 부합하며 특별히 젊은 세대에게는 생각을 하나님께 집중하고 성령의 임재를 경험하는 데 유익한 방편이 되어 왔다. 이 찬양을 통성기도에 접목한 것처럼 성령의 임재 가운데 더 오래 그리고 더 깊이 머물도록 해 주는 침묵기도와 접목할 수 있다. 성령의 임재 안에 오래 그리고 깊이 머문 만큼 삶은 깊어지며 성화의 열매가 나타나기 때문이다.

3장에서는 큐티(QT)에 침묵기도를 접목하는 방안을 연구하였다. 한국교회는 큐티 운동을 통해서 영적으로 성숙해 왔다. 설교자들은 말씀 묵상을 통하여 본문의 의도에 충실한 설교를 준비할 수 있고 평신도들은 깨달은 말씀을 실천하는 삶을 살아가고자 노력한다. 그런데 큐티에서 한 가지 아쉬운 점이 있다면 성령의 임재 가운데 오래 그리고 깊이 머무는 시간이 부족하다는 것이며 그 결과로 삶에 적용이 잘 안 된다는 것이다. 물론 묵상 가운데 감동받은 구절이나 단어를 통해 묵상의 시간을 갖지만 성령의 임재 가운데 머무는 시간이 충분하지 못하면 적용의 열매는 제한될 수밖에 없다. 바로 이러한 아쉬움을 보완하기 위해 영성가들이 실천한 렉시오 디비나를 통한 침묵기도를 응용하는 방안을 고찰해 보았다. 렉시오 디비나의 핵심은 관상하기였는데 이 부분과 향심기도(the centering prayer)의 원리를 적용하면 좋을 것이다. 향심기도의 원리인 말씀을 통해 잡념 극복하기와 입으로 드리는 기도(oratio) 후에 이어지는 침묵기도를 적용한다면 더 깊은 영적 진보를 경험하게 될 것이다.

4장에서는 피조물에 대한 묵상을 통한 하나님의 임재 체험에 대하여 다루었다. 영성가들은 피조물을 하나님의 마음을 드러내는 작품으로 이해했다. 마치 예술 작품을 통해 우리가 그 작가의 인격과 영감을 느낄 수 있는 것처럼 피조물을 통해 하나님의 뜻을 헤아릴 수 있는 것이다. 나아가 피조물에 대한 깊은 묵상은 그 피조물에 내재하시는 창조주의 임재를 경험하게 한다. 성경은 지금도 하나님은 만물 안에서 만물의 충만을 이루어 가신다고 말한다(엡 1:23).[12] 따라서 피조물은 단순한 자연물이 아니라 바쁘게 살아가는 현대인에게 하나님의 임재를 일상에서 되새겨 주는 은혜의 선물이다. 매일매일 짧은 시간의 묵상을 통해 하나님을 주목하고 하나님의 임재를 경험할 수 있는 은혜의 방편이라고 할 수 있다.

5장에서는 동방정교회의 마음의 기도를 한국교회의 신자들이 실천해 볼 수 있는 방안에 대하여 연구하였다. 예수기도를 반복하는 것이 한국교회 신자들에게는 익숙하지 않을 수 있다. 그래서 예수기도 없이 처음부터 생각과 마음을 하나님께 고정하고 성령의 임재를 갈망하는 방법을 제시하였다. 진정한 기도가 성령의 임재를 경험하고 성령의 인도 가운데 드리는 것이라면 통성기도나 찬양 또는 말씀 묵상 없이도 하나님의 임재를 경험할 수 있는 기도 훈련은 의미 있는 것이 될 것이다. 물론 이 기도를 실천하기 위해서는 훈련도 필요하고 주의해야 할 것들도 있다. 그러나 한국 교인들은 오랫동안 기도 생활을 통해 다양한 영적 체험을 해 왔고 무엇보다 말씀에 대한 지식이 어느 정도 뒷받침되어 있기에 이러한 기도도 잘 소화할 수 있다고 판단된다. 무엇보다 이제는 성화의 열매와 이타적인 삶을 위해 정진해야 할 시기이기에 보다 깊은 기도의 훈련이 필요하다고 확신한다.

6장에서는 마지막으로 일상에서 하나님의 임재를 갈망하는 삶에 대하여 살펴보았다. 하나님과 동행하는 삶을 살던 영성가들이 우리에게 주는 교훈은 그들이 세상을 떠나 살았다는 사실이 아니라 그들이 자신들의 내면에 마음의 성소 짓기를 갈망했다는 사실이다. 영성가들은 삶의 어떤 것보다 하나님을 주목하는 마음의 세계를 구축하는 것에 우선순위를 두었다. 그러한 내면의 세계는 누구든지 형성할 수 있다. 내 자신이 그것에게 가치를 부여하면 되기 때문이다. 그 가치를 발견하면 우리는 밭에 감추어진 보화를 산 사람처럼 그것을 얻기 위해 삶의 습관들을 고쳐 나갈 것이다. 그리고 생이 다할 때까지 그 길을 향해 매진하는 과정에서 성경이 약속하는 지복을 누리게 될 것이다. 그 지복은 기쁨으로 고난의 길을 가는 것이며 그 길의 끝에서 경험하게 될 영원한 생명을 지금 선취하는 것이다. 영원한 현재를 지금 사는 것이다.

영성은 형성이 중요하다. 그래서 최근에는 영성신학 분야 가운데 형성적인 영성이라는 분야가 생기기도 하였다. 지극히 당연한 일이다. 성서가 진리가 되는 것은 그것을 읽는 신자들을 바람직한 인간으로 형성시켜 주기 때문이다. 사실 대부분의 인문학은 인간의 인간됨을 형성시켜 주기 위해 노력한다. 영성신학은 바로 이 인간의 완성을 위한 학문인데 이 연구가 한국교회의 성숙에 일조하기를 소망한다.

PART 1

침묵기도 훈련의
역사와 신학적 토대

1장

인간의 마음과
하나님의 임재

인간 존재의
중심으로서의 마음

인간의 특성은 기대되는 존재라는 것이다. 인간이 인간됨은 자신에 대한 기대 때문이라고 할 수 있다. 모든 인간은 나이, 성별, 사회적 지위에 관계없이 기대 가운데 살아간다. 예를 들어, 필자와 같은 중년의 남자들은 직장에서는 직장으로부터의 기대, 가정에서는 가족들로부터의 기대, 그리고 교회에서는 교인들로부터의 기대가 있다. 그 사람이 자신의 삶을 행복하게 사느냐의 여부는 바로 이 기대에 얼마나 충실한 삶을 사느냐에 달려 있다고 할 수 있다. 그리고 그 기대를 충실하게 성취하려고 애쓰는 과정은 바로 인간을 인간답게 만드는 요인이 된다. 또한 그 기대에 성실하게 부응하려는 노력은 인간을 고귀하게 만든다.

인간에 대한 다양한 기대 가운데 하나님으로부터의 기대는 특별하다. 왜냐하면 그 기대야말로 인간이 자신의 한계를 초월하도록 하기 때문이다. 그리스도인들이 믿는 하나님은 인간에게 말을 걸어오시는 신이다. 유대인 신학자인 마르틴 부버는 이것을 '나와 당신과의 관계(I and Thou)'로 설명하기도 하였다. 즉 성서가 증언하는 신은 자신이 창조하신 인간에게 지금도 개인적이고 인격적인 대화를 걸어오시는 신이라는 의미다. 바로 기독교의 신앙과 신학의 본질은 이러한 신의 요청과 그에 대한 인간의 응답이라고 할 수 있다. 인간과 세상을 지으신 하나님은 지금도 끊임없이 창조의 완성을 위해 일하시는데 하나님은 그 사역에 인간이 동참하도록 초대하신다. 신앙이란 바로 그런 신의 끊임없는 요청과 그에 대한 나의 실존적 결단과 응답인 것이다.

예수님은 신적 요청의 핵심을 한마디로 제시하셨다. 그것은 마태복음 22장 37~40절에 표현된 가장 큰 계명이다.

> 예수께서 이르시되 네 마음을 다하고 목숨을 다하고 뜻을 다하여 주 너의 하나님을 사랑하라 하셨으니 이것이 크고 첫째 되는 계명이요 둘째도 그와 같으니 네 이웃을 네 자신 같이 사랑하라 하셨으니 이 두 계명이 온 율법과 선지자의 강령이니라.

이 신적 요청의 핵심은 한마디로 마음과 목숨과 뜻을 다하여 하나님을 사랑하고 이웃을 내 몸으로서 사랑하는 것이다. 마음, 목숨, 뜻을 다하여 하나님을 사랑하는 것도 어렵지만 이웃을 내 몸으로서 사랑하는 것은 더욱 어렵다. 한글성경은 '내 몸같이'라고 번역되어 '같이'나 '처럼'이 전치사 'like'를 사용하는 것 같지만, 영어성경은 '으로서'를 의미하는 전치사 'as'를 사용한다.

역사를 통하여 인간은 초월을 추구해 왔다. 왜냐하면 인간은 자신이 한계를 지닌 존재임을 자각해 왔기 때문이다. 그런데 인간의 한계를 극복하려는 초월의 개념은 사람마다 다르게 이해되어 왔다. 예를 들어, 진시황제는 육체적 죽음을 극복하려고 시도하였다. 필자는 인간의 한계는 이기성을 극복하고 이타적인 존재로 변화하는 것이라고 이해한다. 그것은 또한 성서적인 관점과 상통한다. 인간은 모두 이기적이고 자기중심적이다. 그것이 인간의 죄악이다. 하와는 하나님처럼 지혜롭게 되어 선과 악을 분별할 수 있다는 유혹을 받았을 때 하나님의 말씀에 순종하는 것보다는 자신도 하나님처럼 될 수 있다는 자기중심적인 생각에 사로잡혔다. 그런데 예수님을 통해 재강조된 신적 요청의 핵심은 이 자기중심성을 극복하라는 것이다.

자기사랑에서 타자에 대한 사랑으로 변화될 것을 요구하는 이 신적 기대를 실현할 수 있는 곳이 바로 인간의 마음이다. 왜냐하면 마음은 사랑을 느끼고, 사랑이 일어나는 곳이기 때문이다. 동시에 마음은 인간이 자신의 한계를 뛰어넘을 수 있는 곳이기도 하다. 마음의 상태에 따라 우리가 이기적인 존재로서 기쁨이 충만하지 못한 삶을 지속할 것인지, 아니면 이타적인 존재로서 영생의 삶을 살 것인지가 결정되기 때문이다. 예수님은 사랑의 삶을 강조하는 포도나무 비유에서 "내가 이것을 너희에게 이름은 내 기쁨이 너희 안에 있어 너희 기쁨을 충만하게 하려 함이라(요 15:11)."고 말씀하셨다. 우리가 사랑의 삶을 살면, 전적인 사랑의 삶을 살아 내면의 기쁨이 충만하셨던 예수님의 기쁨을 경험하게 된다는 의미다. 바로 마음이 그 사랑을 받아들이고, 느끼고, 그리고 그 사랑이 생기는 곳이기에 마음은 우리의 존재를 규정하는 중심이 되는 것이다. 그런 의미에서 마음은 인간 존재의 중심이라고 할 수 있다.

성령이 임하는
곳으로서의 마음

신자들의 삶에서 마음이 중요한 또 다른 이유는 마음은 성령이 임하는 장소이기 때문이다. 이에 대해 사도 바울은 다음과 같이 말한다.

그의 영광의 풍성함을 따라 그의 성령으로 말미암아 너희 속사람을 능력으로 강건하게 하시오며 믿음으로 말미암아 그리스도께서 너희 마음에 계시게 하시옵고 너희가 사랑 가운데서 뿌리가 박히고 터가 굳어져서(엡 3:16~17).

16절의 속사람을 영어 성경은 'inner being'이라고 표현하였는데 이는 곧 17절의 '마음'과 같은 개념이다.

기독교 진리의 위대함 중 하나는 아들을 보내 죄인들을 구원하신 성부가 신자와 영원히 함께하시는 성령을 보내 주셨다는 것이다. 예수님을 믿고 구원받았다고 해서 신자들이 하나님이 원하시는 삶을 살아가는 것은 아니다. 의롭다고 여겨졌을 뿐 그 삶은 여전히 많은 죄 가운데 살아간다. 그래서 예수님은 이러한 인간의 속성을 아시고 승천하시기 전에 제자들을 위해 아버지께 요청하여 성령을 보내 줄 것을 약속하셨다. 그리고 예수님의 약속대로 승천 후 마가의 다락방에 모인 사람들에게 성령이 임하였고, 이후 모든 신자들에게 임하게 되었다. 이 성령의 역할은 제자들과 함께하시던 예수님처럼 신자들과 영원히 함께하는 것이다.

성령은 인간적 연약함 때문에 하나님이 원하시는 삶을 살지 못하는 신자들을 돕는 일을 하신다. 요한복음 15장의 포도나무 비유에서 예수님은 제자들에게 "아버지께서 나를 사랑하신 것 같이 나도 너희를 사랑하였으니 나의 사랑 안에 거하라."고 말씀하셨다. 우리가 알고 있는 것처럼, 요한복음 13~17장의 가르침은 예수님이 오직 제자들만을 위해 하신 마지막 사역이었다. 예수님의 유언과 같은 이 부분의 내용은 다음과 같다.

13장에서는 세족식을 하셨다. 14장에서는 성령이 오실 것을 말씀하셨다. 15장에서는 포도나무 비유를 통해 서로 사랑할 것을 강조하셨다. 16장에서는 장차 오시는 성령이 어떤 일을 하실 것인가를 말씀하셨다. 끝으로 17장에서는 제자들을 위한 중보기도를 하셨다. 그런데 15장에서 서로 사랑하기 위해서는 나의 사랑 안에 거해야 한다고 하셨을 때 '거하다'를 의미하는 헬라어 동사는 '메노(μενω)'다. 이 '메노'와 같은 어근을 가진 동사가 14장 17절에서 "그는 진리의 영이라 ...... 그는 너희와 함께 거하심이요 또 너희 속에 계시겠음이라."는 구절에서 사용된다.

'나의 사랑 안에 거하라'는 예수님의 초대와, 성령이 우리 안에 거할 것이라는 이 두 구절 사이에는 깊은 진리가 있다고 판단된다. 예수님은 제자들을 사랑해서 오셨고, 마지막으로 그 사랑 가운데 머물라고 간곡히 유언처럼 말씀하셨어도 인간의 연약함 때문에 제자들이 순종하지 못할 것을 아셨을 것이다. 그래서 15장보다 먼저 14장에서 그 제자들의 연약함을 도와줄 성령을 보내 줄 것을 약속하신 것이다.

> 그 날에는 내가 아버지 안에, 너희가 내 안에, 내가 너희 안에 있는 것을 너희가 알리라(요 14:20).

여기서 '그날'이란 오순절에 성령이 집단적으로 임한 그날 이후를 말한다. 즉 우리는 이미 우리 가운데 계시는 성령을 경험해야 한다. 그리고 그 도우시는 성령 안에서 우리의 한계를 극복할 수 있다. 인간의 자기중심성으로 인해 실현 가능하지 않던 이타적 삶이 가능해지는 것이다.

기독교적 관점에서 볼 때 이웃 사랑은 나에게서 나오는 것이 아니라 신의 사랑이 나를 지나서 표현되는 사랑에서 나온다. 그래서 사도 바울은 고린도전서 13장에서 내 몸을 불사르게 내어 줄지라도 사랑이 없을 수 있다고 하였다. 왜 그럴까? 예를 들어, 지하철에서 잘못해서 중심을 잃고 철로 위에 떨어진 노인을 구해 주다가 부상을 당했다면 그것은 분명 사랑이다. 숭고한 인간애로 정부에서 모범 시민 표창을 주어야 한다. 그것도 사랑임에 틀림없지만 그 사랑은 하나님으로부터 온 사랑과는 다른 사랑이라는 의미일 것이다.

이렇듯 성령은 신자에게 신적 사랑을 경험하게 하기 위해 인간의 마음에 임하신다. 그리고 신자는 자신의 마음에 임한 성령으로 인해 그 성령의 첫 열매인 사랑의 열매를 맺게 된다. 따라서 우리에게는 네 이웃을 네 몸같이 사랑하라는 신적 부름에 응답할 수 있는 가능성이 이미 열려 있다.

훈련이 필요한
인간의 마음

동방정교회 영성의 고전인 마카리오스의 《50편의 신령한 설교》에는 "하나님은 거할 곳을 찾아 우주만물을 배회하신다."는 표현이 있다.[1] 무슨 말일까? 전통적인 관점과 달리 자칫 이단이나 건강하지 못한 신학적 견해인 것처럼 보일 수 있다. 전통적인 신학에 따르면 우주를 창조하신 하나님은 그 가운데 내재하시며 동시에 초월해 계신다. 이러한 하나님의 내재성과 초월성을 부인하는 것처럼 보이는 이 표현의 진정한 의미는 무엇일까? 그것은 하나님은 하나님 자신과 영적인 교제를 나눌 수 있는 청결한 영혼을 찾으신다는 의미다. 성경은 하나님이 인간을 창조한 목적 중 하나가 인간과 친밀한 교제를 나누기 위해서라고 강조한다. 아담을 지으신 하나님은 서늘한 시간에 그와 교제하기 위해 그를 부르셨다. 그러나 자신도 하나님처럼 되고 싶은 유혹을 극복하지 못한 아담은 이미 하나님과 교제할 수 있는 순수한 마음을 상실하고 말았다. 아담의 불순종 이래로 하나님은 지금까지 마음이 청결한 영혼들을 찾고 계신다. 그러한 영혼을 성전 삼아 그 안에 거하시며 교제하기를 원하시기 때문이다.

비록 성령이 거하시는 성전이 되게 하기 위해 우리의 마음을 지으셨으나 정작 우리의 마음은 성령이 아니라 나의 생각과 뜻에 더 많이 지배당하고 있다. 이는 마치 우리의 마음이라는 공간에 욕심이라는 풍선을 부는 것과 같다. 그 풍선이 커지면 커질수록 풍선이 마음이라는 공간을 차지하게 되고, 그러면 우리 안에 계시는 성령이 자유롭게 활동할 수 있는 공간이 점점 작아진다. 만약에 욕심이나 근심의 풍선이 마음의 공간에서 95%를 차지하면 성령은 기껏해야 5%의 마음만 지배하시게 된다. 그런데 그보다 더 적을 수도 있다. 이때 우리는 우리의 내면에서 성령이 탄식하는 것을 느낄지도 모른다. 성령께서 우리의 마음을 지배하고자 하나 욕심과 근심으로 가득 차 질식할 정도로 좁아져 안타까워하며 긴 탄식을 하시기 때문이다. 사도 바울은 로마서 8장 26~27절에서 성령의 탄식을 이렇게 말했다.

> 이와 같이 성령도 우리의 연약함을 도우시나니 우리는 마땅히 기도할 바를 알지 못하나 오직 성령이 말할 수 없는 탄식으로 우리를 위하여 친히 간구하시느니라 마음을 살피시는 이가 성령의 생각을 아시나니 이는 성령이 하나님의 뜻대로 성도를 위하여 간구하심이니라(롬 8:26~27).

 "우리가 마땅히 기도할 바를 알지 못한다."는 의미는 무엇일까? 우리의 마음이 욕심과 근심으로 가득 찬 상태에서는 기도를 해도 그 이상을 기도할 수 없다는 의미일 것이다. 성령께서 이 같은 우리의 연약함을 아시므로 우리 가운데에서 탄식하시며 우리가 하나님의 뜻대로 기도할 수 있도록 우리를 위하여 친히 간구하시는 것이다.
 하나님은 육신을 지닌 우리의 마음이 언제나 먹어야 할 것과 입어야 할 것으로 대표되는 세상 근심에 둘러싸여 있음을 잘 아신다. 그래서 예수님은 우리가 먼저 그의 나라와 의를 구하면 이 모든 것을 더해 주실 것이라고 말씀하셨다(마 6:33). 이 말씀에서 그의 나라는 헬라어로 하나님의 다스림(the kingly rule 또는 reign)을 의미한다.[2] 그런데 하나님의 지배가 세상 근심과 무슨 상관이 있을까? 우리의 마음이 근심이나 욕심의 지배를 받으면 그 마음의 공간 안에서 성령이 지배하실 공간이 없어진다. 그런데 우리가 하나님의 지배 가운데 있으면 심리적으로 우리 가운데 결핍이 사라지기에 우리가 우리의 결핍에 집중하지 않는다. 그러면 우리 안에는 하나님의 뜻만 추구할 수 있는 거룩한 공간이 형성된다. 나의 결핍이 아닌 형제자매의 결핍을 느낄 수 있는 여유가 생기는 것이다. 이를 잘 아시는 예수님은 먼저 그의 나라와 의를 구하면 이 모든 것을 더하여 주신다고 말씀하신 것이다. 우리가 노심초사하여 해결하는 것보다 더 풍요롭게 공급하신다는 의미다. 우리를 위해서도 하나님이 공급하시지만 우리가 이타적인 삶을 위해 헌신하도록 그렇게 하시는 것이다.

하나님과 교제하려면 우리의 마음이 청결해야 한다고 예수님은 말씀하신다. 마태복음 5장 8절에서 "마음이 청결한 자는 복이 있나니 그들이 하나님을 볼 것임이요."라고 하셨다. 여기서 '하나님을 본다'는 의미는 얼굴을 대면한다는 것이 아니다. 종말론적인 의미도 있지만 현재를 살아가는 우리에게 그 의미는 하나님의 마음을 이해하고 그 뜻과 하나가 되는 것을 뜻한다. 문제는 전제 조건이다. 청결한 마음을 유지해야 하는 것이다. 그러면 청결한 마음이란 무엇일까? 욕심 없는 마음, 마음을 비우는 것 또는 흔히 말하는 청정심이라고도 할 수 있다. 그런데 영성신학적 관점에서 청결한 마음이란 '한 가지만을 갈망하는 것'이라고 할 수 있다. 마음을 무조건 비우는 것이 아니라 비우되 한 가지만 열망하는 것이다. 그 한 가지란 무엇일까? 그것은 성령을 통한 하나님의 임재다.

하나님은 나를 지배하기 원하신다. 2000년 그리스도교 역사를 통하여 가장 깊은 영성적 사유를 했던 히포의 주교 아우구스티누스는 이렇게 말했다. "하나님은 갈망 받기를 갈망하신다." 영혼이 한 가지만을 갈망하는 것이란, 바로 하나님의 임재만을 갈망하는 것이다. 물론 이것은 간단한 것 같지만 결코 그렇지 않다. 로렌스 형제는 중세 시대에 평신도로서 하나님을 갈망하는 삶의 길을 보여 준 인물이다. 로렌스 형제는 평범한 삶을 살다가 인생의 중년이 지난 나이에 수도원에 들어갔다. 수도사가 아니라, 수도사들을 위한 요리와 청소 담당자였다. 그는 시장에 가서 물건을 살 때도 마음으로 하나님을 주목하는 삶을 살려고 노력했다. 많은 실패가 있었지만 그는 다시 노력했다. 그러한 노력이 결실을 맺어 그는 다음과 같이 말할 수 있었다.

> 나에게는 일상의 시간과 기도의 시간이 다르지 않게 되었다. 여러 사람이 동시에 다른 것들을 요구하는 시끄럽고 떠들썩한 주방에서도 나는 내가 복된 성찬식에서 무릎을 꿇고 있는 것처럼 깊은 고요 가운데 하나님의 임재를 누린다.[3]

로렌스는 수도사가 아닌 평신도로서 하나님과 동행하는 삶을 살았다. 우리도 그러한 삶이 가능하다. 다만 훈련하면 된다. 인간 존재의 중심이 되는 마음은 훈련하는 대로 된다. 그래서 사도 바울은 다음과 같이 말했다.

> 망령되고 허탄한 신화를 버리고 경건에 이르도록 네 자신을 연단하라 육체의 연단은 약간의 유익이 있으나 경건은 범사에 유익하니 금생과 내생에 약속이 있느니라(딤전 4:7~8).

영성이란 마음을 훈련하는 것이며, 훈련이란 성령을 통한 하나님의 임재를 갈망하는 것이다. 마음을 훈련하는 것을 다른 말로 마음의 닻을 내리는 것이라고도 할 수 있다. 그래서 수도사를 나타내는 영어 단어 중 하나가 anchorite다. 일반적으로 공동체 수도원에서 수도에 전념하는 사람들을 monk라고 부르는 반면, anchorite는 홀로 수도하는 사람들을 지칭한다.

anchor라는 말은 '닻' 또는 '닻을 내린다'는 의미가 있는데 여기에 사람을 나타내는 접미사 –ite가 결합되어 '닻을 내리는 사람'이라는 말이 된 것이다. 아무리 큰 배라도 닻을 내리지 않으면 흔들리고 심하면 표류하게 된다. 그러므로 닻을 내려 배를 고정시켜야 한다. 마찬가지로 복잡한 인생을 살아가는 신자들도 영혼의 안식을 위해 더 나아가 그리스도를 닮는 성화의 삶을 위해서 마음의 닻을 하나님께 내려야 한다. 마음을 하나님께 고정하는 훈련을 해야 하는 것이다. 닻을 내리면 배의 요동이 안정되는 것처럼 존재의 중심인 마음의 닻을 내리면 성령의 임재를 통해 고요함과 거룩함의 삶을 살아가게 된다.

2,000년의 긴 역사를 통하여 그리스도교의 영성가들은 하나님의 임재를 추구하는 훈련을 하였고 그러한 삶의 경험들을 글로써 우리에게 남겼다. 이제, 이 책을 통해 영적 유산들을 천천히 공부하고 관심을 가질 때 우리도 그들처럼 하나님의 생명을 소유하며 성화되는 길을 가게 될 것이다.

2장

인간의 소명과 완전을 향한 길

니사의 그레고리오스

《모세의 생애》에 나타난 완전의 개념

신학은 역사를 통하여 인간은 한계를 지닌 유한한 존재임을 선포해 왔다. 그래서 칼 라너(Karl Rahner) 같은 사상가는 인간의 한계 극복 의지를 자신의 신학의 출발점으로 삼기도 하였다. 이러한 인간 한계 극복에 대한 스승으로서 니사의 그레고리오스(Gregory of Nyssa, 335~395)가 있다. 그레고리오스는 인간은 덕의 성취를 통하여 인간의 한계를 극복할 수 있다고 생각하였다. 이 덕의 성취 또는 완전에 이르는 길의 개념은 일찍이 동방정교회의 아타나시우스(Athanasius)가 강조한 신화(*theosis*: deification)의 개념과 유사하다.[1] 아타나시우스가 처음으로 강조한 신화는 베드로후서 1장 4절을[2] 근거로 삼고 있다. 인간은 신의 성품에 참여하도록 부름 받았다는 이 신학적 비전을 구체적으로 이루는 길이 완전에의 길인 것이다.

동방정교회의 대스승이던 그레고리오스는 생애 후반부에 영적 삶에 대한 다양한 책들을 저술하였는데 그중에서 《모세의 생애》는[3] 영성신학에 관한 가장 핵심적인 저서다.[4] 그레고리오스는 신자의 삶에 있어서 신화 또는 성화를 위한 모범자가 있다면 유익할 것이라고 판단했다. 그리하여 성서적인 모델로 모세를 착안하였는데 모세의 생애에서 관상적인 삶과[5] 기도 안에서 하나님과의 친밀한 교제와 연합 같은 초대교회의 영성 주제들과 밀접하게 관련된 삶을 발견할 수 있었다. 그래서 모세 개인의 영적 여정과 그와 동행하던 이스라엘 백성들의 삶을 통해 완전에 이르는 길에 대한 실제 모델을 제시하려고 하였다.

필자는 이 장에서 《모세의 생애》에 나타난 완전에의 길을 영적 진보의 단계라는 관점과 그 진보를 위한 성삼위의 역할과 그에 대한 인간의 응답이라는 관점에서 분석하고자 한다. 첫째, 영적인 진보는 정화, 조명, 그리고 연합의 세 단계로 설명할 수 있는데 이러한 관점들이 모세의 생애에서 어떻게 나타나고 있는가를 분석하고자 한다. 나아가 신학, 특별히 영성신학의 기본 구조인 성삼위의 역할과 인간의 응답이라는 상관관계가 어떻게 제시되고 있는가를 밝히고자 한다. 그리고 그러한 보편적 관점을 통해 그레고리오스가 표현하고자 하는 완전의 개념을 제시하고자 한다.

그레고리오스의 신학적 위치와
《모세의 생애》의 의의

니사의 그레고리오스는 아리우스파를 단죄했던 아타나시우스 이후 동방정교회에서 세 명의 교부 중 하나로 활동하였다. 그는 381년 제2차 종교회의로 불리는 콘스탄티노플 종교회의에서 니케아 신조에 대한 상세한 해설을 함으로써 니케아 신조가 정통 교리로 재확인되는 데 결정적인 기여를 하였다.[6] 종교회의 후에는 테오도시우스 황제의 신학 고문으로 활동하기도 하였다. 한편 그레고리오스는 가이사랴의 감독이던 형 바실레이오스에 의하여 니사의 감독으로 임명되었다. 그러나 형과 달리 침묵과 고독을 즐기는 성향으로 인해 영성적 명상 생활로 더욱 알려지게 되었다.

그레고리오스는 단순히 신비적 명상만이 아닌 철학에도 깊은 관심을 가졌는데 일찍이 플라톤, 플로티누스, 그리고 필로의 저서들을 탐독하였다.[7] 알려진 것처럼 그레고리오스는 그리스도교 사상가들 중 특히 오리게네스의 사상에 깊은 영향을 받았다.[8] 오리게네스는 잠언, 전도서, 아가서의 세 지혜 문학을 영혼의 영적 상승에 비유하였다. 이 세 단계는 죄악을 극복하고 덕을 실천하는 단계, 피조물에 대한 관상, 그리고 하나님 자신에 대한 관상이다. 기본적으로 그레고리오스는 이러한 도식을 따른다. 하지만 오리게네스가 신플라톤주의의 관점처럼 영혼의 상승을 영혼의 본래 상태에 대한 회복으로 이해하며 어둠으로부터 점차 빛을 향한 상승으로 설명하는 반면, 그레고리오스는 빛으로부터 신적인 어둠의 상승이라는 이미지를 사용한다. 그레고리오스의 이러한 신적인 어둠 또는 신 존재 앞에서의 침묵이라는 관점은 영적인 엑스타시 상태에서 인간의 사고 기능들은 신 앞에서 침묵하게 된다는 필로의 사상과 유사하다고 할 수 있다.[9]

이처럼 그레고리오스는 영성신학사의 입장에서 볼 때 철학과 영성신학을 균형감각으로 조화롭게 적용한 인물이다. 철학에 대한 그의 긍정적인 입장은 모세의 생애에도 잘 표현되어 있다. 모세가 이드로의 딸에게서 얻은 아들에 관하여 다음과 같이 설명한다.

예를 들어 이방 철학은 영혼이 불멸한다고 말한다.[10] 이것은 경건의 한 자녀다. 그러나 그것은 또한 영혼이 몸에서 몸으로 지나며 합리적인 본성에서 비합리적인 본성으로 변한다고 말한다. 이것은 육체적이고 이방적인 포피[남성 성기의]다. 그 외에도 많은 예들이 있다. 이방 철학은 신이 있다고 말하면서 그것을 물질적 존재로 설명한다. 그것은 신을 창조주로 인정하나 창조를 위해서 물질이 필요하였다고 말한다. 그것은 신이 선하고 능력이 있다고 말하지만 그러나 결국 운명의 필연성에 따른다고 설명한다.[11]

그레고리오스는 이러한 이방 철학이 그리스도교적 계시를 이해하는 데 유용하다고 다음 글에서 확신한다.

> 덕에 대한 우리의 가르침은 부유한 이집트인들에게 도덕과 자연철학, 기하학, 점성술, 그리고 수사학 같은 교회 밖에서 추구하는 지식을 받아들일 것을 강조한다. 왜냐하면 이것들은 신비한 신적 진리가 이성의 풍요로 아름답게 될 때 유용할 것이기 때문이다.[12]

그레고리오스는 이렇게 신 이해에 대한 철학적 추구를 전적으로 수용하고 있지만 하나님의 본질에 대한 이해 과정에서 인간은 자신의 전이해들을 부정해야 함을 강조한다.[13] 그리고 궁극적인 이해의 단계에서는 다만 침묵 가운데 주어지는 계시 앞에 머물러야 함을 강조하고 있다.[14] 그런데 이러한 하나님 이해의 과정은 지적인 영역에 국한되지 않는다. 하나님 이해의 진보 과정은 인간의 인격 완성과 깊은 관련이 있다. 하나님과의 교제와 만남은 지적 확장만이 아니라 그 하나님을 닮는 신화와 연결된다. 그러므로 그레고리오스와 헬라 철학자들과의 결정적 차이를 하나님의 본성에 의한 채워짐으로 해석한 로버트 젠슨의 견해는 타당하다.[15]

이렇게 인간이 하나님과의 만남을 통해 모든 덕의 원천인 하나님처럼 변화될 수 있다는 신화에 대한 구체적인 안내서가 모세의 생애가 지니는 가치라고 할 수 있다. 모세의 생애는 카이사리오스라 불리는 젊은 수도사의 요청으로 저술되었다.[16] 이 책은 1부와 2부로 구성되었는데 1부는 출애굽기를 중심으로 한 모세의 생애에 대한 기록이다. 2부는 모세의 생애에 대한 그레고리오스의 명상적 해석이다. 이 명상적 해석에서 그레고리오스는 많은 부분에서 당시에 유행하던 알레고리적 해석 방법을 따르고 있다. 한편, 그레고리오스는 모세 개인의 이야기만 다루지 않고 이스라엘 백성들의 이야기를 통해서도 신자의 영적 성장 과정을 설명하고 있다. 그런 점에서 더욱 효과적인 안내서라고 할 수 있다.

모세의 삶에 나타난 영적 진보의 세 여정:
정화Purification, 조명Illumination, 연합Union

일반적으로 영성가들에게 있어 영적 진보의 여정은 정화, 조명, 연합의 세 단계로 이해되어 왔다. '정화'는 죄로부터 해방되는 것을 의미하지만 단순히 영적, 도덕적 청결만 의미하는 것은 아니다. 적극적인 의미에서 정화는 무정념(*apatheia*: dispassion)의 상태도 포함한다고 할 수 있다.[17] 무정념이란 인간의 내면에서 활동하는 잡념, 욕심, 근심, 과거의 기억의 활동에서 자유한 내면의 고요를 의미한다. '조명'은 성경에 대한 묵상이나[18] 신자의 내면에서 성령의 활동을 통해 이루어지는 자신과 진리에 대한 깨달음을 의미한다. 그리고 '연합'은 신성과 하나되는 것을 의미하는데 성자와의 연합 또는 성부와의 연합을 의미하며 신의 뜻과 일치되는 것이라 할 수 있다. 따라서 완전을 향한 영적 진보의 과정을 묘사하는 모세의 생애를 이러한 틀에서 해석하는 것은 의미 있는 작업이라고 여겨진다. 그런데 그레고리오스는 모세의 생애에서 진보의 과정이 단계별 또는 직선형으로 이루어지기보다는 일종의 나선형으로 진행되는 것으로 설명하고 있다. 즉 정화의 단계를 지났어도 여전히 죄의 유혹에 넘어질 수 있음을 강조한 것이다.

1. 정화

모세의 생애에 나타난 정화는 모세가 십계명을 받기 위해 시내 산에 올라가는 이야기와 홍해 사건에서 잘 나타난다. 먼저 시내 산 이야기에서 집단적인 정화 의식을 다음과 같이 묘사하고 있다.

> 백성들은 혼과 몸에 관련된 모든 불결함에서 자신을 지키고 정욕에서 순결할 것을 명령 받았다. 그리고 일정 기간 동안 마음과 몸의 정결을 위하여 성적인 접촉이 금지되었다. 그 산의 이름은 시내였다. 사람들 가운데 남자들만, 그리고 남자들 가운데 모든 오염에서 정결하게 된 자들만 산에 접근하는 것이 허용되었다.[19]

백성을 대표하여 시내 산에 오른 모세는 산 위에서 십계명을 받는데 이것은 정화를 위한 구체적인 말씀이다. 정화라는 관점에서 그 계명들은 죄를 극복하고 덕을 실천하기 위한 것들이라고 할 수 있는데, 예를 들어 이웃의 소유나 아내를 탐내지 말라는 열 번째 계명이 그러하다.

시내 산 아래에서 나타난 정화 외에 이스라엘 백성이 집단적으로 경험한 정화는 홍해 사건이었다. 시내 산에서의 정화가 외형적이고 의식적인 것이라면 홍해 사건은 내면세계에 대한 정화였다.

> 신비로운 물의 세례를 통과한 모든 사람들은 악의 모든 것들을 물속에 장사지내야만 한다. 욕심, 통제되지 않는 욕망, 탐욕스러운 생각, 자만심, 교만, 야성적 충동, 진노, 화냄, 사악함, 질투 등. 그러한 것들은 우리의 본성을 지배하려고 하기에 생각 안에서 그것들이 활동하기 시작하는 것과 그로 인해 일어나는 행위들을 물속에서 죽여야 하는 것이다.[20]

그렇다면 이렇게 정화의 세례를 통과한 영혼들은 모두 정화의 단계를 지난 것일까? 그레고리오스는 결코 그렇지 않음을 강조한다. 그는 광야의 여정에서 마지막까지 쾌락의 유혹으로부터 자유롭지 못한 백성들의 모습을 묘사한다. 모압 여인들과 성적인 즐거움에 빠지는 장면이 그것이다.

성적인 즐거움은 인간의 생각을 타락하게 하는 많은 것들 가운데 쾌락의 질병보다 강한 것은 없다는 것을 우리에게 가르친다. 이스라엘 사람들은 이집트의 전차, 아말렉의 군대, 그리고 미디안의 군대들을 극복하였으나 이방 여인을 보는 순간 이 질병에 포로가 된 것을 보여 준다. 쾌락은 우리가 싸우기 어렵고 극복하기 어려운 적이다.[21]

그레고리오스는 우리를 불태우는 쾌락의 질병을 극복하는 방법은 쾌락을 멀리하는 것이라고 조언한다.[22] 이렇듯 정화에 대한 그레고리오스의 교훈에는 정화의 과정은 끝이 없으며 반복되어야 한다는 관점이 명백하게 드러난다.

2. 조명
불타는 떨기나무에 대한 해석은 영적 진보의 두 번째 단계인 조명에 대한 그레고리오스의 견해를 잘 보여 준다. 먼저, 그레고리오스는 조명을 경험하기 위해서는 고요하고 평화로운 삶을 유지해야 함을 강조한다. 그리고 모세가 신을 벗어 자신을 준비한 것처럼 비존재에 대한 우리의 견해를 먼저 정화해야 한다고 말한다.[23] 그는 모세가 경험한 조명을 다음과 같이 해석하고 있다.

진리는 참된 존재에 대한 분명한 이해다. 그래서 누구든 오랜 기간 동안 고요함 속에서 보다 높은 철학적 문제들에 대해 탐구한다면 스스로 존재하는 것에 의하여, 그것의 본질 자체에 존재를 포함하는 참된 존재와 형상에 의해서만 존재하는 비존재에 대하여 이해하게 될 것이다. …… 하나님의 현현에 의하여 모세는 …… 모든 존재들이 의존하는 초월적 본질이며 우주의 기원인 참 존재만이 오직 존재함을 깨달았다. …… 이성[조명된 모세의 이성]은 어떤 존재도 참 존재에 대한 참여 없이는 존재하지 않는다는 것을 깨달았다. …… 참 존재는 모든 존재들의 갈망의 대상이고 그 존재들이 참여하는 대상이지만 그 참여에 의하여 축소되지 않는다. 이것에 대한 깨달음이 진리에 대한 지식이다.[24]

여기서 그레고리오스가 이해하는 조명은 두 가지로 해석할 수 있다. 영성가들에 따라 차이가 있지만 일반적으로 조명의 의미는 자신에 대한 성찰과 하나님의 뜻에 대한 깨달음이 주된 내용이었다. 그런데 그레고리오스는 그러한 일반적인 의미와는 달리 첫째, 철학자들이 추구하던 것과 유사하게 현상과 궁극적 실재 또는 비존재와 존재에 대한 깊은 사유를 포함하고 있다. 둘째, 동방정교회에서 추구해 온 신화의 사상과 같은 맥락에서 설명될 수 있다. 참 존재는 모든 비존재들의 갈망의 대상이며 모든 비존재들은 참 존재에 참여하려고 한다는 사상은 비존재인 인간이 참 존재인 창조주의 성품에 참여하는 자로서 피조되었다는 관점과 상통한다.

3. 연합

모세가 체험한 시내 산 경험과 죽음에 대한 기록은 연합의 의미를 잘 설명해 준다. 먼저, 모세의 시내 산 경험에 대하여 그레고리오스는 다음과 같이 기록한다.

모든 감각에 의한 것과 지성에 의하여 알려진 것들을 뒤로하고 보이지 않고 이해되지 않는 것에 이를 때까지 나아간다. 거기에 하나님이 있다. 이것은 참된 지식인데 그것은 보이지 않는 것에서 보이는 것이다. …… 그러므로, 모세가 지식 안에서 자라 갔을 때 그는 어둠 속에서 하나님을 보았다고 선포했다. 즉 그는 모든 지식과 이해를 초월하는 신성을 알게 된 것이다. 왜냐하면 성경이 "모세는 하나님이 계신 흑암으로 가까이 가니라."고[25] 말하기 때문이다. 어떠한 하나님인가? 바로 "그는 흑암을 자신의 은신처로 삼으신다."는 다윗의 말이 의미하는 것이다.[26]

모세는 하나님을 만나기 위해 어둠 속으로 들어가서 자신의 모든 지식을 뒤로 해야 했다. 이제까지 자신이 알고 있던 모든 하나님에 대한 지식을 부정해야만 했다. 그리고 다만 침묵 가운데에서 하나님을 기다려야 했다. 인간의 모든 지식을 거부하는 침묵, 그것은 바로 신적인 계시가 임하는 통로가 되는 것이다. 이 침묵을 통하여 인간과 신은 만나게 된다.[27] 그리고 그 만남을 통하여 인간은 참된 지식을 얻게 된다. 바로 여기에서 우리는 그레고리오스가 하나님과의 만남과 연합을 지성의 완성이라는 측면에서 이해하고 있음을 보게 된다. 하지만 그레고리오스는 하나님과의 연합의 의미를 지적인 측면으로만 설명하지 않는다. 모세의 죽음에 대한 해석을 통하여 그레고리오스는 연합이란 하나님의 성품과 일치하는 것, 즉 신화라고 강조한다.

이것에 관하여 역사는 무엇이라고 기록하는가? '하나님이 명한 대로 하나님의 종 모세가 죽었다. 그리고 누구도 그의 무덤을 발견하지 못하였다. 그의 눈은 희미해지지 않았고, 그의 얼굴은 창백해지지 않았다.'[28] 이것에서 우리는 모세가 고상한 삶을 마감하게 되었을 때, 하나님의 종이라는 위대한 칭호를 얻게 되었다는 것을 발견한다. …… 이제까지 말한 것을 통하여 무엇을 배울 수 있는가? 우리 삶의 한 가지 목표는 우리가 사는 삶의 덕을 통하여 하나님의 종이라고 불리는 것이다. …… 하나님의 형상에 진정으로 가까워지고 신적 인격에서 벗어나지 않는 자는 자신 안에 구별되는 흔적들을 지니게 되고 모든 것에서 자신의 원형과 일치를 보이게 된다. 그는 자신의 영혼을 썩지 않고 변하지 않으며 전혀 악한 면이 없는 아름다움으로 만든다.[29]

그러므로 그레고리오스의 관점에서 완전이란 지적인 면에서 성장하는 것만이 아니라 신의 성품에 참여하는 자가 되는 것이다. 그렇게 신화의 삶을 추구하는 영혼은 하나님의 종이라는 영광된 칭호를 얻게 된다.

완전을 위한 삼위의 역할과 인간의 응답

비록 신자가 어떻게 성화 또는 신화되는가에 관한 견해는 신학적 관점에 따라 다양하지만 그 견해를 파악하는 것은 완전의 길을 위해 필수다. 그레고리오스는 모세의 생애에서 성삼위의 역할과 그에 대한 인간의 응답을 구체적으로 여러 가지 사건들을 통하여 설명한다. 성삼위 가운데 성부가 주도적인 역할을 하고 있지만 영적 성장의 단계라는 관점에서 여기에서는 성자, 성령, 성부의 순서로 분석하고자 한다.

1. 성자의 역할

먼저 성자의 역할에 대하여 그레고리오스는 대속의 희생제물과 질병의 치료자라는 관점을 강조한다. 대속의 희생제물이라는 관점은 유월절 사건에서 묘사되고 있다.

> 장자의 죽음은 이집트인과 히브리인들 간에 더욱 명확한 구분을 만들었다.
> 이집트인들은 자신들의 가장 사랑하는 자녀의 상실이라는 슬픔을 경험한
> 반면, 히브리인들은 전적인 안전과 고요 가운데 지낼 수 있었다. 피 흘림에
> 따른 구원이 그들에게 분명하게 된 것이다.[30]

또한 불뱀에 물린 이스라엘 백성들이 모세가 만든 구리뱀을 통해 치료되
는 사건을 묘사하며 그레고리오스는 육체와 함께 악한 마음을 고치는 성자
의 치유자로서의 역할을 강조한다.

> 그래서 인간은 죄인의 모습처럼 되었고 그 구리뱀을 향하던 인간들처럼 사
> 람이 되신 그분을 통하여 죄로부터 해방된다. 그는 죽음을 가져오는 그 상
> 처들을 고치시지만, 불뱀 자체를 죽이지는 않으셨다. 그 불뱀을 나는 욕망
> 이라고 생각한다. 죄를 낳고 그래서 사망을 낳는 악이 그 십자가를 바라보
> 는 자들을 지배하지 못하지만 영혼을 거스르는 육체의 정욕이 완전히 제거
> 된 것은 아니다.[31]

한편 그레고리오스는 성자를 완전을 향한 진보의 과정에서 신자가 서야
할 덕의 반석으로 해석한다. 모세의 두 번째 시내 산 등정에서 하나님은 모
세에게 "내 곁에 한 장소가 있으니 너는 그 반석 위에 서라."고 말씀하시는데
이 구절을 다음과 같이 해석한다.

> 또 다른 성서 구절에서 그 진보는 조용히 서 있는 것을 의미하는데, '너는
> 그 반석 위에 서라.'고 말하기 때문이다. …… 그는 마치 모래언덕 위를 오

르는 것처럼 끝없이 수고하는 자와 같다. 비록 장시간 발걸음을 내딛지만 모래 위에서의 발걸음은 언제나 아래로 미끄러진다. 그러므로 많은 동작에도 불구하고 진보는 없는 것이다. 그러나 만약 시편 기자의 말처럼 그가 진흙 구덩이에서 발을 들어 올리고 완전한 덕이 되시는 그리스도의 반석 위에 둔다면 그가 바울의 권고처럼 그 덕 안에서 더 견고하고 흔들림 없이 될 것이다. 그리고 그는 자신의 경주를 더 빨리 마치게 된다.[32]

요약하면 그레고리오스는 완전에 이르는 길에 있어서 성자는 구속자와 치유자의 역할도 하지만 완전을 향해 달리는 신자를 위해 특별한 역할을 한다고 말한다. 그 특별한 성자의 역할이란 완전한 덕으로서 신자가 그 위에서 있음을 통하여 흔들림 없이 더 빨리 달릴 수 있게 하는 것이다.[33] 덕을 실천하는 자만이 덕의 완성을 향해 더 빨리 진보할 수 있는데, 덕을 실천하기 위해서는 완전한 덕이신 성자에게 토대를 두어야 한다는 것이다.

2. 성령의 역할

완전에 이르는 길에서 성령은 신적인 은혜 또는 돕는 자로서 묘사된다. 아브라함 마허비(Abraham Malherbe)는 성령의 역할에 대한 언급이 모세의 생애에서는 그레고리오스의 다른 글들과 비교할 때 적게 나타난다고 지적한다.[34] 그 이유는 우리가 알고 있는 것처럼 모세의 생애가 기록된 모세오경에는 성령의 활동에 대한 기록이 상대적으로 적기 때문일 것이다. 그럼에도 우리는 성령에 대한 언급들을 부분적이나마 확인해 볼 필요가 있는데 먼저 모세를 돕는 아론에 대한 해석을 통하여 엿볼 수 있다.

우리의 본성에 주어지는 하나님의 도움은 덕의 삶을 옳게 사는 자들에게 주어진다. 이 도움은 우리의 출생 때에 이미 존재하는 것이지만 우리가 우

리 자신을 더 높은 덕을 향해 열심히 훈련하고 보다 더 강한 시험들에 노출할 때 잘 나타나게 된다.[35]

성령에 대한 또 다른 해석은 홍해를 건너기 전 나타난 구름에 대한 묘사다.

이 건넘에 있어 구름은 안내자의 역할을 한다. 우리 이전 사람들은[36] 구름을 성령의 은혜로 곧잘 해석하였는데 그 성령은 선을 향한 안내자로서 가치 있는 자들을 안내한다.[37] 누구든지 그를 따르는 자는 물을 통과하는데 왜냐하면 그 안내자는 그 따르는 자들을 위하여 물 가운데 길을 만들기 때문이다.[38]

여기서 우리는 완전을 향한 성령의 역할에 대하여 그레고리오스가 세 가지 관점을 제시하고 있음을 본다. 첫째, 성령은 돕는 자로서 완전을 향한 영적 여정에서 안내자 역할을 한다. 둘째, 성령은 인간의 출생 때부터 하나님의 보편적 은혜로서 이미 존재한다. 셋째, 그러나 그 성령의 활동은 신자의 영적 훈련의 정도에 비례한다. 위 인용문에서 '가치 있는'을 의미하는 헬라어 단어(ἀξίους)가 형용사인데 복수, 중성으로 쓰인 것에 주목해야 한다. 다시 말해 성령은 영적 진보를 위해 헌신하는 신자들에게는 성에 관계없이 누구에게나 그 진보를 돕기 위해 안내자 역할을 한다. 이 점에서 완전에 이르는 길이란 신적 은혜와 인간의 노력이 상호 협력하는 결과로서 이루어지는 신인 협력설(divine-human synergism)의 관점에서 이해될 수 있다.[39]

3. 성부의 역할

모세의 생애에서 성부는 완전을 향한 여정의 주도자요 신자에게 영원한 갈망의 대상으로 이해된다. 먼저, 완전을 향한 영적 여행의 주도자로서 성부는 계시자로서 묘사된다. 광야에서 고독과 관상의 삶을 살던 모세에게 하나님은 불타는 떨기나무를 통하여 자신이 누구인지를 계시하였다. 그리고 모세로 하여금 철학적 진리에서 종교적 진리를 추구하도록 그의 지성을 조명하였다. 하나님은 시내 산에서 십계명과 다른 계시들을 통하여 자신의 뜻을 나타내었다. 이러한 주도자와 계시자의 역할 외에 성부는 영적 갈망의 대상으로서 그려진다. 이러한 이미지는 모세가 시내 산에서 두 번째 대면한 하나님과의 대화에 잘 나타난다. 두 번째 대면에서 모세는 하나님에게 "주의 영광을 내게 보이소서."라고 요청한다. 그 하나님은 "내 영광이 지나갈 때에 내가 너를 반석 틈에 두고 내가 지나도록 내 손으로 너를 덮었다가 손을 거두리니 네가 내 등을 볼 것이요 얼굴은 보지 못하리라."고 대답하신다.

하나님이 등만 보이신 이 사건을 그레고리오스는 영적 진보에 대한 갈망이라는 관점에서 설명한다. 다시 말해, 모세의 입장에서는 하나님의 등만 본 것도 영적인 기쁨이었다. 왜냐하면 그것은 하나님 임재의 생생한 경험이었기 때문이다. 피조된 인간이 창조주를 만나 창조주와 직접 대화를 나누었고 창조주의 사랑을 경험하였기 때문이다. 하나님과의 직접적인 만남과 대화는 모세의 지성을 고양시켰을 뿐만 아니라 그의 영혼을 빛나게 하였다. 그 결과 모세가 하산할 때에 그의 얼굴에 난 광채로 인하여 사람들이 그를 바라볼 수 없었다. 모세의 얼굴은 하산 후에도 한동안 계속 광채를 발하였다. 그래서 모세는 사람들을 대할 때 한동안 수건을 사용했다고 출애굽기 34장 33~35절은 기록하고 있다. 모세의 영혼이 하나님을 닮아 아름답게 변모한 것이다. 이 하나님의 닮음에 대하여 그레고리오스는 다음처럼 기록한다.

> 그가 진실로 하나님의 형상을[40] 닮아 왔고 하나님의 성품으로부터 벗어나
> 지 않았기에 그는 자신 안에 하나님 형상의 독특한 모습들을 가졌고 모든
> 면에서 그 원형과 닮았음을 보여 주었다. 그는 썩지 않고, 변하지 않는 것

으로 그의 영혼을 복되게 하였으며 악함을 공유하지 않았다.[41]

그러한 모세에게 이제 새로운 영적 목표가 생겼다. 하나님의 등을 본 것이 끝이 아닌 것이다. 언젠가는 하나님의 얼굴을 대면하게 될 것이라는 소망이 생긴 것이다.[42] 하나님의 등을 본 것만으로도 모세의 영혼이 아름답게 되었다면 하나님의 얼굴을 보며 하나님과 대화한다면 그 아름다움은 얼마나 더할 것인가! 모세의 성품은 하나님의 성품을 닮게 될 것이다. 베드로후서 1장 4절에서 말한 "세상에서 썩어질 것을 피하여 신성한 성품에 참여하는 자가 되게 하려 하셨느니라."는 신화의 약속이 성취되는 것이다. 예수님이 명령하신 하늘 아버지의 온전하심과 같이 너희도 온전하라는 말씀이 성취될 것이다. 그래서 모세의 영혼에는 지극한 갈망이 생겼다. 그것은 하나님을 대면할 것에 대한 사랑이다. 바로 이 하나님을 대면하는 아름다움에 대한 영혼의 사랑이 동방정교회 영성의 한 핵심이 되었다.[43]

요약하면 그레고리오스가 이해하는 성부는 신자가 영적 진보를 시작하도록 이끄는 주도자의 역할을 한다. 그리고 그 여행 가운데 계시자로서 신자의 어두운 영혼을 조명하고 깨우친다. 나아가서 성부는 신자에게 완전한 연합에 대한 갈망을 갖도록 한다. 바로 이 성부와의 대면과 연합이라는 영적 아름다움에 대한 사랑을 불러일으키는 것이다.

4. 인간의 응답

그레고리오스는 삼위의 역할만으로 인간은 완전해지지 않는다고 가르친다. 완전을 향한 진보에는 그 삼위의 역할에 대한 인간의 응답이 뒤따라야 한다. 그러한 인간의 응답은 의지에 의한 선택, 고독과 관상의 훈련, 그리고 영적 진보에 대한 갈망으로 요약할 수 있다.

먼저 모세의 탄생과 바구니를 통한 구원의 사건을 통해 그레고리오스는 인간의 선택을 강조한다. 모세의 탄생은 모세 부모들의 선택에 따른 결과였다. 이는 대부분의 아기들이 부모들의 의지로 태어나는 것과 같다. 더욱이 모세가 갈대 상자로 구원받은 것은 부모들이 선택한 결과였다. 많은 이스라엘 부모들처럼 모세의 부모도 모세를 바로의 부하들에게 내어 줄 수 있었다. 그러나 모세의 부모는 아기의 생명을 지키기로 결정했고 그에 따라 나일 강의 위험에서 한동안 생명을 보존할 수 있도록 역청과 나무진을 칠하여 안전한 상자를 만들었다. 언제든지 어린 아기를 위험에 빠뜨릴 수 있는 강물을 그레고리오스는 삶의 지속적인 욕망의 물결로 설명한다. 모세의 부모가 강물의 위협에서 아기를 보호하기 위해 선택했듯이 모든 신자는 욕망의 물결에서 자신을 보호하기 위해 결정해야 한다고 강조한다.[44]

둘째로, 모세는 이스라엘 사람들 사이에서 일어난 싸움을 중재하려다 살인한 사실이 발각되어 광야로 피신한다. 그레고리오스는 모세가 자신의 도피를 고독과 관상을 위한 영적 훈련으로 삼았다고 해석한다. 모세는 장인 이드로의 가족과 함께하는 시간보다는 홀로 광야에서 가축 돌보는 일을 하였다. 이 고독과 침묵과 관상은 모세에게 애굽에서 배운 철학과 인간적 학문들을 토대로 더 깊은 진리를 묵상하는 훈련이 되었다.[45] 모세가 떨기나무에 불이 붙었으나 떨기나무가 타지 않는 것을 의아하게 여겨 그 나무로 돌아섰다는 것은 의미 있는 교훈을 준다. 모세는 침묵과 관상을 통하여 자연의 섭리에 대한 깊은 깨달음을 얻었을 것이다. 불타는 나무가 불로 소멸되는 것은 자연의 이치다. 그런데 자연의 이치에 따르지 않는 초자연적 현상을 보고 모세는 떨기나무로 돌아서게 된 것이다. 즉 피조물에 대한 관상이 초자연적 계시를 받아들일 수 있는 준비 과정으로 작용하였다. 이처럼 고독과 침묵과 관상의 생활은 삼위의 활동들을 감지하고 그 활동에 반응할 수 있는 인간의 행위라고 할 수 있다.

끝으로, 신자가 완전의 덕에 이르기 위해 해야 할 결정적인 응답은 그 덕을 위해 갈망하는 것이다. 신자 속에서 활동하는 성삼위의 가장 큰 비밀은 그러한 활동들을 통해 영혼에 기쁨을 선사하는 것이다. 앞에서 성부의 역할에 대하여 언급한 것처럼 성삼위의 활동은 인간의 영혼에 더 깊은 갈망이 일어나게 한다. 신과의 만남은 인간의 영혼에 사랑, 기쁨, 평강이라는 신적 생명을 경험하게 하는데 이러한 생명은 세상에서 경험하지 못하는 것이다. 그리고 그 생명은 하나님의 형상을 따라 지어진 인간의 영혼이 형상을 회복하게 만든다. 형상의 회복은 곧 영원한 아름다움이다. 이렇게 자신의 영혼 안에 실현되는 신적 생명과 아름다움을 경험한 영혼은 그 아름다움을 더욱 열망하게 된다. 그리고 이것이 덕의 완전에 이를 때까지 인간이 전력을 다해 달려갈 수 있는 응답의 에너지가 된다.

완전의 개념

그레고리오스에게 완전의 개념은 네 가지로 요약될 수 있다. 첫째, 완전이란 덕의 원천인 하나님의 성품과 일치되는 것이며 그러한 신자는 하나님의 친구라고 불리게 된다. 둘째, 완전에 이르는 것은 그 과정이 중요한데 끊임없이 목표를 향해 달려가야 한다. 셋째, 완전의 개념은 하나님에 대한 인식론적 측면에서도 적용할 수 있는데 하나님은 영적 진보의 초보자에게는 명백히 알려지지만 진보자에게는 감추어짐에 의해서 계시된다. 넷째, 완전을 향한 개인의 진보는 진보한 만큼 공동체에 유익을 주게 된다.

첫째, 모세는 하나님의 성품을 닮아 가는 완전에의 길에서 인간이 성취할 수 있는 최고의 상태에 이르렀다. 모세의 생애 결론에서 그레고리오스는 다음과 같이 선언한다.

모세가 성취 가능했던 완전에 이르렀다는 사실에 대하여[46] 더 진실한 증언을 어디서 찾을 수 있겠는가? 그것은 '내가 다른 사람들보다 너를 더 알아 왔다.'는 하나님의 말씀이다. 또한 하나님 자신에 의하여 '하나님의 친구'라고 불린 사실이 그것을 보여 준다. …… 그러한 모든 일들은 모세의 생애가 완전의 최정상에 이르렀다는 명백한 증언이자 증거다.[47]

여기서 '모세가 성취 가능했던 완전에 이르렀다.'는 사실은 무엇을 의미하는가? 두 가지 단어를 살펴보아야 하는데 "완전에 이르렀다"를 나타내는 헬라어 단어(πέτυχε)와 "인간적인 완전"을 나타내는 헬라어 구절(ἀνθρωπο τελειότητα)이다. 먼저 3인칭, 단수, 과거, 직설법으로 쓰인 헬라어 단어는 모세가 확실하게 완전에 이르렀음을 의미한다. 그런데 그것은 인간적인 기준의 완전이다. 절대적인 의미의 완전이 아니다.[48] 인간이 이를 수 있는 최정상에 도달한 또 다른 증거를 우리는 민수기에서 찾을 수 있는데 민수기 12장 3절은 "이 사람 모세는 온유함이 지면의 모든 사람보다 더하더라."고 기록하고 있다.

둘째, 완전에 이르는 길은 과정이 중요한데 그 과정은 끊임없는 달리기와 같은 것이다. 서론에서 그레고리오스는 완전에 이르는 길을 말 경주에 비유하여 묘사한다. 말 경기장에서 관중석에 앉은 사람들은 자신이 승리를 기원하는 말을 향하여 열정적으로 응원한다. 자신의 몸짓과 목소리가 최선을 다해 달리는 말에게 별로 영향을 주지 못하는데도 그렇게 하는 것이다. 그레고리오스는 바로 자신이 이 관중과 같은 태도로 자신에게 이 책을 써줄 것을 요청한 젊은이를 향해 그의 영적 달리기를 응원한다고 강조한다. 모세의 생애 끝부분에서 그레고리오스는 다음처럼 거듭 강조한다.

그럼에도 불구하고, 서론에서 우리의 정의를 잊지 말자. 거기에서 우리는 완전한 삶에 대한 묘사가 어렵다고 해서 그것의 진보를 방해할 수는 없다는 것을 역설하였다. 더 나은 것을 향한 삶의 지속적인 성장이 완전을 향한 영혼의 길이 되는 것이다.[49]

크리스티나 로브 도버(Kristina Robb-Dover)는 그레고리오스가 여기서 지속적인 진보의 개념을 통하여 완전에 대한 새로운 그리스도교적 개념을 제시하였다고 지적한다. 즉 완전을 덕의 정적인 성취 개념으로 이해한 플라톤주의자들의 관점에서 동적인 성취 개념으로 설명하였다는 것이다.[50] 한편 에버렛 퍼거슨(Everett Ferguson)은 동적인 성취 개념이 필로, 이레나이우스(Irenaeus), 알렉산드리아의 클레멘트, 그리고 오리게네스의 글에도 등장하였으나 신학적인 개념으로 정착된 것은 그레고리오스에 의해서 이루어졌음을 지적한다.[51]

셋째, 완전에 대한 또 다른 개념은 하나님에 대한 인식론적 측면에서 설명된다. 모세의 생애에서 하나님은 영적 성장의 초보자에게는 빛 가운데에서 계시되는 반면, 진보자에게는 어둠 가운데 알려진다. 다른 말로 하면 하나님의 드러남과 감추어짐이라고 할 수 있다. 모세에게 처음 나타난 하나님은 떨기나무의 빛 가운데 계시된다. 여기에서 빛이 암시하는 것은 구체적인 드러남을 의미한다. 하나님은 의아해하는 모세에게 자신을 아브라함, 이삭, 야곱의 하나님이라는 구체적인 관계를 통하여 알리신다. 나아가 하나님은 자신의 신적 본질을 스스로 있는 자라고 명백히 드러내신다. 이와는 다르게 영적 진보의 정상이라고 할 수 있는 시내 산에서 하나님은 암흑 가운데서 나타나신다. 빛 가운데에서는 모든 것을 볼 수 있으나 어두움 속에서는 그렇지 않다. 여기에서 하나님은 감추어진다. 이것은 모세가 이제까지 알고 있던 하나님에 대한 모든 전이해들을 부정해야 함을 상징한다.[52] 영적 진보자는 과거의 모든 지식과 경험을 부정하고 다만 어둠과 침묵 가운데에서 주어지는 새로운 신적 계시를 기다려야 하는 것이다. 이처럼 그레고리오스의 완전에 대한 개념 가운데에는 부정의 방법으로 신을 이해해 가는[53] 부정의 신비신학 (apophatic theology)이 포함된다.[54]

끝으로, 개인적 완전은 공동체의 유익에 기여한다. 완전의 덕은 개인을 위한 목표만이 아니라 공동체의 유익을 위한 것이다. 그레고리오스는 결론의 마지막 장에서 모세의 생애를 서술해 줄 것을 요청한 젊은이에게 다음과 같이 충고한다.

> 이제 자네의 이해가 장엄하고 신적인 것으로 고양되었을 것이라고 생각하네. 나는 자네가 많은 것들을 발견하였을 것이라고 확신하네. 무엇을 발견하였든지 가장 확실한 것은 그것이 예수 그리스도 안에서 공동체의 유익이 될 것이라는 것이네. 아멘.[55]

그렇다! 완전의 덕을 향한 경주는 곧 이웃을 향한 달음질이다. 이러한 사실은 동방정교회 영성가들이 공통적으로 사용하던 숯불에 달구어진 쇠의 비유에서도 잘 나타난다.[56] 쇠는 그 자체로서 차갑고 무거우며 날카로울 수 있어 자칫 다른 사람을 해칠 수도 있다. 그러나 숯불에 달구어지면 빛과 열이 된다. 어두운 곳을 환히 비추는 빛이 되고 추운 곳을 따뜻하게 해 주는 열이 되는 것이다. 불이 되어 버린 쇠의 본질은 변하지 않는다. 여전히 쇠다. 그러나 불이 된 쇠는 자신의 본질과 관계없이 자신이 가는 곳마다 빛과 열을 나누어 준다. 다른 존재로 기능하는 것이다. 차가운 쇠가 열을 받아 불이 되는 것은 이기적인 인간 존재가 신의 사랑 가운데 머물러 이타적 존재로 변화되는 것을 의미한다. 신의 임재 가운데 충분히 머물렀기에 신의 성품을 소유하게 된 것이다. 그리고 신의 본성처럼 자신의 모든 것을 나누어 주는 존재로 살아가는 것이다.

완전을
향한 길

　　그레고리오스는 철학과 영성신학을 조화롭게 종합한 인물이다. 교회의 스승으로서 그는 신자의 소명인 그리스도를 닮는 삶에 깊은 관심을 가졌다. 그래서 완전을 향한 길을 위한 성경적 모델을 제시하고자 모세의 생애를 기록하였다. 필자는 모세의 생애를 영적 성장의 세 단계라는 관점과 완전을 위한 성삼위의 역할과 그에 대한 인간의 응답이라는 관점에서 분석하였다. 먼저, 영적 성장의 세 단계인 정화, 조명, 그리고 연합 또는 완전의 관점을 보면 다음과 같다. 첫째, 정화에 관한 것으로서, 홍해 사건은 도덕적 정화를 의미하는 것으로 해석된다. 그러나 그레고리오스는 이스라엘 백성들이 광야 여정의 끝부분에서 모압 여인들과 성적인 쾌락에 빠지는 것을 지적한다. 즉 정화의 단계는 직선형으로 이루어지기보다는 나선형으로 이루어지는 것으로 언제든지 다시 타락할 수 있음을 경고한다. 둘째, 조명의 단계에서 그레고리오스는 절대자에 대한 깊은 이해를 추구하는 철학적 조명을 강조한다. 그런데 그레고리오스는 절대자에 대한 이해를 넘어 신자는 절대자에 대한 참여를 추구한다고 강조한다. 바로 이 절대자에 대한 참여는 동방정교회의 신학적 비전인 신화 사상과 관련이 있다. 셋째, 연합 또는 완전은 신의 성품에 참여하는 것이다. 덕의 원천이자 인간 형상의 원형인 하나님의 모습을 닮는 것을 의미한다. 완전에의 길은 성삼위의 활동과 그에 대한 인간의 응답으로 이루어진다. 첫째, 성자는 구속자이며 치료자만이 아니라 덕의 성취를 위한 반석으로서 설명된다. 즉 신자는 완전을 향한 도상에서 매 순간 완전한 덕이 되는 성자 위에 굳게 서야 한다. 성육신 사건을 덕의 성취를 위한 삶의 모범자라는 측면에서 특별히 강조하는 동방정교회의 신학이 표현되고 있다. 둘째, 성령은 완전을 향한 인간을 돕는 자로서 모든 신자들에게 역사한다. 하지만 성령은 덕의 성취를 위해 매진하는 영혼 안에서 더 많은 활동을 한다는 신인협력설의 관점이 나타난다. 셋째, 성부는 완전에의 길을 위한 주도자요 계시자로서 활동한다. 나아가서 성부는 신자들에게 영원한 갈망의 대상이 되는데 이 갈망은 신자에게 있어 완전을 향한 경주의 원동력이 된다. 이러한 성삼위의 활동에 대하여 인간은 인간의 응답으로서 완전을 향한 의지적 선택, 고독과 관상의 삶, 그리고 더 나은 완전을 갈망하는 길을 쉼 없이 달려가야 한다.

이상의 분석을 토대로 완전의 개념은 네 가지로 요약할 수 있다. 첫째, 완전은 하나님의 성품과 일치하는 것이다. 하나님의 성품에 가까운 삶을 사는 신자들은 하나님의 종 또는 친구라는 칭호를 얻게 되는데 그것은 하나님과 동행하는 삶의 귀결이다. 둘째, 완전은 목표만큼이나 과정이 중요하다. 경주장에서 최선을 다해 마지막 순간까지 달리는 말처럼 신자는 경주해야 한다. 셋째, 완전은 동시에 지성적인 성장도 의미한다. 그런데 지적인 성장 과정에서 이미 얻은 전이해들을 부정하는 단계를 거쳐야 한다. 그리고 마지막에는 모든 것을 부정하고 다만 침묵 가운데 열리는 신적 계시를 경험해야 한다. 자신의 모든 전이해들을 부정하고 신적 임재 앞에 서게 될 때 신자는 비로소 완전한 지식에 이른다는 의미다. 끝으로, 개인적 완전은 공동체의 유익을 위한 것이다. 완전에 이른 만큼 신자는 공동체의 유익에 기여하게 된다.

3장

인간의 내면세계와 내적 성찰의 길
마카리오스, 에바그리오스

이집트의 성자 마카리오스(Macarius the Great of Egypt, 300~390)는 이집트의 니트리아 사막에서 별로 멀지 않은 곳인 프티나폴에서 태어났다. 마카리오스는 소년 시절에 목동이었던 것으로 전해지는데 이를 통해 명상과 고독의 삶에 대한 영적 경험을 했을 것으로 여겨진다. 특별히 어린 시절 친구들과 함께 무화과를 훔쳐 먹은 것을 일생 동안 기억하며 회개했다는 일화는 그가 예민한 양심의 소유자였음을 암시해 준다.[1] 후에 마카리오스는 이집트 수도원 운동의 창시자인 성 안토니우스(Anthonius the Great)의 벗이요 제자로 수도 생활을 하였다.[2] 마카리오스는 수도 생활의 경험을 바탕으로 쓴 그 유명한 《50편의 신령한 설교》(The Fifty Spiritual Homilies)를 남기게 된다.[3] 이 설교는 동방정교회 역사에서 금자탑을 이루는 영성의 고전이 되었다.[4] 마카리오스의 사상은 동방정교회를 넘어서 프란시스코 수도회와 예수회, 근대 개신교회의 경건주의 운동, 감리교, 그리고 오순절 운동 등에도 영향을 미친 것으로 평가되고 있다.[5]

한편 이집트의 독수도사 에바그리오스(Evagrius Ponticus, 344 또는 345~399)

는 일찍이 대 바실레이오스(Basil the Great of Caesarea)에 의하여 봉독자로 임명되었고 나지안주스의 그레고리오스에 의하여 부제에 임명되었다. 그러나 383년에 이집트의 니트리아 사막에서 2년간 지낸 후 켈리아 사막에서 생애를 마쳤다. 그는 마카리오스도 알고 있었을 것으로 추측되며, 그를 통해 사막 교부들의 1세대 및 그들의 순수한 형태의 영성을 접했을 것이라고 여겨진다.[6] 한편 에바그리오스는 오리게네스의 가르침 가운데 영혼의 선재(先在)와 그리스도 안에서 만물의 궁극적인 회복이라는 사상을 받아들여 제5차 에큐메니칼 공의회(553)에서 이단으로 정죄되었다.[7] 그럼에도 불구하고 그의 사상은 동방정교회의 영성에 깊은 영향을 미치게 되었는데, 특별히 그가 고안해 낸 전문적인 어휘들은 동방정교회에서 표준적인 것으로 사용되어 왔다. 《필로칼리아》에 수록된 포티케의 디아도쿠스, 요한 클리마쿠스, 고백자 막시무스 등의 글에서 그것을 확인할 수 있다.[8]

이렇게 마카리오스와 에바그리오스는 4세기 이집트 수도원 운동에서 중요한 역할을 하였는데 특별히 두 사람의 가르침은 후에 동방정교회 영성 훈련의 핵심이 된 예수기도(The Jesus Prayer) 형성에 결정적인 영향을 미치게 된다.[9] 헤시카즘(Hesychasm)이라고도 불리는 이 영성 훈련은 예수기도를 반복함으로써 마음의 정적에 이르러 관상기도를 하는 것을 목표로 하기에 마음의 기도(The Prayer of the Heart)라고도 불린다.[10] 그런데 마음의 기도라고 해서 지성적 측면이 무시되는 것은 아니다. 이 기도는 마음을 중시하던 마카리오스와 지성을 중시하던 에바그리오스의 교훈을 통합하여 마음과 지성이 하나가 되어 드리는 기도이기에[11] 일종의 전인적 기도라고도 할 수 있다. 이 장에서는 마카리오스의 사상을 잘 드러낸 것으로 평가되는 《50편의 신령한 설교》와 《필로칼리아》에 수록된 에바그리오스의 네 편의 저술들에 대한 분석을 통해 마카리오스와 에바그리오스 사상의 핵심인 신화와 경성의 신학적 의미를 해석해 보고자 한다.

신화^{deification, 떼오시스}와
경성^{watchfulness, 넵시스}의 상호관계

신화는 문자적으로 인간의 신성화를 의미한다. 이것은 일반적인 성화의 개념과 유사하면서도 약간 다르다. 신화란 피조된 인간이 하나님의 성품에 참여하는 것으로 성경적 배경은 베드로후서 1장 4절에 근거한다. 피조된 인간이 하나님의 성품에 참여하기 위해서는 하나님과의 교제와 연합이 중요하다. 이 신화의 목적은 동방정교회에서 중요한 신학적 개념이 되었는데, 아타나시우스가 처음 사용한 이후 동방정교회의 신학자들인 바실레이오스, 그레고리오스, 그리고 신(新) 신학자 시메온 등은 그들의 사상에서 이 개념을 반복적으로 강조하여 왔다.[12] 마카리오스는 신령한 설교에서 이 신학적 주제를 잘 설명하고 있다.

구체적으로 신화의 의미는 무엇인가? 신화에 대하여 크리스토포로스 스타프로포울로스는 다음과 같이 간결하게 정의한다. "그것은 인간이 하나님의 영역으로 고양되는 것, 하나님의 영역으로 올라가는 것을 의미한다. 그것은 인간적인 것과 신적인 것의 연합을 의미한다."[13] 즉 신화란 하나님의 형상대로 피조되었으나 그 형상을 상실하고 타락한 본성의 지배를 받는 인간이 성령의 은혜로 하나님의 성품을 닮고, 나아가 그 성품을 소유함으로써 영광스러운 존재로 변화하는 것을 말한다. 그리고 그러한 신화의 과정에서 하나님과의 교제와 연합이 중요한 역할을 한다. 이러한 신화의 과정을 위해 인간의 내면에서 활동하는 성령의 역사는 필수다.

그러면 성령의 역사는 어떻게 신자의 내면에서 이루어지는가? 복음서는 신자가 성령을 경험하기를 갈망하며 기도할 때 성령의 역사가 가장 보편적으로 나타난다고 증언한다.[14] 그러므로 신자는 기도할 때 전념을 다하여 성령을 간구하여야 한다. 그러나 타락한 본성의 지배를 받는 신자는 끊임없는 생각과 욕심과 과거의 기억들로 방해를 받는다. 대니얼 클렌데닌(Daniel B. Clendenin)은 지나친 단순화의 위험을 전제하며 이러한 것을 극복하고 신화에 이르는 비결이 경성이라고 지적한다.[15] 경성이란 내면의 깨어 있음, 깨어서 지킴, 영적인 각성, 혹은 관찰이라고 번역할 수 있다. 즉 기도자가 기도 중에 떠오르는 내면의 생각과 욕심과 기억들을 깨어서 관찰하는 것이다. 그리고 그러한 내적인 싸움을 통해 무정념(dispassion, 아파떼이아)의 상태, 즉 생각과 욕심 그리고 기억의 활동에서 자유로워진 내면의 상태에 이르는 것이다. 그러한 곳에 이르면 기도자는 내면의 고요를 경험하게 된다. 그리고 비로소 성령의 활동에 집중하게 된다. 바로 에바그리오스는 "심리학적 통찰과 생생한 묘사의 은사, 그리고 영적 과정의 다양한 단계를 정밀하게 분석하고 정의하는 능력을 소유"함으로써 경성에 관한 가장 뛰어난 스승의 한 사람으로 평가되어 왔다.[16]

마카리오스의 가르침에 나타난
신화의 신학적 의미

1. 성화를 넘어선 하나님과의 연합에 대한 비전

마카리오스의 신화에 대한 가르침 가운데 첫째로 주목할 수 있는 것은 그의 성화를 넘어선 하나님과의 연합에 있다. 신령한 설교 10편 4장에서 마카리오스는 다음과 같이 기록하고 있다.

간절히 하나님과 그리스도를 사랑하는 사람은 …… 하늘의 성령에 대한 열정적인 사랑으로 심령이 상하여, 은혜로 말미암아, 하늘에 계신 신랑에 대한 불타는 열망을 가지고 있다. 이 열망은 그에게 성령의 성화를 통해 주님과 신비롭고 말할 수 없는 교제에 완전히 들어가기를 원하게 한다. 그의 영혼의 얼굴에 드리워졌던 베일이 걷히고 말로 다할 수 없는 신령한 빛 안에서 하늘의 신랑의 얼굴을 직접 대면하여 본다. 그러한 영혼은 믿음의 확신 안에서 그분과 하나가 되며, 그분의 죽으심에 동참한다.[17]

여기서 마카리오스는 성령을 통한 성화에 대하여 언급한다. 그러나 성화에 대한 마카리오스의 관념은 그리스도의 장성한 분량에 이르도록 성장하는 것 또는 하나님의 성품을 닮는다는 개념을 넘어서는 것임을 볼 수 있다. 마카리오스의 비전은 하늘의 신랑과의 대면적인 교제를 통하여 그분과 하나로 연합하는 것이다. 마카리오스는 하나님과의 직접적인 교제와 연합을 하나님과 인간의 독특한 인격적 관계의 측면에서 설명한다. 신령한 설교 45편 5장에서 다음과 같이 설명한다.

하나님은 하늘과 땅, 해와 달, 바다, 열매를 맺는 나무, 온갖 종류의 동물들도 지으셨다. 그러나 하나님은 그것들 중 어느 것에서도 안식하지 않으셨다. 하나님은 그들을 다스리시지만 그들 안에 자기 보좌를 마련하시거나 그것들과 교통하시지 않으셨다. 오직 인간만을 기뻐하셨고 그와 함께 교제하시며 그 안에서 쉬신다. …… 그러므로 현명하고 지혜로운 영혼은 모든 피조물들을 이해한 후에 그것들 안에서 안식을 발견하지 못했으며 오직 주님 안에서만 안식을 발견했다. 또 주님도 오로지 인간 안에서만 기뻐하셨다.[18]

하나님과의 이러한 직접적인 교제를 통해 인간은 질그릇 같은 존재(고후 4:7)이지만 영광된 존재로의 변화를 추구할 수 있다. 이에 대하여 마카리오스는 "모세의 얼굴에 나타난 영광은 참된 영광의 상징이었다. 이스라엘 사람들이 '모세의 얼굴의 영광을 주목하지 못하였던 것처럼(고후 3:7)', 지금 그리스도인들도 그들의 영혼 속에 영광의 빛을 받는데, 어두움은 그 빛의 광채를 견디지 못하여 눈이 멀고 사라지게 된다."고 말한다.[19] 따라서 하나님과의 직접적인 교제를 통한 신성과의 연합이라는 주제가 마카리오스 신학의 한 특징이라고 할 수 있다.

2. 신화를 위한 삼위의 역할과 인간의 역할

마카리오스는 인간의 신화를 위한 삼위의 역할과 인간의 역할에 대하여 다음과 같이 가르친다. 먼저 성부는 자신이 창조한 인간들이 신성의 생명에 참여할 수 있도록 성자를 성육신하게 했다.

> 무한하시며 접근할 수 없고 피조되지 않으신 하나님이 그의 무한하시고 표현할 수 없는 자비 때문에 육신이 되셨다. 그분은 자신을 접근할 수 없는 영광으로부터 낮추심을 통해 …… 인간이 자신의 생명에 참여할 수 있게 하셨다(벧후 1:4).[20]

따라서 마카리오스는 성육신 사건에서 인간이 육신을 입고 오신 성자를 통해 직접 신성을 느끼고 체험할 수 있다는 점을 강조한다. 신령한 설교 4편에서 다음과 같이 강조한다.

> 성육신에 의해 볼 수 없는 주님이 인간들에게 보이시고, 만질 수 없는 주님이 영혼의 신비한 본성으로 느껴질 수 있는 것이다. 그래서 사람들은 주님의 감미로움을 느끼게 되며, 표현할 수 없는 기쁨을 선한 빛 속에서 실제로 경험하게 되는 것이다.[21]

마카리오스는 여기서 법률적으로 이해하고 있는 성자의 대속적 죽음과 새로운 아담으로서의 절대적 순종을 통한 모범적인 삶이라는 관점 외에 새로운 견해를 제시하고 있다. 그것은 바로 영혼이 친밀하게 주님을 느끼며 체험하도록 하기 위해 성육신하셨다는 것이다.

이제 신자의 영혼 안에서 성부와 친밀한 교제가 가능하도록 활동하는 것이 성령의 역할이다. 이 개념을 마카리오스는 질그릇 속에 담겨진 보물로 설명한다.

> 그러므로 우리 각 사람은 자신이 "이 질그릇 안에 보화(고후 4:7)"를 가지고 있는지, 성령의 자주 옷을 입었는지, 왕을 만났고 그분께 가까이 나아옴을 통해 안식을 발견했는지, 또는 아직도 그 집의 가장 바깥 자리에서 섬기고 있는지 알아보아야 한다.[22]

이렇게 성령의 자주 옷인 홍포를 입고 성령의 보화를 가지고 살아가는 영혼은 내면의 말할 수 없는 신비를 경험하며 그러한 신비의 흐름을 통해 거룩한 생각과 언어와 행동을 하게 된다.[23] 이렇듯 신화에 이르게 하는 성령의 역할을 강조하기 위해서 마카리오스는 성령을 영혼 안에서 작용하는 신비한 에너지로[24] 설명한다. 따라서 마카리오스에게 있어서 성령은 삼위 가운데 가장 의미 있는 역할을 하게 되는데 성령의 활동을 통해서 신자의 영혼은 변화되기 때문이다. 그런 의미에서 성령을 마무리의 역할로 해석하는 크리스토포로스 스타프로포울로스의 관점은 적절하다고 판단된다.[25]

그러면 신화를 위한 성령의 활동을 경험하기 위해 신자는 어떻게 해야 하는가? 마카리오스에 따르면 인간은 자신의 내면에서 성령이 활동하는 것을 원해야 한다. 즉 "우리는 먼저 믿음 안에서 마음의 수고를 다하여 하나님이 주신 보화인 그리스도라는 참된 보물을 성령의 능력 있고 효과적인 사역을 통해 우리의 심령 안에서 발견하게 해달라고 하나님께 구해야" 하는 것이다.[26] 인간의 이러한 노력과 그에 대한 하나님의 응답을 마카리오스는 다음과 같이 강조한다.

> 인간에게 행하려는 의지가 약할 때에는 하나님 자신도 아무 일도 행하지 아니하신다. 인간의 자유 의지 때문에 하나님께서는 할 수 있지만 행하시지 않는 것이다.[27]

마카리오스는 이러한 인간의 의지적 노력을 "성령에 대한 열정으로 상처입는 것"[28]으로도 표현하는데 이것은 마음이 상할 정도로 성령을 갈망하는 것을 말한다.

3. 신화와 인간의 본성 변화

성령에 대한 갈망을 통해 신성과 연합되는 경지에 이른 인간의 본성은 어떻게 변화하는가? 본래적인 인성은 전적으로 새로운 존재가 되는가? 이에 대해 마카리오스는 불 속에서 달구어진 바늘을 비유로 들고 있다.

> 바늘을 불 속에 넣으면 색깔이 변하고 불처럼 되지만 쇠의 성질은 그대로 남는다. …… 성령으로 충만해지더라도, 사람들은 각기 자기의 독특한 본성과 개성을 그대로 유지한다.[29]

인간은 신성과의 연합이라는 신화의 경지에 이르러도 본래적인 본성은 그대로 유지된다. 마치 불 속에 달구어진 바늘이 빨갛게 달아올라 불처럼 빛과 열을 발해도 그 본질 자체는 쇠인 것과 같다. 하지만 기능은 쇠가 아닌 빛과 열로 기능한다. 신자도 마찬가지다. 인간이지만 신성을 닮은 자로 사는 것이다.

인간 본성의 완전한 변화는 부활 때에 이루어진다. 부활 때의 완전한 변화에 대한 개념을 마카리오스는 모세의 시내 산 변모와 예수님의 변모 사건 (Transfiguration)으로[30] 설명한다.

모세는 40일간 금식 후에 다른 사람들보다 더 건강해져 내려왔다. …… 하나님의 말씀은 그에게 양식이 되었고, 그의 얼굴에는 빛나는 영광이 있었다. 그에게 일어난 일은 무언가 다른 모습이었다. 그 영광은 이제 그리스도교인들의 마음속에서 찬란하게 빛나고 있다. 부활할 때에 그들의 몸은 다른 신령한 옷으로 입혀질 것이며 그들은 하늘의 음식을 먹게 될 것이다.[31]

모세가 경험한 영광스러운 변모는 현재 신자들에게는 외적인 광채가 아닌 마음의 광채로 경험되고 있다. 부활 때에야 그들의 몸은 신령한 옷을 덧입게 된다. 현재의 내적인 광채에 대한 개념은 예수님의 변화산 경험에 대한 설명에서 더욱 두드러진다.

주님이 산에 오르셨을 때 주님의 몸이 영화롭게 되고 신적인 영광과 무한한 빛으로 변형되셨듯이 성도들의 몸도 영화롭게 되며 번개처럼 빛나게 된다. 그리스도 안에 있었던 영광이 그리스도의 몸을 덮고 완전히 빛난 것처럼 성도들 안에 있는 그리스도의 내적인 능력이 부활 때에 그들의 몸 밖으로 부어질 것이다. 성도들은 지금도 마음 안에서 주님의 본질과 본성에 참여한다.[32]

따라서 모세가 경험한 외적으로 광채가 나는 영광된 변모는 아직 경험하지 못하더라도 성도들은 이미 내면에서 신의 성품에 참여함으로써 내적인 빛을 경험하고 있다. 따라서 영광된 존재로의 내적인 변화와 그러한 신성에의 참여는 이미 현실에서 실현된다. 물론 그 본성은 부활 때에 외적인 변모와 더불어 완전히 영광스러운 존재로 변할 것이다. 그런 의미에서 예수의 변모와 달리 신자의 변화는 완전한 신적 영광으로서 변모하는 것이 아니라 영광스럽게 되는 것이라고 설명한 안드레이 올로프(Andrei Orlov)와 알렉산더 골리친(Alexander Golitzin)의 해석은 설득력이 있다.[33]

에바그리오스의 기도에 관한 가르침에 나타난 경성의 신학적 의미

1. 에바그리오스의 인간론

인간 내면에 대한 심리적 관찰과 이해에 탁월했던 에바그리오스는 인간의 내면에서 이루어지는 끊임없는 생각의 활동을 인간의 실존적 특징 중 하나로 이해한다. 인간은 잠자지 않고 깨어 있는 동안 늘 생각의 활동에 지배 받는다는 사실을 에바그리오스는 깊이 인식하고 있다. 이러한 생각의 활동과 지배는 심지어 잠자는 순간에도 꿈을 통해 지속된다. '정념 그리고 생각을 분별하는 것에 관하여'에서 에바그리오스는 다음과 같이 말하고 있다.

> 분명히 마음이 순결한 상태에 있고 무정념 상태에 있는 사람들은 잠잘 때에 악한 환상을 경험하지 않으며, 다만 악하지 않은 기억의 활동이 이루어집니다. …… 잠자는 동안에 기억은 몸의 참여가 없이도 영혼이 몸과 하나되어 활동했던 상태에서 받아들이던 이미지들을 선동한다는 것을 우리는 또한 알아야 합니다.[34]

그런데 생각의 활동 중 대부분은 무익한 것으로 참된 사고의 기능을 담당하는 지성이[35] 영적인 기도의 세계를 감지하는 것을 방해한다. 기도에 관한 가르침에서 에바그리오스는 이렇게 말한다.

> 꽁꽁 묶인 사람이 달릴 수 없는 것처럼 정념의 노예가 된 지성은 영적인 기도의 세계를 감지할 수 없습니다. 왜냐하면 지성은 정욕적인 생각들에 의해 끌려 다니게 되고 그래서 조용히 머물지 못하기 때문입니다.[36]

이러한 통찰의 바탕 위에 에바그리오스는 인간의 내면에서 일어나는 생각들의 활동을 체계적으로 정리한다. 인간 내면에서 부정적인 생각들을 야기하는 원인은 크게 넷으로 나눌 수 있다. 사물, 생각, 열정 그리고 마귀다. 타오르는 질투와 같은 인간의 부정적인 열정들은 사물과 사람들에 의해서 자극된다. 하지만 에바그리오스는 세상을 떠난 은수도사(隱修道師)들 사이에서도 내면의 생각들로 열정이 일어나는 것을 발견한다. 그리고 그러한 부정적인 생각의 근원은 자기 사랑인데 이러한 자기 사랑에서 여덟 가지의 악한 생각들이 형성된다. 이 여덟 가지의 생각들은 식욕, 육욕, 탐욕, 노염, 낙담, 게으름, 자만, 그리고 교만인데 이 여덟 가지 죄악은 에바그리오스의 제자였던 요안네스 카시아누스(John Cassian)에[37] 의해 서방교회에 전파되어 후에 서방교회에서 일곱 가지 죄악의 목록으로 정착되게 된다.[38] 따라서 에바그리오스에 의하면 인간은 자신의 내면에서 이루어지는 끊임없는 생각의 활동에 지배를 받는 존재다.

2. 기도의 의미와 참된 기도를 위한 무정념의 의의

에바그리오스에게 기도란 지성과 하나님의 교제다. 즉 생각의 활동들에서 자유한 지성이 하나님을 향해 집중하는 것이 기도다. 그래서 에바그리오스는 묻는다. "그렇다면 지성이 기울어짐 없이 주님을 향해 나아갈 수 있으며 매개물 없이 하나님과 교제할 수 있으려면 어떤 상태가 필요합니까?"[39] 이에 대한 대답이 무정념이다. 무정념에 대하여 요안네스 카시아누스는 간략하게 마음의 순수함이라고 정의한다.[40] 메트 소피아 라스무센(Mette Sophia B. Rasmussen)은 무정념의 개념에 대한 연구에서 기존의 학자들이 무정념을 죄와 죄로부터 자유함이라는 관점에서 이해하는 것은 적절하지 않다고 비판한다.[41] 필자는 라스무센의 비판에 동의한다. 한편 라스무센은 무정념을 불완전한 무정념과 완전한 무정념으로 구분하여 설명하면서 완전한 무정념을 "순수하고 방해 받지 않는 정신이 삼위일체를 관상하는 것"이라고 주장한다.[42] 그 이유로 라스무센은 삼위일체에 대한 관상과 무정념이 일어나는 시간적 순서에 대하여 자신은 어느 것이 선행하는지를 명확하게 제시할 수 없다고 결론을 내린다.[43] 그러나 필자는 다음과 같은 에바그리오스의 글을 주목해야 한다고 생각한다.

> 무정념의 상태에 이르렀다고 해서 반드시 그 사람이 순수한 기도를 성취한 것은 아닙니다. 비록 정념들에서 자유로운 상태지만 정신을 산만하게 하고 하나님으로부터 멀리 있게 하는 생각에 사로잡혀 있을 수도 있습니다.[44]

> 지성이 여러 가지 사물에 대해 생각하지 않는다고 해서, 기도의 세계에 도달한 것은 아닙니다. …… 그리고 비록 그러한 관상이 정념에서 벗어난 것이라 해도 피조물에 대한 관상은 피조물들의 형태를 지성에게 새기며 지성을 하나님으로부터 멀리 있게 만듭니다.[45]

따라서 필자의 견해로는 무정념의 상태 자체는 아직 기도자의 지성이 삼위일체를 관상하는 단계는 아니라고 판단된다. 오히려 무정념의 상태란 기도자가 자신의 내면에서 끊임없이 떠오르는 여덟 가지의 악한 생각들을 극복하고 이르게 되는 내면의 고요와 평정의 상태로 보아야 할 것이다. 그 고요의 상태는 참된 기도와 하나님에 대한 관상을 위한 전제 조건이다.

3. 무정념에 이르기 위한 내적 경성 방법과 성령의 역할

무정념의 상태가 참된 기도를 경험하기 위한 전제 조건이라면 이제 기도자에게 주어지는 과제는 과연 그 무정념의 상태를 어떻게 획득하는가에 대한 구체적인 방법이다. 에바그리오스 교훈의 가치는 그가 이것을 독특하면서도 구체적인 방식으로 제시하고 있다는 것이다. 에바그리오스가 제시하는 무정념에 이르는 방법은 바로 내적인 경성이다.

에바그리오스의 내적인 경성 방법은 세 가지로 설명할 수 있다. 첫째, 잡념들을 분석하지 않고 관찰하는 것이다. 내면에 떠오르는 잡념이나 생각들은 그것들을 제거하려는 노력으로 해결되는 것이 아니다. 미숙한 기도자는 기도의 초기 단계에서 떠오르는 생각들을 쫓아내기 위해 머리를 흔들거나 어금니를 힘주어 깨물며 그것들과 싸울 수 있다. 그러나 이러한 행동은 생각들을 다스리는 현명한 방법이 아니다. 오히려 에바그리오스는 기도자가 그러한 잡념들에 주의를 집중하지 않아야 한다고 조언한다.

> 기도하는 동안에는 지성의 귀와 입을 막으십시오. 그렇게 하면 기도할 수
> 있을 것입니다.[46]

지성이 귀머거리와 벙어리가 된 것처럼 내면의 잡념과 생각의 활동들에 주의를 집중하지 않는 것이다. 여기서 지성이 잡념과 생각의 활동에 주의를 집중하지 않는다는 것은 그것들을 분석하지 않는 것을 말한다. 떠오르는 생각이나 심상들을 단지 관찰하는 것이다. 예를 들어, 기도자가 기도 가운데 집안일이 생각나면 마음의 눈으로 그것을 지그시 관찰하며 '아, 내가 집안일

을 생각하고 있구나.'라고만 생각하는 것이다. 더 이상 그 문제를 분석하거나 숙고하지 않고 관찰을 통해 단지 이름만 붙이는 것이다. 그러면 집안일에 대한 생각이 가라앉고 또 다른 생각이 떠오를 것이다. 예를 들어 자동차 문제가 떠오른다고 하자. 그러면 자동차 문제를 분석하는 것이 아니라 다시 '아, 이번에는 자동차 문제구나.'라고 그 생각에 이름만 붙여 주는 것이다. 이러한 과정을 한동안 지속하다 보면 떠오르는 생각이나 잡념들이 다소 진정되는 것을 경험하게 된다. 이렇게 기도자가 내면에 떠오르는 생각들을 분석하지 않고 다만 관찰할 때 그 생각들에서 자신의 지성을 보호할 수 있다고 에바그리오스는 가르친다.

둘째, 더 나아가 에바그리오스는 잡념이 활동하도록 내버려 두라고 조언한다. 일반적으로 기도할 때 지성은 조용히 머물지 못하고 정욕적인 생각들로 이리저리 끌려 다니게 된다.[47] 그래서 기도자는 "기도하는 동안 경계하며 지성을 생각들로부터 보호해야 한다."고[48] 에바그리오스는 강조한다. 이 말은 지성을 생각의 활동에서 보호하기 위해 오히려 생각을 활동하도록 내버려 두라는 말이다. 다시 말하면, 그냥 생각이 떠오르도록 내버려 두는 것인데[49] 마틴 레이어드(Martin Laird)는 이에 대해 마음 안에 잡념이나 생각들이 활동하도록 허용하는 심리적인 공간을 두는 것이라고 말한다. 심리적인 공간이란 마음의 한편에서 잡념이나 생각들이 떠오르지만 지성은 그것에 전혀 관심을 기울이지 않는 것을 의미한다.[50] 다시 말하면, 지성은 그것이 목표하는 순수한 기도만을 간절히 추구함으로써 잡념의 활동에 방해를 받지 않는 것이다. 따라서 간절한 열망과 집중을 위한 정신적 에너지가 관건이라 할 수 있다.

셋째로, 이러한 경성의 단계를 거쳐 기도자는 마침내 잡념이나 생각들에 방해 받지 않고 기도하는 단계에 이르게 된다. 그리고 기도를 마친 후에 드디어 잡념이나 생각의 원인에 대한 분석을 하게 된다. 에바그리오스는 기도에 대한 글에서 다음과 같이 강조한다.

> 만일 당신이 어떤 생각을 극복하기 위해서 기도했는데 그 생각이 가라앉았다면, 그러한 생각이 어떻게 발생했는지 조사해 보십시오. 그렇지 않으면, 그 원인이 자신에게 있다고 그릇 생각할 수도 있습니다.[51]

또한 '정념 그리고 생각을 분별하는 것에 관하여'라는 글에서 다음과 같이 에바그리오스는 말한다.

> 부정한 생각을 재빨리 몰아낸 후에는 왜 그 일이 발생했는지 이유를 찾아내려고 노력해야 합니다. 원수가 우리를 무너뜨리지 못한 것은 그러한 생각이 행동으로 옮겨질 가능성이 없었기 때문입니까? 아니면 우리가 어느 정도의 무정념을 획득했기 때문입니까?[52]

이러한 내적 경성 방법을 터득한 에바그리오스는 그것이 지니는 가치를 강조하는 의미에서 이러한 영성 훈련을 마음에 관한 학문이라고 불렀다.

한편 기도자가 경성을 통해 비록 무정념의 단계에 이르렀다 하더라도 참된 기도를 위해서는 성령이나 천사의 활동을 통한 신적인 간섭이 필요하다. 이에 대하여 에바그리오스는 다음과 같이 기록한다.

> 성령께서는 우리의 연약함을 긍휼히 여기셔서 우리가 깨끗하지 못할 때에도 우리에게 오십니다. 그리고 우리의 지성이 참으로 기도하는 것을 발견하시면, 우리의 지성에 들어오셔서 지성 안에서 떠도는 모든 생각들과 개념들을 제거하시고 …… 주님은 지성 안에 들어오셔서 자신이 원하시는 지식으로 지성을 채우시며, 지성을 통해서 몸 안에 있는 통제되지 않는 충동

들을 잠잠하게 하십니다.[53]

바로 이러한 성령의 도움을 신뢰하고 성령의 임재가 느껴질 때까지 갈망하는 기도자는 자신의 내면에서 잡념이 활동해도 방해 받지 않는다. 오히려 그러한 잡념들이 활동하도록 마음의 공간을 허용할 수 있다.

이제 그러한 기도자는 성령의 도움으로 기도의 1차 목표인 피조물에 대한 관상에 이르게 된다.

> 만일 당신이 진실하게 기도한다면 깊은 확신을 얻게 될 것입니다. …… 천사들이 당신에게 와서 피조물들의 내적 본질에 대한 지식으로 당신을 조명해 줄 것입니다.[54]

따라서 우리는 에바그리오스도 마카리오스처럼 성령으로 대표되는 신적인 중보의 역할을 강조하는 동방정교회의 신학적 흐름과 일치하는 것을 볼 수 있다.

4. 기도의 단계와 인식론

에바그리오스에 의하면 기도자가 무정념의 단계에서 참된 기도를 드리게 될 때 두 단계의 기도를 하게 되는데 그것은 피조물과 삼위일체의 신비에 대한 깨달음을 얻게 한다. 첫 단계는 피조물에 대한 관상의 단계로 사물의 내적 본질들에 대한 관상이다.

> 만약에 지성이 피조 세계에 대한 관상 이상으로 나아가지 못한다면 그것은 아직 하나님의 세계를 완전하게 보지 못합니다. 왜냐하면 지성이 이해할 수 있는 일들에 대한 지식에 머물러 있고, 그것들의 다양성에 개입되어 있

기 때문입니다.[55]

첫 단계의 관상에 이른 기도자는 피조물에 대한 지식에서 이제 기도의 마지막 단계인 신적 지식의 관상에 이르게 된다.

> 영적 지식은 큰 아름다움을 가지고 있습니다. 그것은 기도의 돕는 자로 지성의 이지적 능력을 일깨워 신적 지식의 관상을 하게 합니다.[56]

이 단계에서 기도자는 천사들처럼 되어 하나님과 교제하며 삼위일체를 관상하게 된다.[57]

에바그리오스에게 기도는 이처럼 사물과 궁극적 진리에 대한 인식론과 깊은 관련이 있다. 내적 경성을 통해 무정념에 이른 기도자는 순수한 지성의 활동에 의지하여 사물의 내적 본질에 대한 통찰을 하게 된다. 나아가 기도자는 사물의 내적 본질을 넘어서 창조주에 대한 관상을 통해 궁극적 진리에 이르게 된다.[58] 따라서 무정념의 경지에서 이루어지는 참된 기도의 목표는 신적 아가페 사랑을 경험하고 그것을 실천하는 것이라고 결론을 내린 메트 소피아 라스무센의 견해는 옳지 않다고 판단된다.[59] 그 이유는 에바그리오스에게 있어 덕이나 사랑은 목표가 아니라 오히려 창조주에 대한 관상을 위한 일종의 과정으로 표현되고 있기 때문이다.

> 피조물의 내적 본질에 대한 관상을 획득하기 위해서 우리는 덕을 실천합니다. 그리고 거기에서부터 그것들에게 존재를 부여해 주신 로고스에 대한 관상으로 나아갑니다. …… 기도의 상태는 하나의 무정념의 상태입니다. 그것은 지혜를 갈망하는 지성을 가장 간절한 사랑에 의해서 순수하게 이지적인 영역으로 인도합니다.[60]

이것이 바로 에바그리오스가 내적 경성을 마음에 관한 학문이라고 부른 이유다. 내적 경성으로 이른 무정념의 경지 자체가 기도자에게 우주 만물과 창조주에 대한 완전한 인식을 얻게 하지는 않는다. 하지만 그 무정념의 상태는 최소한 피조물과 인생과 창조주에 대한 궁극적 진리들을 최상의 정신적 상태에서 관상할 수 있게 해 준다. 에바그리오스는 이 깊은 사색의 세계를 사파이어 보석에 비유하였다. 일체의 불순물이 없이 맑은 사파이어 보석처럼 인간의 마음속에 광활하게 펼쳐지는 사색의 우주, 그것이 바로 에바그리오스가 강조하는 기도의 세계다. 그 기도의 세계에서 피조된 인간은 자신의 한계를 넘어 궁극적 진리의 심연에 도달하게 되는 것이다.

마카리오스와 에바그리오스 교훈의 상보적 가치

존 지지울러스(John D. Zizioulas)는 마카리오스의 영성신학에 대한 평가에서 마카리오스는 영성의 중심을 정신에서부터 마음으로 옮김으로써 오리게네스의 잘못을 바로잡았다고 평가한다. 즉 지성이 중심인 정신에서 사랑이 중심인 마음에 초점을 둠으로써 마음에서 이루어지는 사랑을 강조했다고 주장한다.[61] 필자는 지지울러스의 견해에 전적으로 동의한다.

그렇다면 오리게네스를 따라 정신을 강조한 에바그리오스의 교훈은 어떤 가치가 있을까? 에바그리오스의 교훈은 전술한 대로 그 마음에 이르는 과정에 대한 훈련 방법을 제시한 것이다. 에바그리오스가 인식한 것처럼 우리는 마음의 고요를 경험하기 원하지만 우리의 마음은 잡념과 생각들로 혼란스럽다. 마치 컵 속의 물이 먼지로 뿌옇게 된 것처럼 우리의 마음은 고요보다는 먼지들의 움직임으로 가득 차 있는 것이다. 이 물컵 안의 먼지를 진정시키는 방법은 간단하다. 더 이상 외부로부터 컵에 충격을 주거나 물을 건드리지 않고 가만히 놓아두는 것이다. 에바그리오스의 경성에 대한 가르침은 바로 물컵 속에서 움직이는 그 먼지들을 관찰하는 것이라고 할 수 있겠다. 에바그리오스는 마음의 눈으로 마음에 떠오르는 잡념과 생각과 심상들을 지그시 관찰하다 보면 시간이 지나 물속의 먼지들이 진정되듯 마음의 고요에 이른다는 것이다. 그러면 기도자는 마음의 고요 속에서 그 마음 안에서 활동하는 성령의 사역을 기다릴 수 있다. 바로 잡념과 욕심으로 가득 찼던 질그릇 같은 자신의 존재 속에 성령이라는 보배를 담을 수 있는 새로운 가능성을 향해 자신을 내어 놓는 것이다.

신자가 마음에 대한 경성을 통해 무정념의 상태에 이르렀다고 하는 것은 신화를 향해 열려 있는 최상의 가능성에 자신의 존재를 머물게 하는 것이다. 그러한 이유로 리처드 포스터(Richard J. Foster)는 마카리오스와 에바그리오스의 교훈을 토대로 형성된 이 기도 훈련이 현대의 모든 그리스도인들에게 동방정교회가 줄 수 있는 가장 훌륭한 영적 선물이라고 평가한다.[62]

내적
성찰의 길

4세기 이집트 수도원 운동의 형성과 동방정교회의 영성 훈련에 깊은 영향을 남긴 마카리오스와 에바그리오스의 영성 사상을 신화와 경성을 중심으로 분석해 보았다. 마카리오스가 강조한 신화는 피조된 인간이 성령의 사역을 통해 하나님과의 연합을 경험하며 신의 성품에 참여하는 것을 의미한다. 이 신화는 삼위의 사역으로 이루어지는데 신화의 모델로 성부는 성자를 성육신하게 했으며 성령을 통해 신자의 신화를 돕는다. 신화를 위한 이러한 삼위의 사역에 대하여 마카리오스는 신적 에너지라는 동방정교회의 독특한 용어를 사용하는데 이 신적 에너지는 신화를 가능하게 하는 신의 활동적 현존이다. 마카리오스는 또한 신화에 이른 인간 본성의 변화에 대하여 가르치는데, 그에 따르면 신화의 경지에 이르렀다 해도 인간의 본질은 그대로 유지된다. 마치 이것은 불 속에서 달구어진 바늘과 같은데 비록 바늘이 불처럼 열을 발하고 어두운 곳에서 빛을 발한다 하더라도 여전히 쇠인 것과 같다.

에바그리오스의 가르침은 신화의 경지에 이르기 위한 구체적인 방법론을 제시해 준다. 신자가 신화되기 위해서는 성령의 현존과 활동에 적합한 마음의 상태에 이르러야 한다. 그 마음의 상태란 모든 정념에서 자유로운 무정념의 상태를 말한다. 즉 내면에서 일어나는 잡념, 생각, 그리고 과거의 기억의 활동들에서 자유로운 내면의 고요를 이루어야 한다. 이 무정념의 상태를 위해서 필요한 것이 내면의 경성이다. 내면의 경성이란 내적으로 깨어 있어 내면에서 일어나는 잡념, 생각, 그리고 과거의 기억의 활동들을 관찰하는 것이다. 신자는 그렇게 생각들을 분석하지 않고 다만 관찰함으로써 자신의 순수한 지성을 보호할 수 있다. 그리고 무정념의 상태에 이른 신자는 성령의 간섭 안에서 순수한 지성의 활동에만 의지하며 사물의 내적 본질에 대한 관상을 하게 된다. 나아가 기도자는 사물의 내적 본질을 넘어서 창조주에 대한 관상을 통해 궁극적 진리에 이르게 된다.

이렇게 신화를 강조한 마카리오스의 교훈과 내면의 경성을 강조한 에바그리오스의 교훈은 통합되어 후에 동방정교회에서 독특한 구도의 길로 정착된 예수기도 형성에 깊은 영향을 남기게 된다. 이 예수기도는 관상기도에 관심을 갖는 한국교회에서 영성 훈련의 한 방법으로 실천해 볼 수 있지 않을까 생각된다. 20세기를 통틀어 가장 탁월한 영적 스승의 한 사람으로 평가되는 토머스 머튼(Thomas Merton)도 자신의 영적 진보를 위해 이 기도를 영성 훈련의 한 방법으로 실천했던 것이 좋은 시사가 될 것이다.

4장

하나님의 임재를 위한 내적 고요의 길

헤시키우스, 필로테오스,
탈라시오스, 스티타토스

2,000년 그리스도교 역사를 통틀어 가장 심오한 영적 사고를 한 영성가로 추앙받는 성 아우구스티누스는 《고백록》에서 자신의 내면에 대한 통찰에 대하여 "느낌들과 마음의 움직임이 얼마나 복잡한지 차라리 내 머리카락을 세는 것이 오히려 쉬울 것 같다."고 하였다.[1] 그렇게 복잡한 내면세계와 씨름하며 모든 기도자들은 오늘도 깊고 집중된 기도를 하기 위해 노력하고 있다. 특별히 통성기도나 방언기도가 아닌 침묵기도를 하려는 이들은 언제나 복잡한 내면세계로 인해 방해받는 것을 경험한다.

내면세계의 방해를 받지 않고 기도하려는 노력은 이미 아우구스티누스 이전 시대부터 있어 왔는데 대표적인 사람이 이집트 사막 수도원 운동의 창시자였던 성 안토니우스다.[2] 성 안토니우스의 모범을 따라 동방정교회에서는 사막과 수도원에서 수도 활동을 함으로써 기도자가 내면세계의 다양한 생각들을 극복하고 정신을 집중해서 하나님께 기도드리는 기도 훈련을 해 왔다. 특별히 그리스의 성 아토스 산 주변의 수도원에서 1,000여 년의 세월에 걸쳐 잡념을 극복하고 마음의 중심으로부터 드리는 기도의 훈련을 해 왔는데, 영성가들의 이 같은 영적 훈련의 경험을 책으로 편집하여 출간한 것이 《필로칼리아》다. 이 《필로칼리아》는 적지 않은 분량(5권)에 대부분 성인으로 추대된 수도자들의 수도 경험을 통한 교훈들을 집대성한 것으로 동방정교회 영성의 보고로 간주되어 왔다.[3]

《필로칼리아》가 수도 생활을 하지 않는 개신교회의 목회자나 평신도들에게도 가치가 있는 것은 침묵기도를 하는 이들에게 잡념을 극복하고 무정념에 이르는 다양한 길을 제시하기 때문이다. 무정념의 상태란 욕심, 근심, 잡념, 그리고 과거의 기억의 활동들을 극복하고 정신과 마음이 하나가 되어 성령의 인도함 가운데 기도드리는 것을 의미한다. 이 장에서는 《필로칼리아》에서 제시하는 무정념에 이르는 네 가지의 주요 방법들을 신학적으로 분석해 보고자 한다. 첫째는 예수기도를 통한 방법이고, 둘째는 죽음에 대한 명상을 통한 길이며, 셋째는 덕의 실천을 통한 것이고, 마지막으로 통회의 눈물을 통한 방법이다. 이를 통해 오늘날 무정념에 이르고자 하는 다양한 종교적 방법들과 어떠한 차이가 있으며 그리스도교인들의 영성 생활에 어떤 가치가 있는지를 제시하고자 한다.

무정념의
상태와 가치

기도자는 물론 많은 현대인들은 마음의 고요를 경험하기 원하지만 우리의 마음은 잡념과 생각들로 혼란스러워지곤 한다. 마음을 가라앉혀 집중된 마음을 하나님께 드리고 기도하기를 원하지만 끊임없는 생각의 활동들로 마음은 자꾸만 흐트러진다. 그래서 마음을 하나님께 드리고 하나님의 음성을 듣고자 하는 우리의 시도는 너무나 쉽게 좌절되곤 한다.

외부로부터 마음에 자극을 받지 않기 위해 영성가들은 사람들을 떠나 광야와 산속으로 들어갔다. 그런데 4세기 이집트 사막의 독거 수도자였던 에바그리오스에 의하면 수도자는 아무도 없는 사막에서도 내면의 생각들로 욕망이 일어나는 것을 경험한다. 그리고 그러한 부정적인 생각들의 근원은 자기 사랑인데 이러한 자기 사랑으로부터 다양한 악한 생각들이 일어난다.

인간은 자신의 내면에서 이루어지는 끊임없는 생각의 활동에 지배를 받는 존재라는 에바그리오스의 견해는 바울의 가르침과도 유사하다. 바울은 고린도후서 10장 5절에서 "모든 생각을 사로잡아 그리스도에게 복종하게" 하라고 권면한다. 바울이 이렇게 강조한 이유는 간단하다. 인간을 지배하는 것은 생각이기 때문이다. 우리는 늘 깨어 있는 시간 동안 생각의 지배를 받는다. 데카르트의 명제처럼 살아 있다는 것은 곧 생각하는 것이다. 생각의 힘은 참으로 집요해서 심지어 잠자는 순간에도 우리를 지배한다. 우리가 경험하는 대부분의 꿈들을 숙고해 보면 꿈들은 우리의 잠재의식과 관련되어 있음을 알 수 있다. 바로 이 생각의 활동들의 주된 요소들인 욕심, 근심, 잡념 그리고 과거의 기억의 활동들을 극복하지 않고서는 집중된 기도를 드리기가 어렵다. 그런 관점에서 에바그리오스는 기도를 무정념이 된 상태에서 드리는 순수한 사고의 활동으로 이해한다. 즉 에바그리오스에게 기도란 지성과 하나님과의 교제다. 다시 말해 생각의 활동들에서 자유한 순수한 지성이 하나님을 향해 집중하는 것이 기도다.

따라서 무정념의 상태란 기도자가 자신의 내면에서 끊임없이 떠오르는 생각들과 싸워서 이르게 되는 내면의 고요와 평정의 상태라고 할 수 있다. 이 고요의 상태는 참된 기도와 하나님에 대한 관상을 위한 전제 조건이다. 그런 의미에서 무정념은 내면의 정적을 경험하기 원하고 더 나아가 하나님에 대한 깊은 사색을 원하는 사람들에게 가장 좋은 영적 훈련의 하나다.《필로칼리아》에는 무정념에 이르는 다양한 길들이 제시되어 있다. 동방정교회의 수도사들이 성서와 초대 교부들의 교훈을 중시하는 전통 가운데 수도를 하기는 했지만 각자 개인적인 영적 훈련 경험과 취향에 따라 다양한 방식들을 실천하고 형성하였으며 또 전수하였다. 그 가운데 공통적으로 반복되는 방법들을 네 가지로 정리하여 집중적으로 분석하고자 한다.

무정념에 이르는 네 가지 길:
예수기도, 죽음에 대한 명상, 덕의 실천, 통회의 눈물

1. 예수기도 The Jesus Prayer

가장 공통적으로 실천되는 방법인 예수기도는 특별히 성 헤시키우스(Hesychius)가 강조했다.[4] '경성함과 거룩에 관하여'라는 글에서 성 헤시키우스는 자신이 1~2세기의 초대 교부들의 글에서 영향을 받았음을 다음과 같이 분명히 제시하고 있다.

> 우리는 지금까지 1~2세기에 작성된 글을 통해서 지성을 잠잠하게 만드는 어려운 기술을 배우는 법을 제시해 왔습니다. 이 글들은 우리의 정신으로 이룩한 결과일 뿐만 아니라, 지성의 순결에 대해 우리를 가르치시는 거룩한 교부들의 작품이기도 합니다.[5]

성 헤시키우스는 끊임없이 예수기도를 반복할 것을 강조하는데 대표적으로 다음 두 글을 보면 알 수 있다.

> 즉 주 예수 그리스도의 거룩한 이름이 우리를 위해서 중재하게 하기 위해

서, 우리는 타는 마음으로 그리스도께 부탁해야 합니다. …… 그리고 습관이 형성되면, 그것은 마치 천성인 듯이 우리를 다스립니다. 그러한 평정의 상태에 있는 지성은 숲속에서 토끼를 뒤쫓는 사냥개처럼 원수들을 추적해 찾아냅니다. 사냥개는 먹이를 얻기 위해서 추적하지만, 지성은 원수를 죽이기 위해서 추적합니다.[6]

어느 지혜로운 사람이 말한 것처럼, 예수님의 이름을 당신의 호흡에서 떨어지지 않게 하십시오. 그러면 고요의 축복들을 알게 될 것입니다.[7]

이 외에도 성 헤시키우스는 그의 글에서 최소한 9회 이상 예수기도의 중요성을 강조하고 있다. 이 예수기도의 형성은 대략 5세기에서 8세기 사이에 이루어졌는데 "예수여 이 죄인을 불쌍히 여기소서(Jesus, Son of God, have mercy on me, a sinner)."를 반복하는 것이다. 시편 51편 1절의 "하나님이여 주의 인자를 따라 내게 은혜를 베푸시며 주의 많은 긍휼을 따라 내 죄악을 지워 주소서."와 시편 70편 1절의 "하나님이여 나를 건지소서 여호와여 속히 나를 도우소서."와 그 내용이 유사한 것을 알 수 있다.

이 예수기도는 네 가지의 신학적 내용을 담고 있다. 첫째는 준성례전(semi-sacramental)의 성격이다. 성례는 성찬 위에 영적으로 임재하는 성령의 역사로 성찬을 먹고 마시는 사람이 주님의 은혜를 경험하고 신앙이 자라는 은혜의 방편으로 이해되는데 바로 이 기도를 통해 성도는 하나님의 은혜와 능력을 간구하는 것이다. 핵심 구절인 '죄인을 불쌍히 여기소서'가 그러한 신학적 의도를 잘 드러낸다. 즉 신실한 성도가 성찬의 참여를 통해 하나님의 임재를 경험하듯 예수기도자는 반복적으로 하나님의 은혜를 경험하는 것이다. 그리고 그 은혜는 성화시키는 은혜가 되어 성화를 넘어선 동방정교회의 목표인 신화의 경지에 이르게 한다.

둘째는 죄에 대한 통회와 하나님의 자비를 간구하는 것으로 하나님 앞에서 자신의 죄를 비난하며 슬퍼하는 것이다. 칼리스토스 웨어(Kallistos Ware)는 예수기도의 기원에 관한 연구에서 내적인 깊은 통회라는 주제가 이미 성 안토니우스의 가르침에서 강조된 것임을 제시한다.[8] "하나님은 통회하는 영혼을 위로하시고 그들에게 은혜를 베푸신다."는 주제는 성경 전체에 흐르는 일관된 진리로 인간은 죄인이기에 하나님의 은혜가 필요한 존재라는 그리스도교 인간관을 잘 표현하고 있다. 그러므로 예수기도는 그리스도교적 인간관에 근거한 가장 건강한 기도문의 하나라고 할 수 있다.

셋째는 반복적인 기도를 통해 하나님의 임재를 일상에서 경험하는 훈련이다. 바로 식사나 노동, 쉼의 순간에도 이 기도를 반복함으로써 매 순간 하나님의 임재를 경험하는 훈련이라고 할 수 있다. 이것은 동시에 바울이 말한 "쉬지 말고 기도하라."는 성경적 가르침을 실현하는 길이라고 할 수 있다. 실제로 이러한 실천을 통해 《순례자의 길》이라는 저서를 남긴 러시아의 농부는 자신이 예수기도를 반복하였을 때 예수기도가 자신의 심장에 박혀 심장박동을 따라 전신에 피가 흐르듯 자신의 일부가 되었다고 말한다. 물론 그 경지에서의 영적 경험이란 하나님과의 연합이었다. 따라서 예수기도는 그것을 반복하는 기도자에게 하나님의 임재 의식을 일상에서도 경험하게 해 주는 것이다.

끝으로 이 기도의 목적은 마음의 침묵과 정적에 이르는 것이다. 즉 이 기도를 통해 마음에 떠오르는 잡념과 생각들을 극복하고 내면의 단순함과 고요에 이르는 것이다. 그 내면의 고요에서 기도자는 정신과 마음이 하나가 되어 하나님께 존재의 중심으로부터 기도를 드리게 된다.

2. 죽음에 대한 명상

《필로칼리아》에 나타난 수도자들은 한결같이 욕망, 근심, 잡념, 과거의 기억의 활동들에 의해서 영적 정진에 방해를 받았음을 기록하고 있다. 그들은 공통적으로 그러한 생각의 활동들을 가라앉히는 한 가지 방법으로 자신의 죽음을 명상하라고 조언한다. 성 헤시키우스는 다음과 같이 강조한다.

> 끊임없이 죽음을 생각하는 것은 몸과 영혼을 훈련하는 강력한 수단입니다. 우리는 자신과 죽음 사이에 놓여 있는 모든 것을 뛰어넘어, 항상 죽음을 그려 보아야 합니다. 심지어 우리가 숨을 거둘 임종의 장소 및 그와 관련된 것까지도 그려 보아야 합니다.[9]

성 헤시키우스는 여기서 죽음은 우리 자신과 죽음 사이에 놓여 있는 모든 것을 뛰어넘게 한다고 강조한다. 우리가 놓여 있는 현실과 죽음 사이에는 수많은 것들이 놓여 있다. 거기에는 먼저, 우리가 더 이루기 원하는 욕심과 이미 이룬 것들을 잃어버릴 것을 두려워하는 근심이 있다. 예수님은 그것을 어리석은 부자의 비유에서 잘 보여 주셨다. 수고하여 얻은 풍성한 곡식을 잘 먹고 누려야 하는데 혹시 그렇게 하지 못할까 봐 부자는 전전긍긍하며 잠을 이루지 못한다고 예수님은 말씀하셨다. 그런데 우리가 죽음을 명상하며 시간을 뛰어넘어 그 죽음의 순간에 머무를 때 우리는 죽음과 우리 사이의 모든 것을 초월하게 된다. 죽음과 현재 나 사이의 모든 것을 순간적으로 뛰어넘게 되는 것이다. 그래서 성 헤시키우스는 우리가 숨을 거둘 임종의 장소 및 그와 관련된 것까지도 그려 보아야 한다고 강조한다.

한편 죽음에 대한 명상에 대하여 시나이의 필로테오스(St. Philotheos of Sinai)는[10] '맑은 정신에 관한 40편의 글'에서 이렇게 기록한다.

> 나는 이처럼 죽음을 생각하는 것의 장점을 경험하고서 영적으로 크게 상처를 받은 동시에 크게 기뻤기 때문에, 그것을 내 삶의 동반자로 삼기를 원했

습니다. 왜냐하면 나는 그것의 권위와 사랑스러움, 겸손함과 회오의 기쁨, 그것에 충만한 깊은 생각, 장차 임할 심판에 대한 염려, 삶의 염려에 대한 의식 등에 매료되었기 때문입니다. …… 나는 항상 이 아담의 딸-죽음을 기억함을 동반자로 삼아 함께 자고 함께 이야기하며 그에게서 육신의 옷을 벗어버린 후에 일어날 일에 대한 지식을 획득하기를 열망했습니다.[11]

필로테오스는 다른 수도자들이 그랬던 것처럼 죽음을 아담의 딸이라고 부르며 그 아담의 딸의 권위와 사랑스러움에 대하여 논한다. 죽음은 기도자를 겸손함과 깊은 사색으로 이끌기에 두려운 존재가 아니다. 오히려 죽음은 사랑스러운 삶의 동반자로 삼아 함께 자고 이야기하며 지내야 할 인생의 스승이요 친구인 것이다.

또한 예루살렘의 헤시키우스(Hesychius of Jerusalem)는[12] '테오둘루스에게 보낸 맑은 정신과 기도, 그리고 영혼 구원에 관한 글'에서 죽음에 대하여 다음과 같이 말한다.

> 가능하다면 항상 죽음을 생각하십시오. 죽음을 생각하면 모든 염려와 허영심을 몰아낼 수 있고, 정신을 지키며 항상 기도하고, 육체에 대한 애착을 버리고 죄를 미워하게 됩니다. 실질적으로 모든 활기차고 활동적인 덕이 그것에서 생겨납니다. 그러므로 가능하다면 호흡을 하듯이 항상 죽음을 생각하십시오.[13]

예루살렘의 헤시키우스는 일상생활의 모든 활기차고 활동적인 덕이 자신의 죽음에 대한 명상에서 나온다고 단언한다. 어떻게 그런 일이 가능한가? 자신의 죽음을 명상하는 순간 모든 염려와 허영심을 몰아낼 수 있고, 죄를 미워하고 정신을 지키며 항상 기도할 수 있기 때문이다. 즉 죽음을 명상하는 순간 이기심을 극복하고 하나님의 뜻을 따르는 이타적인 삶을 살 수 있게 되는 것이다.

그래서 영성가들은 죽음을 인생에서 최고의 선물로 정의하였다. 죽음을 명상할 때 기도자의 내면에서 물컵 속의 먼지처럼 끊임없이 활동하는 욕심, 근심, 일상적인 잡념, 그리고 과거의 기억들은 컵 속의 먼지가 가라앉듯 잠잠히 가라앉는다. 어떤 욕망이나 염려도 죽음의 순간에는 아무런 의미가 없기 때문이다. 그래서 죽음에 대한 사색은 사색자로 하여금 자신의 현실을 초월하게 한다.

3. 덕virtues의 실천

사도 바울은 갈라디아서 5장 22~23절에서 성도가 성령의 은혜 가운데 성화의 삶을 살 때 아홉 가지 성령의 열매가 나타난다고 가르친다. 그런데 동방정교회의 영성가들은 이러한 성화의 표징으로서 덕의 열매 외에 내면에 떠오르는 생각의 활동들을 극복하고 무정념에 이르기 위한 준비로서 덕의 실천을 강조하였다. 리비아의 성 탈라시오스(St. Thalassios the Lybyan)는[14] '사랑, 절제, 지성과 일치하는 삶에 관하여'에서 덕의 중요성을 강조하면서 "뿌리 깊은 습관은 쉽게 제거할 수 없으므로, 고질적인 사악함을 제거하려면 오랫동안 덕을 실천해야 합니다."라고 말했다.[15] 그런데 어떠한 종류의 덕을 실천해야 하는지는 영성가들마다 강조하는 바가 다른데 필로칼리아에 나타난 덕은 크게 절제, 인내, 사랑, 겸손으로 요약할 수 있다.

첫째, '절제'는 수도자가 실천해야 할 가장 기본적인 덕으로 강조된다. 절제는 음식에 대한 절제와 혀에 대한 절제로 나눌 수 있다. 모든 수도자들에게 음식의 절제는 필수였다. 과식은 육체적인 정욕에 휘말리게 하고 정신 집중을 흐리게 할 수 있기 때문이다. 그래서 대부분의 영성가들은 하루에 400g 정도의 빵과 두 컵 정도의 포도주만 섭취하기를 권고한다. 그리고 식사는 하루에 두 끼를 하도록 지도되었다. 물론 병이 나거나 건강을 위해 필요한 경우에는 더 많은 분량의 음식과 육식 섭취도 허용되었다.

음식에 대한 절제와 함께 영성가가 실천해야 할 절제는 혀, 즉 말에 대한 절제다. 혀에 대한 절제는 침묵의 덕에서 나타난다. 리비아의 성 탈라시오스는 침묵의 덕에 대하여 이렇게 말한다.

> 절제와 사랑, 인내와 침묵을 강력하게 실천하면, 우리 안에 숨어 있는 정념들을 죽일 수 있을 것입니다.[16]

시나이의 필로테오스는 '맑은 정신에 관한 40개의 글'에서 음식과 혀의 절제에 대하여 다음과 같이 강조한다.

> 정신의 예루살렘 - 정신 집중 - 으로 들어가는 첫 번째 문은 비록 정신은 아직 침묵하지 않더라도 지혜롭게 입술을 침묵하는 것입니다. 두 번째 문은 먹을 것과 마실 것의 양을 정확하게 절제하는 것입니다.[17]

이처럼 《필로칼리아》의 많은 저자들이 무정념에 이르기 위한 하나의 길로 음식의 절제와 침묵의 가치에 대하여 강조하는 것을 볼 수 있다.

무정념에 이르기 위해 필요한 두 번째 덕은 '인내'다. 인내는 육체적인 인내와 영적인 인내로 나누어 설명할 수 있다. 먼저 육체적인 인내란 수도자가 자신이 머무는 수도 장소에서 정한 수도의 엄격함을 견디는 것을 말한다. 리비아의 성 탈라시오스는 인내의 덕에 관하여 이렇게 조언한다.

> 모든 일을 적당하게 규칙에 따라 행한다면, 수도 생활의 엄격함도 견디기 어렵지 않을 것입니다.[18]

역경에 직면하여 인내하면 악을 몰아내며, 부단한 인내는 악을 완전히 제거합니다.[19]

인내심이 부족한 수도자는 자신이 머무는 수도 장소가 자신의 영적 정진에 도움이 되지 않거나 맞지 않는다고 생각하여 이리저리 수도 장소를 옮기려 할 수 있다. 그것은 올바른 태도가 아니다. 비록 원하는 시간에 영적인 정진을 이루지 못한다 하더라도 수도자는 인내심을 발휘하며 기다려야 한다. 다음으로 영적인 인내란 무정념의 상태에 이르기 위한 잡념들과의 싸움이다. 무정념을 방해하는 욕심, 근심, 잡념, 그리고 과거의 기억들과의 싸움은 지루하고 결코 쉽지 않은 싸움이다. 기도자는 무한한 인내로 자신이 싸워야 할 싸움을 지속해야 한다. 그래서 인내의 덕은 무정념의 복에 이르기 위한 중요한 길이 된다.

셋째로 기도자가 무정념에 이르기 위해 갖추어야 할 덕은 '사랑'이다. 왜 사랑의 덕이 무정념에 이르게 하는가? 그 이유는 간단하다. 사랑을 실천하는 사람은 선한 생각을 품기 때문이다. 리비아의 성 탈라시오스는 다음과 같이 단언한다.

이웃 사랑으로 움직이는 지성은 항상 이웃을 좋게 생각합니다. 그러나 마귀의 세력 아래 있는 지성은 이웃에 대해 악한 생각을 품습니다.[20]

그러므로 이웃을 사랑하는 사람의 생각은 선한 것으로 채워집니다. 덕은 선한 생각을 낳고, 계명은 우리를 덕으로 인도합니다. 그리고 덕의 실천은 우리의 의지와 결심에 의존합니다.[21]

나아가 사랑의 덕을 실천하는 사람은 이웃과 세계를 넘어 하나님에 대한 선한 갈망으로 채워집니다. 거룩한 사랑으로 활력을 얻은 지성은 하나님에 대한 선한 생각들을 배양합니다. 그러나 이기심의 자극을 받은 지성은 악한 생각을 낳습니다.[22]

이웃에 대해 사랑으로 가득 찬 사람의 내면은 선한 것으로 넘치게 된다. 악한 생각이 틈탈 공간이 별로 없다. 그러한 사람의 내면은 하나님에 대한 선한 갈망으로 채워지게 된다. 이것은 마치 병 속에 든 물과 공기 같은 것이다. 물이 차면 찰수록 공기는 병 밖으로 빠져나가고 물만 가득 차게 된다. 우리의 내면이 선으로 차오르면 악은 저절로 우리 밖으로 밀려나가는 것이다. 그러므로 사랑의 덕의 실천은 기도자를 무정념에 이르게 하는 의미 있는 요소다.

끝으로, '겸손'은 무정념에 이르기 위한 필수 덕이다. 시나이의 필로테오스는 '맑은 정신에 관한 40개의 글'에서 겸손의 덕을 이렇게 강조한다.

우리가 진정으로 주 안에서 정신을 지키려 한다면, 먼저 하나님과의 관계에서, 그리고 그다음에는 사람들과의 관계에서 크게 겸손해야 합니다. 우리는 항상 마음을 겸손하게 하기 위한 모든 수단을 추구하고 실천하면서 통회하려고 노력해야 합니다. 마음을 겸손하고 통회하게 만드는 것은 세상에서 과거의 생활을 기억하는 것입니다. 또 청년 시절부터 지은 모든 죄를 기억하는 것도 마음을 겸손하고 통회하게 만듭니다. 만일 정신이 그러한 죄들을 조사한다면, 과거의 죄를 회상하는 것은 항상 우리를 겸손하게 만들고 눈물을 흘리게 하며 전심으로 하나님께 감사하게 합니다.[23]

기도자가 지난 삶 속에서 지은 자신의 죄를 기억한다면 스스로 겸손해진다. 그리고 그 겸손은 하나님 앞에서 통회하게 만들기에 잡념으로부터 정신을 지키게 하는 유익을 준다. 그러므로 겸손은 주님의 명령이자 동시에 무정념에 이르는 거룩한 덕이 된다. 시나이의 필로테오스는 그것을 다음과 같이 설명한다.

> 그러므로 겸손을 거룩한 덕, 주님의 계명이요 옷이라고 불러야 합니다.
> …… 우리는 이러한 본보기들을 염두에 두고서, 이 고귀한 덕을 얻기 위해
> 노력하며 위에서 언급했던 구제책들을 사용하면서 우리가 동원할 수 있는
> 모든 수단에 의해서 자신을 낮춰야 합니다. 우리의 영혼과 몸, 정신, 소원,
> 말, 생각, 외모 등 안팎이 겸손해야 합니다.[24]

기도자가 이처럼 자신이 할 수 있는 모든 노력을 통해 "나는 마음이 온유하고 겸손하니 나의 멍에를 메고 내게 배우라(마 11:29)."는 계명을 따를 때 그는 무정념의 축복을 경험하게 된다.

4. 통회의 눈물
무정념에 이르는 또 다른 길은 통회의 눈물을 흘리는 것이다. '덕의 실천, 관상, 사제직에 관하여'라는 글에서 성 테오그노스토스(Theognostos)는[25] 다음과 같이 설명한다.

> 눈물로 당신이 눈보다 희게 씻기고 당신의 양심이 흠 없이 깨끗해질 때, 또
> 당신의 흰옷이 영혼의 내적 아름다움을 드러낼 때에만, 당신은 거룩한 것
> 을 만질 수 있을 것입니다.[26]

영혼과 마음을 씻기는 눈물 없이는 하나님을 만나기 어렵다는 사실을 강조하고 있는 것이다. '사물의 내적 본질과 지성의 정화에 관한 100편의 글'에

서 니키타스 스티타토스(Nikitas Stithatos)는[27] 눈물의 가치에 대하여 좀 더 자세하게 기록하고 있다.

> 정념으로 채워진 생각들의 억제되지 않는 지성의 물이 성령의 영원한 임재로 말미암아 억제되며, 죽음에 대한 묵상과 절제로 말미암아 상스러운 형상들과 욕망들의 쓰디쓴 심연이 정복되면, 회개의 거룩한 영의 바람이 불고 가책의 물이 솟아오르기 시작합니다. 그리고 우리 주 하나님은 그것을 회개의 그릇에 담아 우리의 영적인 발을 씻어 주셔서 하나님 나라의 뜰을 걸을 수 있게 해 주십니다.[28]

니키타스 스티타토스는 먼저 가책의 눈물은 우리의 더러운 모습을 씻어 주는 역할을 한다고 강조한다. 그렇게 깨끗해진 영적인 발은 하나님 나라의 뜰을 걷기에 합당한 발이 된다고 비유로 설명하고 있다. 여기서 가책의 눈물이 있어야 하나님 나라의 뜰을 걸을 수 있다는 것은 구원받은 영혼이 하나님께 직접 기도드릴 수 있다는 복음서의 가르침을 부정하는 것이 아니다. 여기서 강조하는 것은 거듭났음에도 불구하고 정념으로 채워져 마음을 하나님께 집중하지 못하는 영혼이 가책의 눈물을 통해 정념에서 해방된다는 것이다. 스티타토스는 계속해서 눈물의 힘에 대하여 강조한다.

> 그리고 영혼이 기만적이고 가시적인 것들을 보지 않고 오직 영적이고 근본적인 빛을 보기만 열망하며, 감각 인식에서 파생된 모든 것을 거부하고 성령이 주시는 은혜를 받아들일 때, 마치 샘에서 물이 솟듯이 눈물이 분출하여 영혼의 감각을 온화하게 만들며, 온갖 종류의 기쁨과 거룩한 빛으로 정신을 채워 줍니다. 그 눈물은 마음을 강력하게 뒤흔들어 놓으며, 지성으로 하여금 보다 고귀한 세계를 보면서 겸손해지게 합니다.[29]

여기서 감각 인식에서 파생된 모든 것이란 마음 안에서 활동하는 욕심, 근심, 잡념, 그리고 과거의 기억의 활동들과 관련되어 있다고 할 수 있다. 내면에서 그것들에 방해를 받고 있는 기도자가 그것들을 거부하고 성령이 주시는 은혜를 열망할 때 샘물과 같은 눈물이 분출할 것이다. 그러면 그 눈물은 강력하게 마음을 흔들어 놓아 지성으로 하여금 고귀한 세계, 즉 하나님과 영적 진리에 집중하도록 도와준다. 여기서 볼 수 있는 것처럼 눈물은 단순한 마음의 정화를 넘어서서 순간적으로 복잡한 마음을 진정시키는 힘이 있다. 눈물은 나아가 무정념 상태의 다음 목표인 관상을 가능하도록 도와준다고 니키타스 스티타토스는 가르친다.

> 로고스께서는 그들이 거룩함을 얻기 위해 노력하며 겸손을 통해서 무정념의 상태에 접근하려고 노력하다가 기운을 잃고 포기하는 것을 원하지 않습니다. 그분은 그들이 한층 더 높이 나아가 관상의 상태로 올라가기를 원하시기 때문에 그들에게 눈물의 빵을 적당히 먹여 양육하신 후에 가책의 빛으로 축복해 주시고 지성의 눈을 떠서 성경의 깊은 사상을 이해하고 존재하는 모든 것의 본성과 내적 본질을 인식할 수 있게 해 주십니다.[30]

눈물은 내면의 씻음과 마음에서 활동하는 잡념들을 극복하고 무정념의 상태에 이르기 위해서만 필요한 것이 아니다. 스티타토스는 주님 스스로가 무정념의 상태에서 무정념의 목표였던 관상을 가능하도록 하기 위해서 눈물의 양식을 주신다고 강조한다. 동방정교회에서 의미하는 관상은 간단히 말한다면 신적 지혜를 얻는 것이라고도 할 수 있다. 기도자가 무정념의 상태에 이르면 관상을 하게 되는데 기도자는 대체로 두 단계의 관상을 경험한다. 첫째는, 피조물에 대한 관상으로 존재하는 모든 피조물들의 본성과 내적 본질을 이해하는 것이다. 둘째는, 성경적 진리에 대한 관상으로 특별히 삼위일체의 진리에 대한 이해다. 이제 눈물은 그러한 신적 지혜를 향한 영적 진보의 과정에서 영적인 음식이 된다고 니키타스 스티타토스는 강조하고 있는 것이다.

무정념에 이르는 네 가지 영성 훈련이
개신교인들에게 주는 의의

1. 마음 수련에 관심이 있는 현대인들과 대화의 접촉점

이제까지 고찰한 무정념에 이르는 길들은 평생을 수도사로 헌신한 동방정교회의 영성가들이 실천하던 방법들이다. 이 장에서는 이러한 방법이 시대와 상황이 다른 현대의 그리스도인들에게 어떻게 기여할 수 있는지를 살펴보고자 한다. 첫째는 마음 수련에 관심을 갖는 현대인들에게 선교를 위한 대화의 접촉점으로서, 둘째는 기도는 기본적으로 존재의 중심에서 절대자와 나누는 대화라는 관점에서, 셋째는 기독교 신앙은 그리스도의 인품을 닮는 인격 성숙에 그 초점을 맞춘다는 관점에서 생각해 보고자 한다.

필자는 오래전 신문 광고를 보고 마음 수련원이라는 단체에서 하는 공개 강좌에 참석해 본 경험이 있다. 놀랍게도 그곳에 찾아온 많은 사람들이 개신교회 신자들이었다. 그들이 그곳에 온 이유는 간단했다. 강의를 통해서 알게되었지만 그 단체의 목표는 사람들에게 마음의 평화를 경험하도록 훈련하는 것이었다. 그리고 그곳에 온 개신교인들은 대부분 현재의 그리스도교 신앙 생활을 통하여 마음의 평안을 경험하지 못하는 사람들이었다. 포스트모더니즘의 한 특징은 이성적이고 과학적인 사고와 관심에서 감성적 또는 영적인 사고 내지는 관심이라고 할 수 있다. 근대정신으로 대표되는 이성주의와 과학적 사고는 현대 문명을 가능하게 한 중요한 요인이었고 적어도 문명의 발전과 편리함이라는 측면에서는 누구도 부정할 수 없는 유익을 인간의 삶에 제공하였다. 하지만 인간 존재는 문명의 이기만으로는 충족될 수 없는 존재다.

문명이 제공하는 삶의 외면적 풍요와 편리를 넘어서는 또 다른 영역을 현대인들은 갈망한다. 개인에 따라 정신적인 것일 수도 있고 영적인 것일 수도 있다. 대부분의 현대인들이 공통적으로 원하는 것이 있다면 그것은 마음의 평안이 아닐까 싶다. 왜냐하면 물질적 풍요만큼 현대인들은 복잡해지고 바쁜 사회 시스템 안에서 살아가기 때문이다.

자신이 조절하기에는 너무나 벅찬 사회 구조 안에서 현대인들은 마음의 평안과 안식을 추구하고 있으며, 평정심을 유지하며 사는 삶을 갈망한다. 그러한 정신적 영적 욕구에 부응하고자 나온 다양한 종교와 마음 수양을 위한 훈련 프로그램들이 현대인들에게 주목을 받고 있다. 그런데 안타깝게도 한국의 개신교는 현대인들에게 신뢰를 잃고 정신적 영적 평안을 제공하지 못하는 종교로 인식되고 있다. 이러한 현실에서 무정념에 이르는 동방정교회의 영성 훈련법은 마음 수련에 관심을 갖는 이들에게 선교를 위한 대화의 한 접촉점이 될 수 있을 것이다.

2. 존재의 중심에 이르는 길과 그곳에서 나누는 절대자와의 대화

기도란 무엇인가? 기도의 정의에 대하여 김병훈은 "시공간을 초월해서 우리를 위해 다가오시는 영혼의 상담자와 더불어 언제 어디서나 우리가 친밀한 교제와 진솔한 대화를 나눔으로써 영적인 경험의 깊이를 더하고, 그래서 영적인 관심을 가진 인격체로서의 우리가 더욱더 온전하고 정서적인 여유와 지혜로운 통찰력의 소유자로서 실존적 삶을 살아가는 육체를 입은 정신적 영적 존재의 생명줄"이라고 말한다.[31] 간략하게 말하면 기도는 절대자와의 친밀한 교제와 진솔한 대화라고 정의할 수 있다.

기도가 하나님과의 친밀한 교제이며 진솔한 대화라고 한다면 그 기도의 행위는 기도자의 존재 중심에서 전심으로 이루어져야 한다. 기도자의 존재의 중심은 어디인가? 그곳은 동방정교회에서 제시하는 지성과 마음이 통합되는 자리, 즉 마음 중심이라고 할 수 있다. 기도자가 성령이 계시는 자신의 존재 중심에 이를 때 성령의 도움 안에서 절대자와 깊은 대화와 교제를 할 수 있다.

문제는 기도자가 어떻게 자신의 내면에 떠오르는 생각의 활동들을 극복하고 마음의 중심에 이를 수 있는가 하는 것이다. 그러한 문제 해결을 위해 동방정교회가 실천한 마음의 고요에 이르는 영적 훈련은 큰 유익을 줄 수 있을 것이다. 물론 동방정교회의 모든 전통들을 현대의 개신교인들이 그대로 적용할 수 있는 것은 아니다. 예를 들어, 많은 육체적 정신적 활동이 요구되는 현대인들에게 하루에 두 끼의 식사는 적절하지 않다. 그럼에도 불구하고 수도자들이 강조한 무정념을 위한 길들은 현대의 개신교인들이 그것들을 창조적으로 적용할 때 많은 유익을 줄 것이라고 기대한다.

3. 성화를 넘어선 신화^{deification}와 관상^{contemplation}의 삶

그리스도인이 신앙생활을 하는 중요한 목표 가운데 하나는 성화다. 날마다 성령의 은혜 가운데 예수 그리스도의 인격을 닮아 가는 것이다. 진정한 변화는 어디에서 일어나는가? 바울이 "너희는 이 세대를 본받지 말고 오직 마음을 새롭게 함으로 변화를 받아 하나님의 선하시고 기뻐하시고 온전하신 뜻이 무엇인지 분별하도록 하라(롬 12:2)."고 한 것처럼 존재의 중심인 마음에서 일어나야 한다. 마음의 변화를 위해서 우리는 성령이 활동하는 그 마음으로 내려가야 한다.

동방정교회에서는 무정념에 이르는 길을 통해 마음으로 내려가는 훈련을 실천하였다. 그리고 그러한 영적 훈련을 통해 인간은 신의 성품에 참여할 수 있다는 신화에 대한 확신을 가졌다. 실제로 이러한 변화가 가능하다고 생각한다. 왜냐하면 무정념에 이르는 훈련이란 마음에서 활동하는 성령을 늘 의지하게 하는 훈련이며, 그 성령의 은혜는 신의 성품을 닮도록 기도자의 마음 가운데서 역사하기 때문이다.

동방정교회의 영성 훈련은 동방정교회에서 추구하는 의미에서의 관상이 가능하게 해준다. 전술한 대로 동방정교회의 관상이란 첫 단계는 피조물의 내적 본질에 대한 사색이며, 두 번째 단계는 삼위일체의 진리와 성경적 진리에 대한 깊은 묵상이다. 기도자가 무정념의 단계에 이르러 순수한 사고의 활동에만 전념할 때, 기도자는 관상을 통해 신적 지혜를 얻게 될 것이다. 예수님은 바로 그러한 관상 생활의 모범이셨다. 외진 곳에서 하는 기도 생활을 통해 피조물에 대한 관상을 하셨기에 작은 겨자씨를 보면서 그 겨자씨가 자라 나무가 되어 새들을 위해 그늘을 만들어 주는 숨은 비밀을 파악하셨다. 나아가 성부와 깊은 교제를 통해 언제나 아버지의 뜻을 확신하실 수 있었다. 그래서 "아들이 아버지께서 하시는 일을 보지 않고는 아무것도 스스로 할 수 없나니(요 5:19)."라고 말씀하셨다. 예수님은 성부의 뜻과 계시에 대한 분명한 이해와 확신이 있었으며 그런 까닭에 하나님의 뜻과 일치되는 삶의 모범을 보여 주실 수 있었다.

내적
고요의 길

아직 개신교회에 잘 알려지지 않은 동방정교회의 《필로칼리아》에 나타난 무정념에 이르는 길을 고찰하여 보았다. 먼저 무정념이란 기도자가 침묵기도를 할 때 경험하는 욕심, 근심, 잡념, 과거의 기억의 활동들에서 마음이 자유로워지고 나아가 마음의 고요와 정적에 이르는 것을 의미한다.

《필로칼리아》의 저자들은 공통적으로 네 가지의 무정념에 이르는 길을 제시하였음을 밝히고 집중적으로 그 내용을 분석하였다. 첫째로 강조된 방법은 예수기도를 통한 길이다. "예수여, 이 죄인을 불쌍히 여기소서!"라는 짧은 기도문을 반복함으로써 하나님의 은혜를 경험하고 나아가 잡념의 활동들로부터 벗어나 마음의 고요를 경험할 수 있다고 동방정교회의 영성가들은 강조하고 있음을 보았다. 둘째로 강조된 길은 기도자가 자신의 죽음의 순간을 묵상하는 길이다. 자신의 죽음의 시간과 임종 장면을 자주 묵상할 때 기도자는 현실을 초월할 수 있고 그 현실로부터 야기된 욕심이나 근심과 같은 잡념들을 쉽게 극복할 수 있다. 셋째로 제시된 길은 덕의 실천이다. 많은 덕 가운데 공통적으로 강조된 덕들은 절제, 인내, 사랑, 겸손이다. 절제란 음식에 대한 절제와 혀에 대한 절제, 즉 침묵을 의미한다. 인내는 수도 생활의 엄격함을 견디어 내며 기도 가운데 성령이 임할 때까지 참고 기다리는 것을 의미한다. 사랑은 선하고 단순한 사고를 위한 전제 조건인데 다른 사람을 사랑하는 사람은 그 사람의 삶 속에 선한 것만을 기대하기에 단순한 사고를 하게 되는 것이다. 덕의 마지막 요소인 겸손은 죄는 물론 자신이 하나님과 사람들 앞에서 얼마나 낮은 존재인가를 깨닫는 것이다. 그런 영혼은 다만 하나님의 은혜만을 간구하기에 보다 쉽게 마음의 정적에 이를 수 있다. 넷째로 무정념에 이르는 길은 애통의 눈물이다. 애통의 눈물은 혼탁한 마음과 영혼을 정화해 잡념들로 인해 흐트러진 마음과 정신을 쉽게 집중하도록 도와준다.

전혀 다른 영적 상황과 시간 속에서 행해진 이러한 영적 훈련들은 현대인들에게 어떤 의미가 있는 것일까? 세 가지 측면에서 가치가 있지 않을까 생각한다. 첫째는, 마음 수련에 관심이 있는 현대인들에게 선교를 위한 대화의 접촉점이 될 수 있다는 사실이다. 목표는 다르지만 마음의 고요와 내면의 평화를 지향한다는 점에서 그리스도교인들은 동방정교회의 훈련 방법을 불신자들과 대화의 주제로 삼을 수 있을 것이다. 둘째로, 깊은 침묵기도를 갈망하는 그리스도교인들에게 동방정교회의 훈련 방법은 하나의 좋은 방안을 제시한다. 깊은 기도를 위해서는 존재의 중심이자 성령이 임하시는 마음 중심에 이르는 것이 필수인데 바로 동방정교회의 영성 훈련 방법은 마음의 정적에 이르게 하는 하나의 길이 될 것이다. 끝으로, 진정한 변화를 위한 성화와 신적 지혜를 얻도록 도와준다. 모든 그리스도교인들이 갈망하는 것은 예수님의 성품을 닮는 성화의 삶인데, 동방정교회에서는 무정념의 상태를 통하여 신화를 추구하고 있다. 나아가 무정념의 상태에서 경험하는 명료한 사고활동을 통해 피조물의 본질과 성경적 진리를 깊이 사색하는 관상의 길을 제시하고 있다.

5장

하나님의 임재를 경험하는 관상의 길
동서방교회의 렉시오 디비나와 예수기도

인간은 무언가 갈망의 대상을 가지고 살아가는 존재다. 그 대상은 사랑일 수도 있고 명예일 수도 있으며 성공일 수도 있다. 이렇듯 삶의 갈망은 연령이나 성 또는 직업에 따라 저마다 다를 수 있다. 그런데 그러한 개인적인 갈망의 대상들을 넘어 보편적으로 지향하는 한 가지 갈망이 있다면 그것은 내면의 평화가 아닐까 싶다. 태풍이 불어도 영향을 받지 않는 대양 속의 고요함처럼 마음 깊은 곳의 평안을 인간은 갈망한다. 그래서 물질문명이 최고로 발전한 21세기에 오히려 많은 사람들이 명상이나 마음 훈련에 관심을 갖는 것 같다.

내면의 고요에 대한 깊은 열망은 그리스도교 신자들이 특별히 추구해 온 것이다. 수도원적 영성의 전통을 거부했던 종교개혁자들의 한계를 넘어서기 위해 마음의 종교 운동을 일으킨 존 웨슬리가 신학적으로 깊은 영향을 받은 동방정교회는[1] 내면의 고요에 대한 가치를 깊이 인식하여 왔다. 그래서 마음의 정적에 이르는 것을 영적 훈련의 일차적인 목표로 삼았다. 그들에게 마음의 고요에 이르는 길은 곧 하나님을 깊이 만나고 하나님의 음성을 듣고 하나님과 연합하기 위한 전제 조건이었다.

이번 장에서는 이처럼 동방정교회의 영성가들이 경험하던 관상에 이르는 길과 관상의 의미를 살펴보고자 한다. 이를 위해《필로칼리아》를 중심으로 동방정교회 영성가들이 경험한 관상의 길과 의미를 집중적으로 분석하고자 한다.《필로칼리아》는 동방정교회 내에서 탁월한 영적 경지에 이른 거장 35명의 교훈들을 편집한 책인데 주로 수도자들에게만 전승되어 오다 20세기에 들어 서방 세계의 대중에게 알려졌다. 따라서 아직까지 학자들에게 많은 연구가 되지 않은 상태다. 이러한 특수성을 감안하여 필자는 이 책을 분석함에 있어서 1차로 저자의 표현 의도를 이해하는 데 초점을 맞추는 문학 비평 방법을 적용하고자 한다.[2] 객관적으로 검증하기 어려운 개인의 영적 체험들을 서술한 글을 분석하기 위해서는 비판적인 시각보다는 우선 문장 이면에 있는 저자의 체험 세계를 이해하는 것이 중요하다고 판단되기 때문이다. 아울러 독자들의 이해를 돕기 위해 개신교회 신자인 우리에게 좀 더 친숙한 서방 교회의 관상에 이르는 길과 관상의 의미를 토머스 머튼(Thomas Merton)의[3]《명상이란 무엇인가》(What is Contemplation?)를 통해 살펴보고자 한다. 서술 순서는 먼저 관상기도의 의미를 살펴보고 이어서 관상에 이르는 길과 관상기도의 가치와 목표를 분석할 것이다. 끝으로 이러한 관상기도가 현대의 개신교회 신자들에게 주는 영적인 유익을 고찰해 볼 것이다.

관상이란
무엇인가?

관상 또는 관상기도(contemplative prayer)는 그리스도교의 영성 또는 신비주의의 정수를 표현하는 단어다. 신비주의에 대한 정의가 접근하는 관점에 따라 다양하고 다른 것처럼 관상 또는 관상기도에 대한 정의도 관상기도를 실천하는 개인 또는 종교적 전통에 따라 다소 다르다. 여기서는 서방교회와 동방정교회의 입장을 살펴보고 이를 종합한 입장을 살펴보고자 한다.

서방교회는 관상 또는 관상기도에 관하여 영성가들마다 약간씩 다른 이해를 하고 있는 것을 볼 수 있다. 예를 들어, 토머스 머튼이 서방교회를 대표하는 영성가의 한 사람으로 평가하는 클레르보의 베르나르(Bernard of Clairvaux)에 의하면 관상기도의 극치는 사랑에 의해 하나님과 연합하는 것이다. 베르나르는 아가서 강해를 통해 성부 또는 성자와 신자의 관계를 신랑과 신부라는 이미지로 설명한다. 그래서 전통적인 영적 성장의 3단계를 그리스도에 대한 입맞춤으로 표현한다.[4] 첫 단계인 정화의 단계(purgative stage)는 발에 입 맞추는 것이고, 둘째 단계인 조명의 단계(illuminative stage)는 손에, 마지막 연합의 단계(unitive stage)는 입술에 입 맞추는 것이다.[5]

이러한 영성가들의 관점들을 종합하여 토머스 머튼은 관상을 능동적인 관상(active contemplation)과 수동적 또는 주부적 관상(passive or infused contemplation)으로 구분하여 설명한다.

> 능동적인 명상에는 이제 사고와 행위, 그리고 의지 작용이 요청된다. 무엇보다도 능동적인 명상은 사랑에로 통하는 길을 닦아 준다. …… 하나님의 현존과 그분이 바라시는 것들에 주의를 기울이게끔 한다. 또한 그것은 사람들에게 세상에 대해서가 아니라 하나님에 대하여 생각하도록, 세상 것들에서 오는 만족을 즐기기보다 하나님을 기쁘게 해 드릴 것을 열망하도록 가르쳐 준다. 그리고 우리한테 어떻게 하나님께 신뢰를 둘 수 있는지 보여 주며 우리가 점점 더 우리 자신을 그분께 맡겨 드릴 수 있도록 이끌어 간다.[6]

이렇게 능동적인 관상을 하다 보면 하나님의 은혜로 기도자는 수동적인 관상을 경험하게 되는데 이 수동적 관상을 다음과 같이 설명한다.

> 엄밀한 말뜻에서 볼 때, 명상은 하나님께 대한 초자연적 사랑이요 인식이
> 니, 그분에 의하여 영혼의 꼭대기에 부어져 내린, 단순하고 어둑한 것으로
> 서, 그것은 영혼으로 하여금 직접적이고도 체험적인 그분과의 만남을 이루
> 게 해 준다.[7]

여기서 머튼은 수동적 관상의 핵심이 하나님에 의해 주어진 수동적인 것으로 하나님과의 직접적인 만남을 가능하게 한다고 강조한다.

이제 동방정교회의 관상에 대한 관점을 살펴보고자 한다. 다마스쿠스의 페트로스(St. Peter of Damascus)는 《필로칼리아》에서 고백자 막시무스 다음으로 많은 글이 실려 있는 영성가다.[8] 다마스쿠스의 페트로스는 '관상의 여덟 단계'라는 글에서 동방정교회 영성가들의 가르침을 요약한다. 관상의 첫째 단계는 현세의 고난과 시련들에 대한 지식이고, 둘째 단계는 우리 자신의 잘못과 하나님의 관대하심에 대한 지식이며, 셋째 단계는 자신의 죽음의 순간에 대한 지식이다. 넷째 단계는 예수 그리스도의 생애와 제자들과 교부 및 성자들의 가르침에 대한 지식이고, 다섯째 단계는 사물의 본질과 변화에 대한 지식이며, 여섯째 단계는 눈에 보이는 창조에 대한 지식과 이해다. 일곱째 단계는 하나님의 영적 창조에 대한 이해이며, 마지막 단계는 하나님에 관한 지식, 소위 '신학'이다.[9] 페트로스가 요약한 여덟 단계의 관상은 다시 그 주제에 따라 네 단계로 요약할 수 있다. 첫째는 인간의 삶과 하나님의 자비에 대한 관상으로 처음 세 단계가 이에 관한 것이며, 둘째는 예수 그리스도의 삶과 사도 및 교부들의 가르침에 대한 관상으로 네 번째 단계가 여기에 해당한다. 셋째는 자연 세계에 대한 관상인데 여섯째 단계까지가 해당되며,

마지막으로 일곱째 단계와 여덟째 단계는 영적 세계와 하나님 자신에 대한 지식이다. 가장 중요한 여덟 번째 단계에서 이루어지는 하나님 지식에 대한 관상에 관하여 페트로스는 다음과 같이 요약하고 있다.

> 지성이 하나님 안에 거할 때에만 하나님에 관한 것을 직접 보게 되며, 내면에 성령의 거하심을 통해서 참된 의미의 신학자가 됩니다.[10]

여기서 핵심은 지성이 하나님 안에 거할 때 그 지성은 하나님에 관한 깊은 깨달음에 이르며, 그 과정에서 성령의 임재가 중요한 역할을 한다는 것이다.

이제까지 살펴본 것처럼 토머스 머튼은 하나님이 부으신 하나님의 사랑 체험에 초점을 맞춘 데 반해 다마스쿠스의 페트로스는 성령의 임재 가운데 인간의 삶과 우주와 삼위일체에 대한 진리 이해에 초점을 맞추고 있다. 두 사람의 공통점은 성령의 임재 또는 신적 간섭 행위라고 할 수 있으며, 그리스도교적 의미에서 관상이란 두 가지 관점을 모두 포괄하는 것이다.

관상의 상태에
이르는 길

1. 서방교회의 렉시오 디비나^{lectio divina}와 향심기도^{centering prayer}

토머스 머튼과 다마스쿠스의 페트로스가 공통적으로 강조한 것처럼 관상기도의 경지에 이르기 위해서는 성령의 임재가 필수다. 성경과 영성가들이 증언하는 바에 의하면 성령의 임재는 일반적으로 목마른 사슴처럼 갈망하며 기다리는 영혼에게 주어진다. 그런데 성령의 임재를 갈망하며 기다릴 때 기도자가 대체로 경험하는 것은 성령이 임하기 전에 일어나는 욕망,

근심, 잡념, 그리고 과거의 기억의 활동들이다. 따라서 관상기도를 원하는 기도자에게는 그러한 내면의 활동들에서 자유로운 무정념의 상태에 이르는 것이 선결 과제다. 서방교회와 동방정교회에는 나름대로 이 무정념의 상태에 이르기 위한 영성 훈련의 전통이 있었다. 먼저 이를 살펴보고자 한다.

서방교회의 전통 가운데 가장 보편적인 방식은 '렉시오 디비나'라고 할 수 있다. 렉시오 디비나는 굳이 번역하자면 '거룩한 독서'라고 할 수 있는데 오늘날의 말씀 묵상(QT)과 유사하다. 물론 영성가들은 성경 외에 교부들이나 영성가들의 글도 렉시오 디비나의 대상에 포함시켰다. 지나친 단순화의 위험을 무릅쓰고 얘기한다면 렉시오 디비나는 흔히 독서(*lectio*), 묵상(*meditatio*), 기도(*oratio*)의 세 단계로 이루어졌다. 그리고 기도자는 기도의 단계를 넘어 관상(*contemplatio*)의 경지에 이르게 된다.[11]

렉시오 디비나는 이미 6세기에 수도 규율집으로 유명한 성 베네딕투스의 수도원에서 실천되던 기도 방법이었다.[12] 일찍이 에바그리오스는 참된 기도란 순수한 지성이 무정념 상태에서 드리는 것이라고 가르쳤다. 기도에서 지성의 활동을 강조한 그의 이 같은 가르침은 그의 제자로서 5세기에 성 빅토르(St. Victor) 수도원을 창시한 요안네스 카시아누스에 의해 서방교회에 전해지게 되었다. 한편 성 베네딕투스는 자신의 수도원에서 카시아누스의 저술들을 필독서로 읽도록 권장하였다.[13] 그러므로 렉시오 디비나는 깊은 관상기도에 이르는 전단계로서 잡념을 진정시키고 무정념의 상태에 이를 것을 강조한 에바그리오스의 사상과 관련이 있다고 하겠다.

그런데 성 베네딕투스 수도회의 엄격한 규율은 시간이 지나면서 느슨해졌는데, 11세기에 이르러 몰렘 수도원 원장 로베르투스(Robertus)에 의해 원래의 규율을 준수하기 위한 새로운 수도회가 프랑스의 시토에서 형성되었다. 이것이 곧 시토 수도회(Cistercian)다. 시토 수도회는 그 후 클레르보의 베르나르에 의하여 대성장을 하게 된다.

그 후 렉시오 디비나는 12세기에 카르투시오 수도회의 9대 원장이었던 귀고 2세에 의하여 4단계의 관상 기도법으로 정착되었다.[14] 읽기(*lectio*)는 성서나 교부들의 거룩한 서적 등을 읽는 것이다. 묵상하기(*meditatio*)는 읽은 것을 반추동물이 음식물을 다시 꺼내어 천천히 씹듯이 묵상하는 것이다. 그리고 구송 기도하기(*oratio*)는 입으로 하나님의 은혜를 구하는 기도를 드리는 것이다. 끝으로 관상하기(*contemplatio*)는 묵상한 본문을 토대로 침묵 속에서 성령을 통한 하나님의 임재 가운데 머무는 것이다.

하지만 세월이 지나며 수도회는 다시 본래의 규칙을 엄수하지 못하게 되었다. 그래서 종교개혁 이후에 본래의 규율을 준수하려는 개혁 운동이 일어나게 되었고 그 결과 트라피스트 수도회가 창설되었다. 그러므로 교황청에서 다양한 수도회들 가운데 렉시오 디비나를 실천하던 성 베네딕투스 수도회를 계승한 트라피스트 수도회의 수도사들에게 현대인을 위한 기도법을 창안하게 한 것은 타당한 결정이었을 것이다. 그래서 현대의 가톨릭교회는 20세기 후반에 이 렉시오 디비나를 응용하여 일반 신자들을 위한 기도 방법인 향심기도(向心祈禱, centering prayer)를 개발하였다.[15]

향심기도란 존재의 중심인 '마음으로 향하는 기도'라는 의미로 동방정교회의 마음의 기도(The Prayer of the Heart)와 유사하다고 할 수 있다. 트라피스트 수도회의 수도사로서 이 향심기도의 기본 형식을 만들고 보급한 토머스 키팅(Thomas Keating)은 향심기도를 위해 다음 네 가지의 단순한 원리를 제안한다.

> 첫째, 하나님의 임재와 활동을 갈망하는 마음으로 묵상할 말씀을 선정하라.
> 둘째, 눈을 감고 편안히 앉아 침묵 가운데 말씀에 마음을 집중하라.
> 셋째, 마음속에 잡념이 떠오르면 다시 본문으로 돌아가라.
> 넷째, 기도의 마지막에 몇 분간 눈을 감고 침묵 가운데 머물라.[16]

여기서 말씀 묵상은 관상이라는 최고의 목적을 향한 하나의 방법으로 제시되고 있다. 즉 말씀에 집중함으로써 보다 쉽게 마음속에 떠오르는 잡념의 활동들을 극복하고 마음의 정적에 이르게 하는 것이다. 그리고 다시 잡념들이 떠오르면 묵상하던 본문으로 돌아가서 마음의 고요에 이르는 것이다. 세 번째 단계의 본문으로 돌아가는 것에 대하여 김종순은 "의식 속에 지나가는 어떤 생각들에 흥미를 느끼기 시작하는 것을 알아차렸을 때 되돌아가야 하는 거점과 같은 역할을 하며, 단지 우리의 지향을 나타내려고 사용하는 것뿐이다."라고 하여 향심기도에 있어서 본문 묵상이 관상을 향한 거룩한 도구로 사용되고 있음을 나타내고 있다.[17]

2. 동방정교회의 영적 훈련 방법들: 마음의 경성, 예수기도, 죽음의 명상

크리스토퍼 브라이언트(Christopher Bryant)는 관상기도에 대하여 "관상 기도는 기도자가 열린 마음과 받아들이려는 태도로 하나님을 주목하며 기다리는 것이다."라고 정의한다.[18] 19세기 러시아 주교였던 은둔자 테오판 (Theophan the Recluse)은 동방정교회에서 《필로칼리아》와 더불어 영성의 고전으로 평가되는 《기도의 기술》(The Art of Prayer)이라는 책에서 유사한 말을 하고 있다.

중요한 것은 하나님 앞에서 마음속에 지성을 두고 서는 것이며, 죽을 때까지 밤낮 쉬지 않고 계속 하나님 앞에 서는 것이다.[19]

이렇게 존재의 중심인 마음속에 이르러 성령의 임재를 기다리기 위한 마음의 상태를 동방정교회 영성가들은 '무정념'이라고 불렀다. 서방교회에서 말씀 읽기를 관상기도의 전제인 무정념을 위한 영적 방법으로 사용한 데 반해, 동방정교회에서는 마음의 경성, 예수기도, 죽음의 명상 등을 주된 방법으로 실천하여 왔다. 이 동방정교회의 영성 훈련 가운데 마음의 경성에 대해서는 앞의 3장, 그리고 다른 방법들에 대해서는 4장에서 자세하게 다루었기에 여기서는 핵심만 다시 요약하고자 한다.

첫째, 에바그리오스가 강조한 마음의 경성 훈련 방법은 기도자가 잡념들을 분석하지 않고 다만 관찰만 하거나 다른 잡념들이 활동하도록 내버려 둔다. 즉 떠오르는 잡념들을 세밀하게 분석하지 않고 관찰만 하되 그것에 이름을 붙이는 것이다. 더 나아가 그냥 생각이 떠오르고 활동하도록 내버려 두는 것이다. 이것은 향심기도에서 가르치는 방식과 유사하다. 조셉 샌드맨(Joseph Sandman)은 향심기도를 실천하는 기도자를 위해 잡념을 다스리는 비결을 다음과 같이 제시한다.

> 향심기도의 근본적인 역동성은 생각을 멈추거나 떠오르는 잡념들과 싸우는 것에 있지 않다. 오히려 그들을 자연스럽게 내버려 둠으로써 그들이 기도자의 의식을 지나가도록 하는 것이다.[20]

둘째, 예수기도는 동방정교회 내에서 대표적인 훈련 방법이다. 따라서 예수기도는 《필로칼리아》에서 지속적으로 강조하는데 성 헤시키우스는 예수기도를 강조한 대표적인 영성가다. 성 헤시키우스는 무정념에 이르기 위한 끊임없는 노력은 이미 1~2세기의 교부들에서 시작된 전통이었음을 강조한다. 이제 그러한 노력의 하나로 예수기도를 반복할 것을 강조하였는데 이 예수기도의 기도문은 "예수여 이 죄인을 불쌍히 여기소서."를 반복하는 아주 단순한 것이다. 시편 51편 1절의 "하나님이여 주의 인자를 따라 내게 은혜를 베푸시며 주의 많은 긍휼을 따라 내 죄악을 지워 주소서."와 그 내용이 유사하다.

이 예수기도를 통해 잡념은 잦아들고 순수한 사고의 활동이 가능한 상태가 되는데 이 순수한 생각이 마음으로 내려가는 것이다. 그리고 마음의 고요에서 기도자는 정신과 마음이 하나가 되어 하나님께 존재의 중심에서 관상 기도를 드리게 된다.

셋째, 《필로칼리아》에 나타난 저자들은 공통적으로 죽음에 대한 명상의 가치를 강조한다. 그들은 죽음을 아담의 딸이라고 부르며 죽음을 두려움의 대상이 아닌 사랑스러운 삶의 동반자로 생각했다. 늘 자신의 죽음의 순간을 묵상했는데 특별히 장례식 장면을 묵상하며 살았다. 그럴 때 죽음은 그들에게 엄숙한 스승이 되었는데 그 이유는 죽음의 두 가지 차원 때문이다. 한 가지는 누구도 죽음을 피해갈 수 없다는 죽음의 불가피성이고, 다른 한 가지는 누구도 자신의 죽음의 때가 언제인지 알 수 없다는 죽음의 불가지성이다. 그래서 하나님이 세우신 죽음의 법칙은 그들을 겸손하게 하는 것을 깨달았다. 살아가면서 겸손의 미덕만큼 중요한 것도 없기에 죽음은 우리 모두가 긍정적으로 보아야 할 대상인 것이다.

더 나아가 죽음에 대한 묵상은 현재와 죽음 사이에 놓여 있는 것들을 뛰어넘게 한다. 현재와 죽음 사이에는 욕심과 근심들이 놓여 있다. 그런데 죽음을 묵상하는 순간 홀연히 그 모든 것들을 초월하게 된다. 그리고 남아 있는 시간 동안 의미 있는 삶을 추구하게 되는 것이다. 즉 죽을 때까지 하나님의 뜻에 순종하는 삶을 추구하게 되는 것이다. 바로 이것이 영성가들이 죽음을 명상하게 되면 모든 활기차고 활동적인 덕을 얻는다고 말한 이유다. 죽음을 명상하는 순간 일차적으로 기도자가 이르기 원하는 무정념의 상태에 보다 더 쉽게 이르기 때문이다. 나아가 기도자는 자신의 뜻을 부인하고 하나님의 뜻을 추구하는 순종의 삶을 살게 될 것이다. 그런 의미에서 영성가들은 죽음을 인생에서 최고의 선물로 정의하였는데 죽음을 명상하며 살아가는 자들에게는 그것이 사실이 된다.

동방정교회
관상기도의 목표

전술한 것처럼 관상기도의 단계에 이르기 위한 영성 훈련 방법은 영성가들마다 다양하였지만 관상기도의 목표는 동방정교회 내에서 거의 일치하였다. 동방정교회가 추구한 관상기도의 목표는 간략하게 말하면 신적 지혜를 얻는 것과 신성에의 참여라고 할 수 있다.

1. 신적인 지혜 획득

《필로칼리아》에서 반복적으로 강조하는 관상기도의 목적 중 하나는 우주 만물과 삼위일체 하나님에 대한 진리를 이해하는 것이다. 관상기도의 경지에 이른 기도자는 먼저 우주 만물의 신비에 대한 깊은 통찰력을 얻게 된다. 리비아의 성 탈라시오스는 다음과 같이 말한다.

> 정념에서 해방된 지성은 빛처럼 되어 끊임없이 피조물에 대한 관상의 조명을 받습니다. 하나님을 경외하는 사람은 하나님께서 창조 안에 심으신 거룩한 원리들을 찾으며, 진리를 사랑하는 사람은 그것을 발견합니다.[21]

이러한 피조물에 대한 관상의 의미를 다마스쿠스의 페트로스는 다음과 같이 구체적으로 설명한다.

> 거룩한 조명을 받은 사람은 이처럼 각각의 사물의 아름다움과 용도를 냉철하게 관상함으로써 창조주를 향한 사랑으로 충만해집니다. 그는 세상의 높은 곳이나 낮은 곳에 있는 모든 보이는 것들을 관찰합니다. …… 그는 만물 안에서 질서, 균형, 아름다움, 리듬, …… 사물이 근원으로 돌아감, 썩어짐

가운데 있는 영속성 등을 봅니다. …… 그는 이처럼 모든 피조물을 관상하면서 놀라움으로 가득하게 됩니다.[22]

피조물을 깊이 관상함으로써 만물 안에서 균형과 아름다움과 리듬을 발견하고 나아가 세상과 우주 만물의 신비에 대한 깊은 사고와 통찰력을 얻게 되는 것이다. 그리고 그러한 신비가 가능하도록 우주 만물 가운데 일하시는 하나님의 손길을 느끼는 것이다. 그래서 전통적으로 영성가들은 미술 작품이 작가의 내면세계를 표현하듯 피조물이 하나님의 본성을 드러내는 신적 작품이라고 이해하여 왔다. 그런 의미에서 창조주는 우리에게 두 권의 책을 주었다고 생각했는데 하나는 성경이고 다른 것은 자연인 것이다.

피조물에 대한 관상은 창조주에 대한 경이와 사랑으로 발전하게 된다. 보잘것없는 들풀도 깊은 섭리 가운데 돌보는 창조주의 사랑을 깨달을 때 우리는 만물의 영장으로 지음 받은 우리 자신에 대한 깊은 사랑을 느끼게 된다. 인간이 만물의 영장이라고 하지만 실은 어떤 의미에서는 미물만도 못한 존재다. 왜 인간이 미물만도 못할 수가 있는가? 인간은 자신의 영광을 추구하기 때문이다. 그러나 미물들은 자신의 영광을 추구하지 않는다. 창조주가 허락한 시간 동안 자신의 역할을 다하다가 생명을 마감할 뿐이다. 그런데도 하나님은 모든 피조물보다 인간을 더 사랑하신다. 그래서 피조물에 대한 관상은 창조주에 대한 깊은 사랑으로 인도하는 것이다. 바로 이렇게 깨달아진 창조주에 대한 사랑은 그다음 단계의 관상인 삼위일체 하나님에 대한 관상으로 이끌게 된다. 이 삼위일체에 대한 관상으로 이끄는 영적 상승에 대하여 신 신학자 성 시메온(St. Symeon the New Theologian)은[23] '실질적인 가르침과 신학적인 가르침'이라는 글에서 다음과 같이 말한다.

영적 완전함이 진보하고 있는 사람들의 정신이 조명을 받으면, 그들은 내적으로 주님의 영광을 보며 하나님의 은혜로 지식에 지식을 배우며, 존재하는 것에 대한 관상에서 존재하는 모든 것을 초월하는 것들에 대한 지식으로 올라갑니다.[24]

존재하는 모든 것을 초월하는 단계에서 기도자는 삼위일체 하나님에 대한 깊은 이해의 관상을 하게 된다. 다마스쿠스의 페트로스는 이에 대하여 다음과 같이 말한다.

신학에서는 하나님의 속성들에 대해서 말할 수 있지만, 하나님에 대해 말할 수는 없습니다. …… 하나님은 지적 작용과 생각을 초월하시며, 하나님 자신에게만 알려지시며, 삼위일체이시며, 시작도 없고 끝도 없으시며, 선을 초월하시며, 칭찬을 초월하십니다.[25]

이렇게 인간의 이성을 뛰어넘는 하나님은 무정념의 상태에서 경험하는 관상의 경지에서 보다 깊이 이해되는 것이다. 그래서 동방정교회의 영성가들은 무정념의 상태를 '지성을 지키는 정신적인 철학 또는 지성의 실질적 지혜'라고 불렀다.[26]

2. 신성에의 참여인 신화

동방정교회에서 관상기도의 또 다른 궁극적인 목적은 신성에의 참여를 통한 신화에 이르는 것이다. 전술한 것처럼 신화는 동방정교회 영성신학의 핵심 주제라고 할 수 있다. 무정념의 상태에서 관상기도를 통해 피조물과 삼위일체 하나님에 대한 깊은 사색을 하는 기도자에게 하나님은 신화의 복을 은혜로 선사한다. 이 신화의 은혜에 대하여 포티케의 디아도쿠스(St. Diadochos of Photiki)는 다음과 같이 말한다.

하나님이 주시는 은혜의 선물들은 흠이 없으며 모든 선한 것의 원천입니다. …… 그러므로 우리는 준비를 갖춘 후에는 이 관상적 이상의 은사를 동경하기 시작합니다. …… 간단히 말하면, 그것은 거룩한 선지자들의 도움을 통해서 신화된 영혼을 하나님과의 깨지지 않는 교제 속에 결합시켜 주는 은사입니다.[27]

　기도자가 관상기도를 통해 삼위일체 하나님에 관하여 관상할 때 기도자는 진리에 대한 단순한 지적 깨달음을 넘어 하나님과 직접적인 교제를 경험하게 된다. 그 교제를 통해 기도자는 하나님의 은혜로 하나님과의 연합을 경험할 수 있다. 그리고 하나님과의 교제와 연합은 하나님의 성품에 참여하는 신화를 가능하게 한다.

　끌레르보의 베르나르는 이것을 포도주 통에 떨어뜨린 물방울에 비유하였다. 우리가 물방울을 포도주 통에 떨어뜨리면 물방울은 색깔과 맛이 변한다. 아름다운 색깔을 지닌 달콤한 포도주가 되는 것이다. 그래서 포도주로 기능하는 것이다. 신자도 마찬가지다. 질그릇 같던 영혼이 그 안에 하나님의 성품을 간직함으로써 새로운 보배가 되어 하나님을 알지 못하는 세상 속에서 하나님의 증인이요 대리자로 살아가는 것이다. 맛이 없는 물이 단맛을 내는 포도주로 변하는 것처럼 사랑이 없는 세상에서 하나님의 사랑의 도구로 변하게 되는 것이다.

관상기도의 길

　　지금까지 동방정교회 관상기도의 목표와 관상기도에 이르는 길에 대하여 살펴보았다. 관상기도의 목표는 크게 두 가지인데 하나는 피조물과 하나님에 대한 관상을 통해 인생과 우주와 창조주에 대한 진리와 깊은 통찰력을 얻는 것이다. 나아가 관상기도의 상태 중에 경험하는 하나님의 임재와 하나님과의 연합을 통해 하나님의 성품에 참여하는 신화를 경험하는 것이다.

《필로칼리아》의 저자들은 관상기도의 상태에 이르기 위한 세 가지 길을 제시하였다. 첫째는, 마음에 대한 경성을 통해 잡념들의 활동들을 극복하는 것이다. 그리고 순수한 사고만 활동하는 무정념의 상태에 이르는 것이다. 이것은 신앙생활을 하지 않아도 마음의 평안을 갈망하는 현대인들에게 유익한 통찰을 제공한다. 잠자리에 들기 전 하루의 삶을 성찰하며 마음에 떠오르는 생각들을 천천히 묵상하면 마음의 고요를 경험하고 평안 가운데 하루하루를 마감할 수 있을 것이다.

둘째는, 예수기도를 반복함으로써 마음의 고요에 이르는 것이다. 그리고 마음의 고요에서 생각과 느낌이 통합되어 관상기도를 드리는 것이다. 이것은 바쁜 일상에서 기도할 시간조차 없는 신자들에게 유익하다. 일상 속에서 늘 마음으로 예수기도를 드리며 하나님의 은혜를 갈망하는 삶을 살 수 있을 것이다. 그리고 그 기도에 대한 응답으로 평정심 가운데 사는 삶을 경험하게 될 것이다.

셋째는, 자신의 죽음에 대한 명상을 통해 욕심과 근심, 그리고 이생에 대한 집착에서 해방되는 것이다. 욕심과 근심 그리고 삶의 집착에서 벗어나기에 좀 더 자유로운 삶을 경험하게 된다. 더 나아가 죽음의 순간까지 남아 있는 생애 동안 하나님의 뜻을 추구하는 삶을 살아가는 것이다. 그래서 죽음이 다가오는 것이 무섭거나 허무한 것이 아니라 창조주가 정한 자연스러운 것으로 받아들이게 될 것이다. 그래서 영성가들은 죽음을 기다렸다는 듯이 맞이할 수 있었다. 영성가들은 종말론에 별로 관심이 없었는데 그들은 매일매일 하나님의 뜻에 충실한 삶을 살았기에 종말이 어떤 형태로 다가오든지 문제가 되지 않았다. 그들이야말로 죽음을 뛰어넘은 삶을 살았던 것이다. 그리고 우리도 그러한 삶을 살 수 있다.

  무엇보다 이러한 관상적인 삶은 우리를 침묵의 삶으로 인도한다. 우리가 침묵의 삶을 살면 침묵 가운데 임하시는 하나님을 만나게 되고 우리를 변화시키는 하나님의 손길을 경험하게 된다. 왜냐하면 침묵 속에서 다만 하나님이 찾아오시기만을 갈망하며 기다릴 때 하나님은 성령을 통하여 반드시 임하시기 때문이다. 그리고 우리의 악한 본성들을 다루신다. 성령의 은혜와 능력으로 우리를 새로 빚으시는 것이다. 우리는 그곳에서 성화, 즉 진정한 변화(authentic transformation)를 경험한다. 그래서 토머스 머튼은, 주부적 명상은 성화의 강력한 수단이 되는데 그 이유는 그것이 사랑의 행위로서 하나님을 향한 우리의 사랑을 기르는 데 그보다 더 나은 것이 없기 때문이라고 강조한다.[28]

6장

하나님과 연합의 길
신 신학자 성 시메온

동방정교회 영성가들은 공통적으로 무정념의 경지에서 경험하는 하나님과의 연합을 영성 생활의 목표로 추구하였는데 그들은 하나님과의 연합을 위해 관상기도를 실천하였다.[1] 즉 관상기도 가운데 경험하는 관상을 통하여 기도자는 하나님과 연합되며 그러한 연합은 신화를 가져온다고 믿었다. 그런데 동방정교회에서는 그 연합의 상태에 대한 체험으로서 신성의 빛(The divine light)의 개념이 종종 사용되어 왔다.[2]

동방정교회의 성화들을 보면 예수님이나 제자들 또는 성자들의 얼굴 주위에 빛이 나는 것을 볼 수 있는데 이것은 동방정교회의 신성의 빛에 대한 관심을 잘 표현해 준다. 동방정교회에서 신성의 빛이라는 영적 모티브의 성경적 근거는 모세의 시내 산 체험과 예수님의 다볼 산 체험이다. 모세가 시내 산에서 하나님과 친밀한 대화를 나누고 하산할 때 그의 얼굴은 광채로 빛났다. 복음서에서 예수님은 사랑하는 제자인 베드로와 요한, 야고보를 데리고 산에 올라가서 찬란한 빛을 발하는 존재로 변모한다. 동방정교회 전통에서는 이러한 신성의 빛이 실제로 신자들에게도 임하는 것으로 이해되어

왔다.[3]

이 신성의 빛의 가르침에 관하여 신 신학자 성 시메온(949~1022)은 독특한 위치와 권위를 인정받고 있다. 동방정교회 안에서 성 시메온의 신학적 위치에 대하여 버나드 맥긴(Bernard McGinn)은 12세기 이전까지 고백자 막시무스와 더불어 가장 중요한 신비주의 인물 중 하나로 평가한다.[4] 성 시메온의 신비주의 신학의 특성은 성령의 임재를 통한 하나님과의 연합이라고 할 수 있다. 특별히 시메온은 하나님과의 연합을 신성의 빛의 개념으로 구체적으로 설명하고 있는데, 이 신성의 빛에 대한 가르침은 일찍이 나지안주스의 그레고리오스와 포티케의 디아도쿠스, 그리고 《필로칼리아》의 저자들에게 이어져 온 전통이었다.[5]

이렇게 동방정교회 영성에서는 신성의 빛이 중요한 신학적 개념이지만 동방정교회 밖의 신자들에게는 모호하거나 오해를 불러일으킬 수 있기에 이에 대한 연구가 가치 있는 것이 아닐까 사료된다. 따라서 이번 장에서는 성 시메온의 가르침에 나타난 신성의 빛의 개념을 이해하기 위해 이 신성의 빛과 깊은 관련이 있는 그의 기독론과 성령론을 먼저 고찰하고 이어서 신화 사상과 그것이 어떻게 관련되는지를 해석하고자 한다. 이를 위해 신성의 빛에 대한 자신의 체험을 《필로칼리아》에서 자세하게 기록하고 있는 시메온의 '믿음에 관하여'와[6] '신학적, 영지적, 그리고 실제적인 153장의 글들'을 분석하고자 한다.[7]

신 신학자 성 시메온의 생애와 교회사적 위치

성 시메온은 동방정교회 안에서 신학자로 호칭되는 세 명의 신학자

가운데 한 명이다. 첫 번째 신학자는 복음서의 저자인 요한이며, 두 번째 신학자는 나지안주스의 그레고리오스다.[8] 시메온에게 신 신학자라는 칭호를 부여한 동방정교회는 그의 생전에 그를 추방하기도 했지만, 이 같은 칭호는 시메온이 앞선 두 신학자들의 신비적 기도의 전통을 11세기에 이르러 계승한 것에 대하여 긍정적으로 평가하였음을 의미한다.[9]

성 시메온의 시대에 논란거리가 무엇이었는지를 이해하기 위해서 그의 생애에 대한 간략한 스케치가 필요하다. 시메온은 소아시아의 지방 귀족 가문 출신으로 유복한 가정에서 949년에 출생하여 아버지의 뜻에 따라 정치적인 경력을 쌓기 위해 11세에 콘스탄티노플로 보내져 삼촌의 보호 아래 황실 근무를 준비하게 된다. 그는 14세에 콘스탄티노플 인근의 스튜디오스 수도원 소속의 경건한 시메온이라는 수도사를 만나게 되며 20세에 신성의 빛이 자신에게 임하는 체험을 하게 된다.[10] 27세에 제국 총행정관이던 바실의 반란으로 시메온은 황실을 떠나 스튜디오스 수도원으로 피신하게 되는데 이때 다시 한 번 신성의 빛을 체험하게 된다. 그리고 이 체험은 그가 수도사로서 입문하는 계기가 된다.

수도사가 된 후 곧바로 스튜디오스 수도원 인근에 있는 성 마마스 수도원으로 옮기게 되는데 거기서 3년 후인 980년에 수도원장으로 임명되어 사제직에 서임된다. 986년 또는 987년에 스승인 경건한 시메온이 사망하자 성 시메온은 스승을 기리기 위해 성 마마스 수도원에서 경건한 시메온을 위한 미사를 드리기 시작한다. 이에 불만을 품은 30명가량의 수도사들이 교회 공의회에 고소해서 총대주교는 경건한 시메온을 추모하는 미사를 금지하는 결정을 내린다.[11]

1003년 성 시메온의 반대자들은 그의 삼위일체론에 이론을 제기하며 다시 고소했으나 그는 신학적으로 만족할 만한 답변을 제시한다. 하지만 이때 그는 총대주교의 보좌관이던 스테판 주교를 공격하게 된다. 스테판 주교가 수도사들이 체험하는 신성의 빛과 무정념의 경지를 통해 거룩한 삶을 보여 주어야 함에도 그렇지 못하다고 지적한 것이다. 이후 성 시메온은 대주교 측과 오랜 기간 논란을 벌인 끝에 1009년 보스포러스 해안에 있는 팔로우키톤으로 유배된다. 그곳에서 그의 후원자들은 그를 위한 수도원을 건설하게 되며 성 시메온은 1022년 죽을 때까지 수도 생활과 저술 활동을 지속하였다. 한편 그의 사후 30년이 지나서 스튜디오스 수도원장인 니케타스 스테타토스(Niketas Stethatos)는 성 시메온을 위한 미사를 드리고 신도들의 성 시메온 묘지 순례 허용과 성 시메온의 전기를 기록하게 된다.[12]

신화를 위한
성자의 역할

1. 신화의 모범으로서의 그리스도

동방정교회의 기독론은 기본적으로는 바울의 가르침과 일치한다. 첫째로 바울은 예수 그리스도의 사역을 법정적 개념으로 이해하여 지불해야 할 빚을 대신 지불한 대속의 개념으로 설명한다. 또한 바울은 이러한 법률적 관점 외에 예수 그리스도의 사역을 하나님과의 적대 관계를 회복하는 중보자의 사역으로서 가르친다.[13] 이들 관점들은 그리스도교 기독론의 핵심으로 인간의 죄로 야기된 창조주로부터의 소외라는 인간 실존에 대한 신학적 대답이라고 할 수 있겠다.

이러한 관점 외에 동방정교회는 예수 그리스도의 사역을 인간의 또 다른 실존에서 이해하여 왔는데 신화가 그 핵심이다.[14] 동방정교회가 초점을 두는 인간의 또 다른 실존은, 인간은 타락으로 인해 하나님과의 교제와 연합의 길을 상실하였고 그 결과 하나님의 성품을 닮을 수 없게 되었다는 것이다. 하나님은 바로 이 인간이 하나님과 연합하고 하나님의 성품에 참여하도록 하기 위하여 아들을 성육신하게 하셨다. 즉 인간의 몸을 입은 예수 그리스도의 구체적인 지상 생애를 통하여 하나님은 인간이 하나님의 성품을 닮고 나아가 자신과 연합할 수 있는 길을 구체적으로 보여 주신 것이다. 바로 예수 그리스도가 신화의 모범자라는 이 관점이 동방정교회의 기독론에서는 중요한 것이다. 동방정교회의 이러한 관점을 블라디미르 로스키(Vladimir Lossky)는 다음과 같이 요약하고 있다.

> 그리스도가 성취한 사역은 더 이상 죄로 인해 하나님과 분리되지 않는 우리의 본질과 관련됩니다. 그것은 하나의 새로운 본질이요, 세상에 나타날 하나의 갱신된 피조물이요, 그리스도의 보배로운 피를 통해서 모든 죄악으로부터 정화되고 모든 외적 필연성에서 자유롭고 우리의 불의와 모든 낯선 의지에서 분리된 새로운 몸입니다.[15]

이제 이러한 동방정교회의 관점을 성 시메온은 '믿음에 관하여'에서 "하나님께서는 죄를 제외한 모든 면에서 우리들처럼 되셨다는 것을 우리는 압니다. 그래서 우리를 망상과 죄로부터 자유롭도록 구하십니다."라고 표현한다.[16] 여기서 주목해야 할 구절은 '우리를 망상과 죄로부터 해방하기 위해서'라는 표현이다. 인간의 망상은 죄된 본성에서 나타난다. 두꺼운 흙먼지가 가라앉아 있는 유리컵의 물은 조금만 건드려도 뿌옇게 변한다. 마찬가지로 마음의 근본이 죄성으로 가득 찬 인간에게는 욕심, 근심, 잡념들의 끊임없는 활동으로 말미암아 신의 성품에 참여하는 길은 요원한 것이 된다. 그런데 그런 인간이 성자를 통하여 자신의 죄성을 극복하고 창조주의 성품을 닮는 점진적 자기 초월이 가능하다고 성 시메온은 분명하게 말하고 있다.

성경을 통하여 선포되어서 우리가 읽고 있지만 인식하지 못하는 거룩한 로고스의 성육신의 목적은 무엇입니까? 그것은 그분 안에 우리가 참여자가 되게 하기 위하여 그분이 우리 안에 있는 것들을 나누셨다는 것입니다. 인간인 우리가 하나님의 자녀가 되게 하기 위하여 하나님의 아들이 인간이 되셨는데, 그분은 은혜로 우리를 양육해서 본질적으로 그분을 닮게 하시며, 성령 안에서 우리에게 새 생명을 주시고, 우리를 천국으로 직접 인도하십니다.[17]

이렇게 성 시메온에게 그리스도의 성육신은 대속의 공로를 통해 믿음으로 구원받은 이후에도 여전히 죄성 가운데 살아가는 신자들을 위해 특별한 의미를 갖는다. 죄는 없으나 인간과 똑같은 육신을 가진 성자는 그 육신의 삶을 통하여 신자들이 신화의 길을 갈 수 있도록 보여 주고 가르치고 도와주며 안내해 주는 역할을 한다.

2. 가난한 자와 동일시되는 그리스도

성 시메온에게 있어 신자의 죄성은 이웃을 자신으로서 사랑하지 못하는 것으로 간단하게 표현된다. 신자들은 구원받은 이후에 목숨을 다하여 하나님을 사랑하며 이웃을 네 몸처럼 사랑하라는 가장 큰 계명을 따라 살아간다. 그러나 대부분의 신앙인들은 이웃을 나 자신으로서 사랑하지는 못한다. 그들의 이웃 사랑에는 언제나 한계가 있다. 주님의 명령을 철저하게 실천하지 못하는 것이다. 이렇게 구원받았으나 죄성의 지배 가운데 살아가는 신자들에게 그리스도는 자신을 가난한 자와 동일시함으로써 구체적인 신화의 스승이 된다.

그리스도는 가난한 자 각각의 모습을 취하시며 자신을 그들 모두와 동일시

하십니다. 그래서 그를 믿는 사람들은 누구든지 자신의 동료들을 향하여 교만하지 않게 됩니다.[18]

이런 논리에서 배고픈 자를 외면하고 무시하는 것은 그리스도를 무시하는 것이 된다.

유사하게 만약 당신이 가난한 자 가운데 지극히 낮은 자에게 마실 것이나 입을 것 등을 제공하면서 당신이 아는 배가 고프거나 목마른 한 사람을 무시한다면, 당신은 하나님이신 그리스도가 배고프고 목마를 때 외면한 것이 될 것입니다.[19]

그러므로 시메온은 그의 기독론에서 그리스도를 소외된 자들과 동일시함으로써 그리스도의 삶을 모방하려는 신자들에게 구체적인 신화의 방향을 제시한다. 기독론을 통하여 신화는 두 가지 방향으로 제시되고 있다. 첫째는, 성부와 연합하는 삶을 살던 성자를 따라 신자도 하나님과 친밀한 교제와 연합을 추구하는 것이다. 둘째는, 이렇게 연합을 추구하는 삶을 통하여 구체적으로 그 연합의 결과가 이웃을 위한 헌신으로 표현되는 것이다.

신화를 위한
성령의 역할

1. 신화를 위해 반드시 경험해야 하는 성령

성 시메온에게 있어 성자가 신자들에게 성부와 연합하는 길을 위한 모범을 제시해 준다면 성령은 그 연합을 통해 신의 성품에 참여하도록 돕는 자다. 그러므로 성 시메온은 신화를 추구하는 신자는 반드시 성령을 의식적으로 경험해야 함을 강조하는데 다음 글이 그것을 나타낸다.

> 만약에 그[성도]가 그것[성령]을 받았다면 그는 그것을 유지하기 위해 노력해야 합니다. 그것을 받는 특권을 누리지 못했다면 그는 선한 행실과 간절한 회개를 통해 그것을 받으려고 해야 하며, 계명들의 실천과 덕의 성취를 통하여 그것을 유지하도록 해야 합니다.[20]

성령이 하나님과의 친밀한 교제와 연합을 위한 보증이기에 신화를 원하는 모든 신자는 성령의 임재를 의식적으로 느끼고 경험해야 한다. 머리로 이해되고 성서에 기록된 성령이 아니라 마음으로 느껴지는 임재여야 하는 것이다. 성령의 임재를 지식으로만 알고 믿는 신자들에 대하여 시메온은 다음과 같이 강조한다.

> 그가[신자] 성령을 소유한 사람들 안에서 역사하는 성령에 대하여 들을 때에 그는 우리 시대에 성령으로 능력을 얻고 동기가 부여되는 사람이 있다는 사실을 믿는 것을 거부합니다. 또한 사도들이나 태초부터 성자들이 경험했던 것처럼 성령의 빛을 의식적으로 그리고 경험적으로 즐거워한다는 것을 거부합니다.[21]

신화를 위해 성령이 이처럼 중요하다는 관점에서 성 시메온은 성령을 연인이 서로 사랑을 확인하고 나아가 결혼을 보증하기 위해 교환하는 약혼반지로써 설명한다.

그때에 신랑 되시는 그리스도는 그의 신부가 될 영혼에게 성령의 보증인

그의 반지를 줍니다.[22]

결혼 전에 신부가 될 사람은 미래의 신랑에게 다른 것이 아닌 결혼에 대한
보증을 받습니다. …… 그처럼 신부, 즉 신자들의 모임인 교회와 우리 각자
의 영혼도 신랑이신 그리스도에게 성령의 보증을 받습니다.[23]

성자가 신자들에게 성령을 보증으로 주는 이유는 간단하다. 신부는 약혼
반지로 신랑의 사랑을 확신하며 사랑이 주는 기쁨과 행복 속에서 약혼 기간
을 보내게 된다. 이처럼 성부는 신자들에게 성부와의 친밀한 사랑의 교제와
연합이 가능하다는 확신을 주기 위해서 성자를 통하여[24] 성령을 주신다고 성
시메온은 가르친다.

성령의 은혜가 그리스도와 약혼한 영혼들에게 보증으로서 주어집니다. 신
부가 약혼반지 없이는 신랑과 하나로 연합될 것을 확신할 수 없는 것처럼
만일 신자가 성령의 은혜의 보증을 받거나 자신 안에 그분을 의식적으로
소유하지 못한다면, 표현할 수 없는 신비로 그분과 연합되고 또한 자신이
영원히 주 하나님과 결합되며 나아가 그분의 접근할 수 없는 아름다움을
즐길 수 있을 것이라는 확신을 가질 수 없습니다.[25]

이렇게 성령의 임재를 의식적으로 경험해야 한다는 관점은 동방정교회의
교부들 가운데서도 두드러진 것으로, 존 맥걱킨(John McGuckin)은 바로 이
점이 성 시메온이 동방정교회 영성 전통에 기여한 것 중 하나라고 지적한다.
즉 동방정교회 영성의 신성의 빛에 대한 전통과 성령의 임재를 의식적으로
경험하는 것을 강조하는 전통을 종합한 영성가라고 평가한 것이다.[26]

2. 성령의 지속적 임재를 위한 덕의 실천

비록 신화를 위해 성부와 성자가 신자들에게 성령을 주기를 원하지만 성령의 은혜가 무조건적이고 지속적으로 주어지는 것은 아니다. 성령의 은혜를 지속적으로 경험하기 위해서 신자는 계속해서 덕을 실천하는 삶을 살아야 한다.

> 건물의 지붕은 건물의 기초와 벽에 의지합니다. 또한 그 기초들 자체는 지붕을 위한 받침 역할을 하도록 알맞게 놓여야 합니다. 지붕은 기초들 없이 설 수 없으며, 지붕 없이는 그 기초들이 실제 목적을 이루지 못하는 것입니다. 마찬가지로 하나님의 은혜는 계명의 실천을 통하여 유지됩니다. 계명의 실천은 신적 선물의 토대가 되는 것입니다. 계명의 실천 없이는 성령의 은혜가 우리 안에 머물지 않을 것입니다. 그리고 하나님의 은혜를 체험하지 못하는 계명의 실천은 유용함이 없다고 할 것입니다.[27]

성 시메온은 여기서 계명의 실천과 성령의 지속적 은혜를 건물의 지붕과 기초 관계에 비추어 설명하고 있다. 지붕이 기초에 의지하고 있는 것처럼 하나님의 더 깊은 은혜를 체험하기 위해서는 반드시 계명에 대한 순종과 실천이 지속되어야 한다고 강조한 것이다. 다음 글이 그 의미를 보다 더 명확하게 설명하고 있다.

> 건축자가 부주의하여 지붕 없이 집을 내버려 두면 그것은 단지 쓸모없을 뿐만 아니라 건축자에 대한 조롱을 낳습니다. 이와 유사하게 계명들에 대한 실천으로 기초를 놓고, 더 높은 덕들을 획득함으로써 벽들을 쌓았다 하더라도 관상과 영적 지식에 대한 성령의 은혜를 받지 못했다면 그는 아직 불완전한 상태에 있는 것이며 완전한 상태에 이른 사람들의 동정을 받게

됩니다.[28]

여기서 시메온이 강조하는 더 높은 덕들의 신학적인 의미가 무엇인지는 명확하지 않다. 그런데 우리가 신화사상의 성경적 근거가 되는 베드로후서 1장 4절의 전후에 있는 구절(벧후 1:3과 1:5)에서 이 단어가 사용된 것을 적용한다면 시메온의 의도를 파악하는 데 간접적이나마 도움이 될 것이라고 사료된다.

> 그의 신기한 능력으로 생명과 경건에 속한 모든 것을 우리에게 주셨으니 이는 자기의 영광과 덕으로써 우리를 부르신 이를 앎으로 말미암음이라(벧후 1:3).

> 그러므로 너희가 더욱 힘써 너희 믿음에 덕을, 덕에 지식을(벧후 1:5).

즉 덕은 베드로후서 1장 3절에 의하면 성부의 영광과 관련되며 1장 5절에 의하면 구원받은 이후에 성도들이 힘써야 할 내용이 된다.[29]

한편, 시메온은 덕을 지속적으로 실천하는 신자에게는 은혜의 마지막 단계로 관상과 영적 지식 획득이 주어진다고 말한다.[30] 여기서 영적 지식에 대하여 블라디미르 로스키는 이 용어가 영지주의자들이 사용하던 영지의 개념과 어떠한 공통점도 없다고 강조한다.[31] 그럼에도 불구하고 영적 지식이란 단어에서 영적(프시케스)의 의미를 좀 더 구체적으로 해석해야 한다. 일반적으로 생명 또는 영혼으로 해석되는 프시케의 정의 중에는 신약성경의 여러 곳에서 사용된 것처럼 '종교적 또는 도덕적 감성의 자리로서의 영혼'이라는[32] 의미가 있는데 시메온은 영적이란 단어를 그런 의미로 사용하고 있다고 볼 수 있다. 즉 영적 지식이란 인간의 인격이 성령을 통해 획득하는 삼위일

체 하나님에 대한 지식을 의미한다고 할 수 있다.[33]

이렇게 시메온은 관상을 통한 성부와의 연합과 삼위일체의 신비에 대한 이해는 성령의 은혜로 이루어진다고 믿었는데, 그 경지에 이르기 위해서는 끊임없이 덕을 실천해야 한다고 강조한다. 이 말은 반대로 말하면 계명에 순종하고 덕을 실천한다 하더라도 관상과 영적 지식을 획득하지 못했다면 아직은 완전에 이르지 못했다는 것이다. 그러므로 시메온의 성령에 대한 관점은 명백하다. 신화를 위한 영적 여정에서 성령의 은혜는 필수다. 성령의 도움 없이는 영적 여행의 목적지인 하나님과의 연합과 삼위일체의 신비에 대한 관상은 가능하지 않다. 그런데 성령의 지속적 체험을 위해서는 덕을 실천해야 한다. 계명에 대한 순종과 덕의 실천이 성령의 임재를 계속 경험할 수 있는 길이라고 시메온은 강조하고 있다.

신화를 위한
신성의 빛의 의미

1. 시메온이 체험한 신성의 빛

시메온은 20대 때 체험한 신성의 빛에 관한 첫 경험을 다음과 같이 기록하고 있다.

어느 날 그가 자신의 입보다도 정신으로, "하나님, 이 죄인에게 자비를 베푸소서."라고 반복해서 기도하고 있을 때, 갑자기 위로부터 신적인 빛이 가득 내려와 방을 채웠습니다. 그 일이 일어났을 때 청년은 어찌할 바를 몰랐는데 빛 외에는 다른 것을 보지 못했기에 자신이 집안에 있었는지, 지붕 아래 있었는지 심지어 땅 위에 서 있는지도 몰랐습니다. 그는 쓰러지는 것을 두려워하지 않았으며, 세상을 의식하지 못했으며, 사람들이나 육체적인 것들과 관련된 어떤 것들도 생각하지 못했습니다. 그는 그 빛과 완전히 연합되어서 마치 자신이 그 빛으로 변화된 것처럼 보였습니다. 가장 명백한 것은 자신이 눈물과 표현할 수 없는 기쁨과 즐거움으로 가득 찬 것입니다.[34]

그러면 시메온에게 있어서 이 빛은 어떻게 묘사되고 있는가? 두 가지로 그 의미를 설명할 수 있다. 먼저 시메온이 경험한 이 신성의 빛은 은유적이거나 상징적인 표현이 아니라는 것이다. 비록 그 경험이 주관적이고 신비한 체험이었지만 그에게 있어서 그 빛은 "하나의 존재하는 실체요 감각을 통해서 볼 수 있는 것"이라고 해석한 칼리스토스 웨어의 설명은 타당하다.[35] 둘째로, 이 빛은 영속적인 체험이 아니라 일시적인 체험으로 나타난다. 시메온에게 있어 그의 첫 번째 체험은 하룻밤의 경험이었고 자신은 한동안 이러한 빛을 경험하지 못하다가 후에 수도원에서 다시 경험하게 된다. 후에 체험한 자신의 경험을 다음과 같이 진술하고 있다.

인간적인 도움을 뛰어넘는 도움으로 놀라운 삶의 변화를 경험하고 며칠 지난 후에 나는 여전히 세상적인 삶의 유혹들에 공격을 받았습니다. 그것은 나만의 내면의 활동들을 방해했고, 영적인 축복들을 조금씩 조금씩 빼앗아 갔습니다. 그 결과로 나는 세상에서 완전히 떠나기를 열망했고 고독 가운데에서 나에게 나타나셨던 그분만을 추구하기로 하였습니다. …… 엄격한 고독, 전적인 순종, 나 자신의 의지의 완전한 제거, 그리고 많은 엄한 훈련과 실천들을 병행하며 눈물의 수도를 하였습니다. 그리고 흔들림 없이 나의 길을 걸어간 결과 희미하기는 하지만 부드러운 신성의 빛의 작은 줄기를 다시 경험하게 되었습니다.[36]

2. 신화를 위한 신성의 빛의 역할

그러면 성부는 왜 신성의 빛을 신자들에게 경험하게 하는가? 시메온에게 있어 하나님의 빛의 체험은 곧 하나님의 임재에 대한 체험이었다. 시메온은 이 하나님 임재의 체험을 천국에서 가질 하나님과의 직접적인 교제에 대한 체험과 연관 짓는다. 자신의 영적 체험을 서술한 글에서 그는 다음과 같이 기록한다.

> 따라서 당신도 그분이 자신을 사랑하는 자들을 위해 준비한 말할 수 없는 축복들로 양육될 것입니다(고전 2:9). 하나님의 거룩한 지혜로 이 생애에서는 그 복들을 부분적으로 누리게 될 것이지만 내세에서는 세세토록 영광 받으실 그리스도 안에서 모든 시대의 성도들과 함께 그 복들을 충만하게 누리게 될 것입니다.[37]

그러므로 시메온에게 있어 빛의 체험은 하나님의 임재를 의미하는데 그것은 또한 신자가 내세에서 경험하게 될 하나님과의 직접적 교제에 대한 선취적 축복이 된다.

이 선취적인 복을 경험한 신자는 내면에서 깊은 기쁨을 맛보게 된다. 바로 앞에서 인용한 신성의 빛의 첫 번째 경험에 대한 글에서 시메온은 "가장 명백한 것은 자신이 눈물과 표현할 수 없는 기쁨과 즐거움으로 가득 찬 것입니다."라고 자신에게 신성의 빛이 임했을 때 무한한 기쁨을 느꼈다고 표현하고 있다. 시메온은 바로 이 기쁨이 자신이 세상의 유혹과 즐거움을 극복하도록 한 요인이었다고 증언하고 있다.

> 반드시 그래야 하는 것처럼, 자신이 추구하는 것에 대한 사랑 때문에 그는 본성이나 물질적인 것들을 초월하여 세상에서 자신을 벗어나게 하였습니다.[38]

모든 정념적인 생각이나 방종한 생각들을 거부하고 청년[성 시메온]은 스스로 확신한 것처럼 자신의 양심이 말하는 것에만 주의를 집중하였습니다. 그는 삶의 모든 물질적인 것들을 무관심하게 대했고, 음식이나 마실 것에서 즐거움을 구하지 않았으며 자주 취하지도 않았습니다.[39]

따라서 우리는 시메온이 경험한 신성의 빛은 내면에 비교할 수 없는 기쁨이 되었음을 알 수 있다.[40] 바로 이 내면의 기쁨이 모든 그리스도교 영성가들이 영적 정진의 길을 갈 수 있었던 공통적인 요인이 되었다. 왜냐하면 하나님의 임재를 통해 경험하는 기쁨은 지상에서 경험하는 다른 기쁨과 비교할 수 없기 때문이다. 그 결과 내면의 기쁨을 맛본 사람은 다른 기쁨을 추구하지 않는다. 즉 그 내면의 기쁨은 영적 정진의 과정에서 흔히 경험하는 지루하고 답답함을 극복하는 영적 에너지가 되었던 것이다.[41]

그러면 성부가 신자에게 신성의 빛이라는 영혼의 기쁨을 선사하는 이유는 무엇인가? 그것은 다름 아닌 신자를 신화로 이끌기 위한 성화의 은혜(sanctifying grace)라고 할 수 있다. 그래서 칼리스토스 웨어가 시메온의 신성의 빛에 대한 의미를 해석하며 "이 신성의 빛은 시메온에게 변화시키는 효과를 가졌다."라고 말한 것은 적절하다고 판단된다.[42] 하지만 웨어는 어떻게 해서 그 신성의 빛이 신자를 신화로 이끄는가는 충분히 설명하지 않고 있다. 신성의 빛을 경험하였다고 하여 신자가 바로 신화되는 것은 아니기 때문이다. 그래서 신성의 빛이 신자의 영혼 속에서 어떤 역할을 하는지에 대한 구체적인 해석이 필요하다. 그리스도교 영성의 역사를 통하여 영성가들이 공통적으로 추구하던 성화의 길은 간단하다. 그들의 내면에는 성화 또는 신화를 향한 갈망이 있었다. 갈망하는 영혼에게 성령의 은혜가 더 주어진다고 하는 것은 시편(42편)을 비롯한 여러 곳에서 반복되는 성경의 약속이다. 문제는 누가 이 갈망하는 영적인 상태를 지속하는가다. 그래서 영성가들은 영성의 길을 가는 초보자는 갈망하는 은혜를 간구하라고 조언한다. 즉 지루하기 쉬운 영적 훈련을 지속하기 위해서는 먼저 갈망하는 은혜를 구하라는 것이다. 그리고 성령의 은혜를 체험한 신자는 그 은혜를 통하여 경험한 기쁨 때문에 계속해서 더 갈망하는 마음을 소유하게 된다.

성령의 은혜를 경험한 신자는 그 기쁨 때문에 더욱 정진을 한다는 시메온의 가르침은 앞의 2장에서 다룬 니사의 그레고리오스의 신학과 일치한다. 그레고리오스는 모세가 시내 산에서 하나님께 하나님의 영광, 즉 얼굴을 보여 달라고 간청하였던 것을 주목한다. 그런 모세에게 하나님은 바위틈에 머물라고 하신 후 자신의 손으로 그 바위틈을 가리셨다. 그리고 모세 앞을 지나가셨다. 등만 보이신 것이다. 모세는 하나님의 얼굴 대신 등만 보았지만 모세의 영혼에게 지극한 기쁨이 되었다. 하나님의 얼굴을 직접 대면하지는 않았지만 하나님의 임재를 생생하게 경험하였기 때문이다. 장차 모세는 천국에서 하나님의 얼굴을 직접 대면하는 경험을 할 것이다. 간접적으로 대면한 기쁨도 말할 수 없는데 직접적인 대면을 통한 교제와 연합의 기쁨은 얼마나 더할 것인가? 그레고리오스는 바로 이 기쁨이 경마장에서 최선을 다해 달리는 말처럼 신자를 완전이라는 목표를 향해 달리게 한다고 결론짓는다.

시메온이 내면의 기쁨 때문에 세상적인 즐거움을 초월하여 영적인 정진에만 몰두하게 되었다고 하는 고백은 이렇게 성경의 약속과 그리스도교 영성가들의 공통된 교훈과 일치한다. 그러므로 시메온은 다음과 같이 강조하고 있다. "만약에 이러한 복을 보지 못하게 된다면 얼마나 고통스럽고 괴롭겠습니까? 마치 영생에서 배제되는, 즉 죽음과 같을 것입니다."[43]

3. 신성의 빛을 통한 연합의 결과 – 하나님의 뜻에 일치하는 삶

신성의 빛을 통해 내면의 희열을 체험하고 계속해서 영적인 구도의 길을 가는 신자는 신의 성품에 참여하는 신화의 상태에 이르게 된다. 이 구도의 목표를 시메온은 다음과 같이 정리하고 있다.

> 영적인 길을 추구하는 모든 사람들의 목표는 그들에게 신이신 그리스도의
> 뜻을 행하며, 성령 안에서의 교제를 통하여 성부와 화평을 누림으로 구원
> 을 이루는 것입니다.[44]

여기서 말하는 성령 안에서의 교제와 그리스도의 뜻을 행하는 것에 대하
여 시메온은 또한 다음과 같이 표현하고 있다.

> 내적으로 성령의 빛에 조명된 사람은 그 빛을 계속 보지 못하고 다만 크게
> 놀라 두려워하며 땅에 엎드려 소리칩니다. 전적으로 빛나게 될 때 그는 빛
> 처럼 되며 다음과 같은 말이 이루어집니다. "하나님이 신들과 연합되고 그
> 들에 의해 알려진다."[45] 이 말의 의미는 아마도 하나님이 하나님과 연결된
> 자들과 연합하며 자신을 알게 된 자들에게 드러내신다는 뜻입니다.[46]

신성의 빛과 하나님과의 연합에 대해 설명하는 이 글에서 시메온은 하나
님이 신들과 연합된다는 나지안주스의 그레고리오스의 인용글에서 "연합하
다"라는 동사를 직설법, 현재, 수동태, 3인칭, 단수로 사용하고 있다. 그런데
그 인용글을 해석한 자신의 견해인 두 번째 문장에서는 이 동사를 직설법,
현재완료, 수동태, 3인칭, 단수로 표현하고 있다. 한편, 신자들이 하나님과
연결된 상태를 의미하는 세 번째 동사는 직설법, 단순과거, 수동태, 3인칭,
복수로 표현하고 있다. 여기서 주목해야 할 것은 두 번째 문장이다. 왜냐하
면 논리적으로 세 번째 문장은 이미 이루어진 일, 즉 신자들이 하나님과 연
결된 상태를 의미하는 것으로 과거시제가 자연스럽기 때문이다. 두 번째 문
장에서 시메온은 하나님이 하나님과 연결된 자들에게 연합한다는 동사의 시

제를 그레고리오스가 사용한 현재에서 현재완료로 바꾸었는데 이는 신성의 빛을 체험하는 신자가 경험하게 될 하나님과의 연합을 확신 있게 표현한 것이라고 할 수 있다. 그리고 그 확신의 이면에는 자신의 체험이 어느 정도 작용했을 것이라고 판단된다. 그러므로 시메온의 관점에서 신성의 빛의 체험은 하나님과의 연합으로 이어진다고 할 수 있다. 바로 이 하나님과의 연합은 서방교회와 동방정교회를 통하여 공통적으로 영성가들이 추구한 영적 정진의 목표였다.[47]

하나님과 연합하였다는 것은 다른 말로 하면 하나님의 뜻과 일치하는 것이라고 할 수 있다. 피조물이며 죄성을 지닌 유한한 인간이 창조주의 마음을 이해하고 뜻을 헤아려 그 뜻대로 생각하고 행하는 삶을 살아가는 단계라고 할 수 있다. 시메온에게 있어 하나님의 뜻과 일치하는 삶은 구체적으로 사랑의 삶으로 표현된다. 즉 타락 이후 누구나 지니고 있는 죄의 성향으로 자기중심적인 인간이 자기중심성을 벗어나 이타적인 삶을 살 수 있게 되는 것이다. 시메온의 다음 글을 주목할 가치가 있다.

"네 이웃을 네 몸처럼 사랑하라(레 19:18; 눅 10:27)." 계명을 받은 사람은 이것을 단지 하루만 실천하는 것이 아닌 평생 동안 해야 합니다.[48]

이웃을 자신으로 생각하는 사람은 이웃보다 더 소유하는 것을 지속할 수 없습니다. 만일 그가 더 가지고 있으면서 자신의 이웃처럼 가난해질 때까지 풍성하게 나누어 주지 않는다면, 그는 주님의 계명을 실현하는 것에 실패한 것입니다. 만약에 당신이 가난한 자 가운데 가장 비천한 자에게 마실 것, 입을 것, 그리고 다른 것들을 주었다 해도 당신이 아는 가난하고 목마른 단 한 사람을 무시했다면 당신은 주님이 배고프고 목말랐을 때 그분을 무시한 것이 될 것입니다.[49]

이웃을 예수처럼 대하기에 나의 모든 것을 나누어 주는 삶, 그리고 이를 평생 실천하는 삶을 사는 것이다. 나의 모든 것을 나누어 주는 자기부정의 삶은 결코 쉽지 않다. 그럼에도 기쁨으로 실천할 수 있는 것은 그 안에 하나님의 성품이 형성되었기 때문이다. 신화를 향한 영적 정진의 과정에서 때때로 체험한 신성의 빛의 은혜를 통하여 마침내 이기적인 인간 본성은 십자가에서 표현된 신의 이타적 본성으로 바뀌게 되는 것이다.

신화에
이르는 길

동방정교회의 관점에서 보면 마음은 인간 존재의 중심이다. 그러나 그 마음은 죄성으로 오염되어 있다. 그러므로 그 마음이 새로워져서 성화되고 신화되는 길은 결코 쉽지 않다. 예수 그리스도 안에서 구원받은 신자에게도 예외는 아니다. 시메온의 신성의 빛에 대한 관점은 바로 죄성 가운데 살아가는 신자가 신화에 이를 수 있는 한 길을 보여 준다. 동방정교회의 전통에 따라 시메온도 신화는 성령의 지속적 임재로 가능하다고 믿었다. 성령의 지속적 임재에 의한 신화의 길은 예수 그리스도에 의하여 구체적으로 계시되었다. 성자는 지상의 생애 동안 성부와 친밀한 사랑의 교제와 연합을 통하여 신자도 그러한 삶을 살도록 모범이 되셨다. 그리고 자신을 가난한 자와 동일시함으로써 신화의 길을 가는 신자들에게 신화는 곧 이웃 사랑으로 표현되는 것임을 보여 주셨다. 그리고 성령은 성자를 따라 그 신화의 길을 가는 신자들을 위한 신적 돕는 자의 역할을 한다. 그러므로 신자는 성령의 임재를 의식적으로 체험해야 한다. 그러나 성령의 은혜는 구원의 은혜와는 다르게 무조건적으로 모든 신자들에게 지속적으로 주어지지는 않는다. 지속적인 성령의 은혜를 위해서는 덕을 실천하고 계명에 순종하는 삶을 살아야 한다.

성령의 임재를 추구하는 삶을 사는 신자들에게 신성의 빛은 특별한 의미를 지닌다. 시메온은 이 빛이 상징적인 것이 아닌 실제적인 것으로 확신하였다. 다볼 산에서 예수님이 체험하고 모세가 시내 산에서 체험한 신성의 빛은 현재의 신자들도 체험이 가능하다고 믿었다. 이렇게 시메온의 신학에는 성경이 증언하는 진리들을 현재의 신자들도 체험할 수 있다고 하는 확신과 믿음이 잘 나타나 있다. 바꾸어 말하면 믿음을 통해 경험하는 체험을 강조하는 그의 신학은 그런 의미에서 확고한 성경적 근거를 가지고 있다고 하겠다.[50]

신성의 빛은 하나님의 임재에 대한 체험으로서 이를 체험한 영혼에게 말할 수 없는 기쁨을 선사한다. 바로 그 기쁨 때문에 신자는 더 이상 세상적인 기쁨을 추구하지 않게 되는 것이다. 그리고 그러한 기쁨 가운데 지속적으로 성부와 친밀한 교제를 나누는 영혼은 그 교제와 연합을 통하여 성부의 성품을 닮아 간다. 즉 하나님과의 연합을 통하여 자기중심적이던 신자가 하나님의 뜻과 일치되고 하나님의 속성인 사랑의 존재로 변화되는 것이다. 이것이 곧 신화다. 그러므로 그 신화를 위해 성령의 의식적 체험을 강조했고 나아가 신성의 빛의 의미를 가르친 시메온의 사상은 성화를 추구하는 모든 신자들에게 시사하는 바가 적지 않다고 하겠다.

PART **2**

하나님의
임재를 경험하는
침묵기도의 실제

1장

하나님의 임재를 위한
통성기도와 침묵기도

한국교회 영성 훈련으로서의
통성기도

　필자가 미국에서 유학할 때 전도사로 섬기던 교회는 미국교회의 건물을 임대해서 예배를 드리던 곳이다. 사실 대부분의 한인교회는 미국교회의 건물을 빌려 예배를 드리고 있는데 한국교회와 미국교회의 이해가 일치하기 때문이다. 한국교회의 입장에서는 재정적으로 미약하여 독립 건물을 구하기가 어렵기 때문이요, 미국교회에서는 교인 수가 감소하여 교회의 재정 수입이 부족하기에 교회의 임대 수입이 다소라도 도움이 되는 것이다. 그러한 이해관계 속에서 대부분의 교회들은 같은 신앙인으로서 좋은 관계를 유지하고 있다. 필자가 출석하던 교회도 담임목사의 노력으로 교회 절기마다 미국교회와 연합예배를 드렸는데 부활 절기에 드린 성금요일 연합예배가 인상적이었다. 두 교회가 연합예배를 드리는 중에 한국교회의 전통을 따라 통성기도를 하게 되었다. 열정적인 통성기도를 드린 후에 미국교회의 사무원이 한국교회의 담임목사에게 이런 말을 하였다. "목사님, 저희는 이러한 열정적인 기도를 해 본 지가 얼마나 되었는지 모르겠습니다. 참으로 감동적인 기도 시간이었습니다." 미국연합감리교회에서는 교회 사무원의 영향력이 한국교회의 사무원과 비교되지 않는다. 미국연합감리교회는 지금도 담임목사의 감독 파송 제도가 철저하기에 담임목사는 한 교회에서 장기간 사역하지 않는다. 그래서 같은 교회에서 장기간 봉직하는 중년 사무원의 영향력은 무시할 수 없다. 그런데 그러한 미국교회 사무원이 자신의 자존심을 내려놓고 한국교회의 목사에게 진심 어린 감사와 존경을 표했다는 것은 한국교회에서 실천하는 통성기도의 가치를 잘 대변한다고 할 수 있다.

통성기도가 왜 가치 있는 것일까? 기도의 한 방법으로서 통성기도의 가치는 대략 세 가지로 분석할 수 있다. 첫째는, 기도하는 분위기가 조성된다는 것이고, 둘째는, 잡념을 쉽게 극복할 수 있으며, 셋째는, 집단적인 성령의 임재에 대한 갈망이 있는 것이다.

첫째로, 통성기도는 기도의 영적 분위기를 형성한다. 물론 교회 생활에 익숙하지 않은 초신자에게는 함께 부르짖는 기도가 어색할 수 있다. 거룩하지 못하고 천박한 분위기로 느껴질 수도 있다. 하지만 이는 기도의 상태와 인간 심리의 본질을 잘 이해하지 못하기 때문이다. 인간은 누구나 분위기에 따라 행동하는 것을 편하게 느낀다. 물론 소수의 사람들은 분위기가 맞지 않아도 능동적으로 행동할 수 있는 의지가 있다. 하지만 대부분은 그렇지 않다. 필자는, 주말에 시골 교회에서 학생들과 청년들을 지도하며 이러한 점을 많이 느꼈다. 비록 수련회나 부흥회에서 청년들은 필자보다 더 깊은 은혜를 체험하지만, 시간이 한참 지난 후에 토요예배에서 그들을 상대로 깊이 기도하는 분위기를 이끌려면 여간 힘든 것이 아니었다. 이러한 기도의 분위기는 장작불을 피우는 것에 비유할 수 있다. 장작불이 붙기까지는 많은 노력이 필요하다. 그러나 일단 활활 타오르기 시작하면 웬만큼 젖어 있는 장작도 일단 타오른 그 열기로 쉽게 점화되는 것을 우리는 알고 있다. 기도하는 분위기의 형성이 중요하다는 필자의 관점에 동의하지 않는 독자도 있겠지만, 한국교회는 이제까지 독특한 통성기도를 통해 기도하는 분위기를 형성해 왔고 그러한 환경에서 성령의 임재를 경험해 왔다는 것을 주목해야 한다.

둘째로, 통성기도는 쉽게 잡념을 극복하게 해 준다. 통성기도를 할 때 한국교회는 '주여'를 세 번 부르면서 시작한다. 손을 들고 '주여!'를 크게 세 번 부르는 주여 삼창 기도는 한국교회가 실시해 온 독특한 기도 방법이다. 성경에서 '주여'를 세 번 부르는 기도는 다니엘 9장 19절에 잘 나타난다.[1] 바로 잡념을 극복하기 위해 좋은 역할을 하며, 손을 위로 향하고 '주여'를 세 번 부름으로써 기도자는 먼저 생각을 집중하게 된다. 손을 위로 향함으로써 하나님께 간절히 간구하는 마음을 표현하게 되고, 세 번 부름으로써 생각을 하나님께 모으게 되는 것이다. 기도할 때 잡념을 빨리 진정시키기 위해 이처럼 몸의 일부도 기도에 참여하는 전통은 그리스도교 역사를 통하여 오래전부터 실시해 온 것이다. 예를 들어, 동방정교회에서는 기도할 때 수도의 입문자들에게 정신 집중을 위해 몸을 구부리는 자세와 호흡법을 권장하기도 하였다.[2] 몸을 구부리는 자세란 대략 재래식 화장실에서 볼일 볼 때의 모습이라고 생각하면 쉽다. 그런데 이때 얕은 목재 조각이나 돌 위에 편안히 앉도록 함으로써 엉덩이를 통해 몸의 중심이 잡히고 편안함을 느끼도록 한다. 그리고 두 손은 머리 뒤에서 깍지를 끼어 전체 머리를 감싼다. 그런 자세로 자연스럽게 최대한 고개를 숙여 시선은 배 부분을 향하게 하는 것이다. 그리고 심호흡을 따라 천천히 기도한다. 이러한 몸의 자세를 수도의 초보자들에게 권면했던 이유는 두 가지인데, 하나는 몸도 기도의 일부가 되게 하는 것이고 또 다른 이유는 손으로 머리를 감싸고 숙이는 자세를 통해 자연스럽게 생각이 중심으로 집중되도록 돕는 것이었다. 즉 통성기도를 시작할 때 손을 위로 향하면 그 손을 따라 생각도 위로 향하는 것처럼 느껴지듯 머릿속에서 이루어지는 생각이나 잡념의 활동을 마음으로 내려가 마음에 모아지게 하는 것이다. 또한 심호흡을 해 보면 알 수 있듯이 긴 숨을 들이쉴 때는 가슴 부분이 위로 확장된다. 그런데 그 숨을 내쉬면 다시 확장됐던 가슴 부분이 아래로 내려가는 것을 경험한다. 바로 가슴 부분이 아래로 내려가는 것과 함께 머릿속의 생각들도 아랫부분으로 깊이 내려가는 것이다. 앞에서 이미 설명한 것처럼 동방정교회에서는 마음을 존재의 중심으로 이해하였는데 그 마음의 위치는 심장이 있는 가슴 부분이 아니라 그보다 훨씬 아래인 배 부분을 의미하였다. 그곳을 마음의 바닥 또는 존재의 중심으로 이해하였다. 이렇듯 기도할 때 몸의 역할을 중시하는 전통은 개신교회에도 있다. 바로 개신교회 교단들 가운데 가장 영성이 깊은 퀘이커교도들은[3] 손바닥의 역할을 강조하기도 하였다. 즉 기도를 시작할 때 손바닥을 아래로 향하게 하는 것이다. 그런 다음 손바닥을 위로 향하게 한다. 아래로 향한다는 의미는 버린다는 의미인데 자신의 내면에 있는 부정적인 것들, 예를 들면 욕심이나 죄악을 버리는 것을 의미한다. 손바닥을 위로 향하는 것은 하나님에게 받아야 할 것들, 예를 들면 자기부정의 태도나 이웃 사랑의 마음 등을 갈망하는 것을 의미한다. 이렇듯 우리 몸의 자세나 태도는 우리가 잡념을 빨리 극복하고 마음을 하나님께 모으도록 도움을 준다.

셋째로, 통성기도는 소리를 내어 기도하는 것을 통해 집단적으로 성령을 갈망하게 해 준다. 물론 개인적으로 침묵기도나 통성기도를 통하여 성령을 갈망할 수 있다. 그러나 이 또한 한계가 있다. 그래서 일찍이 수도를 위해 수도원에 입문한 수도사들조차 소리를 내어 공동으로 하는 기도를 강조하였다. 동서방교회의 수도원에서는 공통적으로 공동 기도문을 함께 낭송한다. 특별히 시편을 함께 영창하였는데, 이는 가장 정제된 기도문을 집단으로 소리 내어 낭송함으로써 보다 쉽게 생각을 집중하고 집단적으로 성령을 갈망하게 해 준다. 동서방교회에서는 지금도 수도원이 아닌 일반 교회의 각종 예배에서 공동 기도문을 함께 낭송하는 것을 목격할 수 있는데, 이는 영적으로 초보 단계에 있는 신자들이 좀 더 쉽게 성령의 임재를 경험할 수 있도록 도와줄 것이다.

한국교회의 위기와
통성기도

한국교회는 영적으로 위기를 맞고 있다. 한국교회의 위기는 교회가 누리고 선포하는 신앙생활의 모습이 깊지 못한 데서 기인한다. 수많은 영화에서 교회의 모습이 천박하거나 부정적인 모습으로 그려지고 있다. 영화에서는 제작자가 알려지기는 하지만 TV 드라마처럼 직접적인 비판의 대상이 되지 않기에 영화 제작자들은 거리낌 없이 개신교회를 우스꽝스럽게 만들거나 비판하고 있다.

복음이 들어온 이후 적어도 1980년대 말까지 한국 사회의 다양한 발전에 기여한 교회가 왜 이렇게 되었을까? 그 이유 중의 하나는 우리가 실천하는 통성기도 때문일 것이다. 비록 통성기도가 한국교회의 독특한 기도 방법으로 실천되어 왔지만 그 기도가 주로 간구를 위한 기도였기에 한국교회는 깊어지지 못한 것 같다. 간구의 기도 시간만큼이나 하나님의 뜻을 따르기 위한 기도를 해야 함에도 불구하고 대부분은 그렇게 하지 못하였다고 생각한다. 그래서 이를 자각한 많은 신자들이 간구에 초점을 맞추는 기도 생활을 등한시하기 시작했다. 바로 열정적인 기도 생활이 사라지고 있는 것이다. 1980년대 말까지 한국교회의 부흥에는 산이나 기도원에서 드리는 기도 생활이 유행하였다. 교회마다 금요 철야기도회를 열정적으로 드렸지만, 이제는 기도원이 황폐화되고 있다. 그나마 현대적 시설을 갖춘 기도원이 수련회나 휴양

시설 정도로 활용되고 있는 실정이다. 철야기도나 새벽기도 집회의 출석 인원이 눈에 띄게 줄어들고 있는데 이는 보편적인 현상이 되었다.

그렇다면 간구기도가 주를 이루는 통성기도를 이제는 그만두어야 할까? 혹자는 그렇게 말하는 사람도 있을 것이다. 필자는 그렇게 생각하지 않는데 여기에는 두 가지 이유가 있다. 첫째, 간구기도는 어린이가 유치한 간구를 통해 성숙해 가는 과정과 같기 때문이다. 초등학교 2학년 어린이가 요리하는 엄마에게 부엌칼을 달라고 하면 줄 리 없다. 그러나 조금 더 지혜로운 엄마라면, 단순히 거절하기보다는 칼을 다루는 교육의 기회로 삼을 것이다. 즉 자녀가 칼에 관심을 보이는 그 순간을 부엌칼 다루는 교육의 기회로 삼는 것이다. 그런데 만일 아이가 너무 조숙해서 유치한 간구조차 전혀 하지 않는다면 아이는 부엌칼 다루는 법에 대해서 배울 기회를 놓칠 것이다.

우리가 간구기도를 할 때 성령은 우리의 기도에 개입하신다. 간구기도란 때때로 바울의 지적처럼 "우리가 마땅히 빌 바를 알지 못하면서" 드리는 기도라고 할 수 있다. 그런데 우리가 마땅히 빌 것은 구하지 않고 이기적이고 유치한 간구기도를 하고 있기에 성령은 말할 수 없는 탄식으로 우리를 위하여 친히 간구하시는 것이다(롬 8 : 26). 바울은 그것이 바로 성령이 우리의 연약함을 돕는 것이라고 강조한다. 처음부터 부모님의 마음을 헤아리는 자녀들이 없는 것처럼, 처음부터 하나님의 뜻을 헤아리는 신자도 없다. 처음에는 자기중심적이다. 그런데 부모가 말할 수 없는 자비와 인내로 자녀를 양육하듯이 하나님은 그 사랑으로 성령을 통해 신자들을 인도하신다. 그러므로 신자는 간구기도를 계속해야 한다. 리처드 포스터는 간구기도란 마치 어린 아기가 걸음마를 배우는 것과 같다고 했다.[4] 아기가 뛰기를 배울 수 있는 과정은 서기와 넘어지기 그리고 걷기의 과정을 거쳐야만 가능하다. 신자의 영적 성숙도 마찬가지다. 유치한 간구를 통해서 신자는 성숙해진다. 예를 들면, 고급 볼펜을 가진 사람이 몽블랑 만년필을 갖고자 기도한다고 하자. 성령이

기도 가운데 그의 마음에 개입하실 것이다. "네가 가지고 있는 것을 모나미 153 볼펜밖에 없는 가난한 사람에게 주어 그를 기쁘게 할 수 없니?"

우리가 간구기도를 계속해야 하는 두 번째 이유는, 우리는 우리의 영적 성숙에 관계없이 죽을 때까지 육체적, 물질적 필요를 가진 존재라는 사실이다. 아무리 영적으로 높은 단계에 이르러도 우리는 음식 없이는 생명을 지속할 수 없다. 더욱이 나이를 먹을수록 속사람은 날로 새로워질 수 있으나 겉사람은 날로 쇠약할 것이다. 겉사람이 날로 쇠약해진다는 의미는 무엇인가? 육체는 쉽게 부서지고 작은 세균의 침투에도 병이 생기고 만다.

욥기의 저자는 우리에게 욥기의 마지막 부분에서 놀라운 진리를 일깨워 준다. 하나님은 우리가 육체 가운데 사는 연약한 존재임을 결코 잊지 않으신다는 것이다. 욥이 고통스러웠던 이유는 자신에게는 잘못이 없었다는 사실이다. 욥의 세 명의 친구들은 욥에게 하나님은 콩 심은 데 콩 나고 팥 심은 데 팥 나게 하는 분이니 잘못한 것을 잘 생각해 보라고 조언한다. 아무리 생각해도 잘못을 발견할 수 없었던 욥은 마침내 하나님께 원망하듯 따진다. 그런 욥에게 하나님은 대자연의 위엄 가운데 나타나신다. 그리고 나는 세상을 창조했으나 너는 악어 하나 통제할 수 없는 존재가 아니냐고 도전하신다. 하나님과의 대화에서 욥은 인간이란 흙에서 왔다가 흙으로 돌아가는 피조물임을 깨닫는다.[5] 다시 말해 피조물인 인간이 하나님 앞에 의롭게 살았다고 하여 신적인 보상이나 축복을 기대할 수 없다는 것이다. 삶이 어떻게 전개되든지 하나님을 여전히 사랑하고 찬양해야 하는 것이다. 욥은 이 위대한 깨달음을 욥기의 마지막 장에서 다음과 같이 표현한다.

욥이 여호와께 대답하여 이르되 주께서는 못 하실 일이 없사오며 무슨 계획이든지 못 이루실 것이 없는 줄 아오니 무지한 말로 이치를 가리는 자가 누구니이까 나는 깨닫지도 못한 일을 말하였고 스스로 알 수도 없고 헤아리기도 어려운 일을 말하였나이다 내가 말하겠사오니 주는 들으시고 내가 주께 묻겠사오니 주여 내게 알게 하옵소서 내가 주께 대하여 귀로 듣기만 하였사오나 이제는 눈으로 주를 뵈옵나이다 그러므로 내가 스스로 거두어 들이고 티끌과 재 가운데에서 회개하나이다(욥 42:1~6).

욥의 표현이 재미있다. "나는 깨닫지도 못한 일을 말하였고 스스로 알 수도 없고 헤아리기도 어려운 일을 말하였나이다."라고 실토하고 있는 것이다. 인간적인 기준으로 생각할 때 하나님의 정의에 대한 그의 판단은 지극히 옳은 것처럼 믿어졌지만 창조주와 피조물 사이에는 어울리지 않는 관점이었음을 스스로 인정한 것이다. 그래서 이 새로운 진리를 깨달은 소감을 귀로 듣던 수준에서 눈으로 보는 수준으로 바뀌었다고 표현하고 있다. 바로 이 깨달음은 욥을 사랑하신 하나님이 욥에게 고난을 통해 선물로 주려고 했던 것이다. 우리가 고난을 원하지 않는 것처럼 욥도 고난을 원하지 않았다. 그러나 하나님은 욥을 너무나 사랑하셔서 고난을 통해 성숙이라는 진정한 선물을 주신 것이다. 이것이 욥기가 보여 주는 신학이다. 우리의 관심은 다양할 수 있으나 하나님의 관심은 우리의 영적 성숙이다. 우리는 똑같은 관점을 바울의 가르침에서도 볼 수 있다. 로마서 8장 28절에서 "우리가 알거니와 하나님을 사랑하는 자 곧 그의 뜻대로 부르심을 입은 자들에게는 모든 것이 합력하여 선을 이루느니라."고 말한다. 문제는 선이 무엇이냐는 것이다. 필자는 한동안 이 말을 오해하였다. 나의 뜻대로 되는 것이라고 여긴 것이다. 그러나 29절을 통해 그 의미를 깨달았다. "하나님이 미리 아신 자들을 또한 그 아들의 형상을 본받게 하기 위하여 미리 정하셨으니."라고 말하고 있기 때문이다. 모든 것이 합력하여 선을 이룬다는 의미는 결국 모든 것이 예수 그리스도의 형상을 본받도록 역사한다는 것이다.

그런데 욥기는 여기에서 끝나지 않는다. 욥기 중에 흥미로운 단락이 있다.

바로 42장 6절까지 표현된 욥의 마지막 고백 이후 욥이 갑절로 축복을 받는다는 이야기다. 왜 하나님은 마지막에 욥을 갑절로 축복하셨을까? 어떤 구약학자는 이 마지막 단락을 후대의 편집자가 추가한 것으로 해석한다.[6] 충분히 수긍이 가는 설명이다. 그러나 편집자의 추가와 이를 받아들인 이스라엘 공동체의 결정 자체도 우리에게 충분히 중요한 신학의 대상이 된다. 그러면 이 갑절의 축복이 의미하는 신학은 무엇인가? 그것은 바로 하나님은 우리가 육체를 입고 살아가는 존재, 즉 물질적 필요를 가지고 살아가는 존재라는 것을 아신다는 것이다. 그래서 간구기도는 계속 필요한 기도가 된다. 바로 주기도문에도 "우리에게 일용할 양식을 주옵시고"라는 물질적 필요를 위한 간구기도문이 있지 않은가? 그러므로 간구기도는 우리의 영적 성숙에 관계없이 우리가 육체를 입고 살아가는 한 계속 필요한 기도라고 할 수 있다.

간구기도로서 통성기도의 한계를 넘어서는 길— 능력과 축복에서 성화의 길로

그럼 이제 한국교회가 실천하고 있는 통성기도의 아쉬운 점이 무엇인지 고찰해 보고자 한다. 먼저 통성기도의 아쉬운 부분은 통성기도가 대부분 간구기도라는 사실이다. 물론 이 간구기도에는 중보기도도 포함된다. 중보기도가 이타적인 것이기는 하지만 중보기도도 넓게 보면 타인을 위한 간구이기에 간구기도의 한 영역이라고 할 수 있다.

한국교회 통성기도의 또 다른 아쉬움은 주로 성령의 능력, 즉 성령의 은사인 카리스마를 추구하는 기도라는 것이다. 기도를 통해서 치유나 귀신 추방 같은 성령의 능력을 체험하는 것은 지극히 성경적이다. 하나님은 우리가 우리의 능력으로 살기보다는 하나님의 능력 가운데 살기를 원하시기 때문이다. 무엇보다 그러한 성령의 능력은 하나님 나라가 현존한다는 증거이기 때문에 신앙생활에 필요한 영역이다. 예수님은 공생애를 시작하기에 앞서 자신이 성령의 임재 가운데 하나님 나라를 시작할 것을 선포하셨는데 신유 사역을 그중 하나로 포함시키셨다.

주의 성령이 내게 임하셨으니 이는 가난한 자에게 복음을 전하게 하시려고 내게 기름을 부으시고 나를 보내사 포로 된 자에게 자유를, 눈 먼 자에게 다시 보게 함을 전파하며 눌린 자를 자유롭게 하고 주의 은혜의 해를 전파하게 하려 하심이라 하였더라(눅 4:18~19).

그러나 이제 한국교회는 성령의 능력과 더불어 성화를 추구하는 기도를 해야 한다. 성화는 성령의 열매라고 갈라디아서 5장 22~23절은 말하고 있다.

오직 성령의 열매는 사랑과 희락과 화평과 오래 참음과 자비와 양선과 충성과 온유와 절제니 이같은 것을 금지할 법이 없느니라.

이러한 성령의 열매로 표현되는 성화는 성령의 임재에 의해서만 가능하다. 그런데 우리는 여기서 성령의 임재로 성령의 능력을 체험해 온 한국교회의 신자들이 성화의 측면에서는 왜 부족하였는지를 숙고해 보아야 한다. 수많은 성령의 역사와 능력을 체험했는데 왜 성화는 잘 이루어지지 않았을까? 다시 말해, 같은 성령의 임재였는데 그 성령의 은사적 활동은 활발했으나 왜 성화를 위한 성령의 열매는 적게 맺혔을까? 이것은 성령의 활동과 인간 의지의 상호 관계 때문이라고 판단된다. 즉 성령이 임하여 활동할 때 그에 대한 인간 의지의 태도가 중요하다는 것이다. 다시 말해, 성령의 활동에 대한 인간 의지의 반응이나 태도로 성령의 역사도 그만큼 비례하여 나타난다고 할 수 있다. 예를 들어, 성령의 능력을 간구할 때 간구하는 사람은 대부분 거부감 없이 그 능력을 갈망하고 수용하게 된다. 인간의 의지는 성령의 활동을 받아들이는 데 있어 전혀 거부감이나 망설임이 없게 된다. 그러므로 성령의 능력을 갈망하는 사람에게 그 능력은 마치 전원에 플러그를 꽂으면 바로 전기의 능력이 전달되는 것처럼 그 사람에게 나타나는 것이다. 전기의 능력만큼 성령의 능력도 빠르게 전달된다고 할 수 있다.

그런데 성화를 위한 성령의 활동에는 인간의 의지가 다른 방식으로 작용할 수 있다. 사랑은 시기하지 않는다는 말씀을 이미 알고 있지만, 질투심이 강한 사람이 시기하지 않는 사랑의 열매를 온전히 맺기는 쉽지 않다. 왜냐하면 성령의 임재 가운데 질투심을 극복하기 위한 전적인 의지적 수용이 필요함에도 그 순간 인간의 내면에서는 나보다 더 잘된 사람을 축복하지 못하는 복잡한 반응들이 나타날 수 있다. 다음 이야기는 이를 잘 보여 준다.

고대 사막의 수도자 가운데 높은 영적인 경지에 이른 수도사가 있었다. 그 사람의 소문은 온 세상에 알려졌고 사탄도 알게 되었다. 사탄은 그를 시험하려고 찾아갔다. 오랫동안 금식을 한 그의 앞에 맛있는 고기 요리를 가져다 놓았다. 침이 넘어가는 맛있는 고기 냄새가 그를 괴롭혔지만 그는 꿈쩍도 하지 않았다. 실패한 사탄은 다시 궁리하였다. 그리고 아름다운 여인으로 변신하여 그 앞에 다가가 달콤한 여인의 향기로 유혹하였다. 성적인 충동이 일어날 수도 있었지만 그 수도사는 미동도 하지 않았다. 다시 한 번 패배한 사탄은 이번에는 그의 귀로 다가가 간단한 말을 속삭였다. 웬일일까? 사탄의 속삭임을 들은 그 수도사의 이마가 찡그려졌다. 드디어 성공한 사탄은 회심의 미소를 지었다. 도대체 사탄이 무슨 말을 했을까? 다음과 같이 말하였다. "자네 그 소식 들었는가, 자네하고 같이 공부했던 친구가 이번에 로마에서 교황이 되었다네."

그러면 성화를 위한 성령의 임재에 어떻게 반응해야 할까? 복잡하고 죄성으로 물든 자신의 내면을 성령께 맡기고 그 안에 머물러야 한다. 성령의 임재와 활동 가운데 가능하면 오랫동안 그리고 가능하면 깊이 수동적으로 머무르는 것이다. 한국교회가 성화의 은혜를 깊이 경험하지 못한 것은 오랫동안 머물지 않았기 때문이다. 성령의 임재 가운데 오래 머물지 못한 이유는 무엇일까? 이제까지 한국교회는 사역 중심의 성령의 임재를 추구해 왔기 때문이라고 판단한다. 여기서 사역 중심이란 성령의 능력 가운데 이루어지는 목회를 의미한다. 앞에서 설명한 것처럼 성령의 능력은 전기적 능력처럼 짧은 시간에 전달될 수 있다. 어떤 의미에서 한국교회는 주로 이 능력만을 추구했던 것이다. 그리고 능력이 임했을 때 그 능력을 사역의 현장에서 사용하는 데 급급했다. 그런데 성화를 위해서는 성령의 임재 가운데 더 오래 머물러야 한다. 왜냐하면 나의 모든 의지가 수동적이 되고 죽어야 하기 때문이다. 그리고 죄성으로 깊이 오염된 나의 의지들이 성령으로 고쳐지고 변형될 때까지 머물러야 한다. 그러면 자신의 뜻을 굽히지 않고 성령의 뜻을 전적으로 수용하지 못하는 우리의 의지가 성령의 역사로 점차 변화될 것이다.

　　더 나아가 우리는 성령의 임재 가운데 매일 머물러야 한다. 바울은 매일 죽는다고 하였다. 그것은 무슨 의미인가? 매일매일 내면의 두 본성 사이에서 싸워 악한 본성을 죽인다는 의미일 것이다. 우리는 바울의 깊은 탄식을 알고 있다.

　　　그러므로 내가 한 법을 깨달았노니 곧 선을 행하기 원하는 나에게 악이 함께 있는 것이로다 내 속사람으로는 하나님의 법을 즐거워하되 내 지체 속에서 한 다른 법이 내 마음의 법과 싸워 내 지체 속에 있는 죄의 법으로 나를 사로잡는 것을 보는도다 오호라 나는 곤고한 사람이로다 이 사망의 몸에서 누가 나를 건져내랴(롬 7:21~24).

그리고 매일 경험하는 두 본성의 싸움에서 이기는 비결로 바울은 "그리스도 예수 안에 있는 생명의 성령의 법이 죄와 사망의 법에서 너를 해방하였음이라(롬 8:2)."고 말한다. 이 성령 안에 매일 머무르는 삶을 우리가 추구해야 한다고 강조하고 있는 것이다.

통성기도로 시작해서
침묵기도로 이어 가는 방법

이제 마지막으로 통성기도로 시작해서 침묵기도로 이어 가는 방법을 생각하고자 한다. 일반적으로, 통성기도는 세 단계로 이루어진다고 할 수 있다. 그 단계는 주여 삼창으로 시작하기, 간구할 내용을 소리를 내어 기도하기, 마음이 집중된 상태에서 더 깊이 기도하기라고 할 수 있겠다.

첫 단계인 주여 삼창으로 기도하기는 앞에서 설명한 것처럼 꼭 필요한 것은 아니지만 생각의 집중과 기도하는 분위기 형성을 위해 사용되고 있다.

둘째 단계인 소리를 내어 간구하기는 마음이 온전히 집중되지 않은 상태에서 드리는 단계라고 할 수 있다. 이때 대부분의 기도자들은 기도하는 내용을 분명히 이해한다. 하지만 아직은 잡념의 활동이 자신의 내면을 지배하고 있음도 경험한다. 그래서 간구기도 중에 때때로 잡념에 휘둘리기도 하며 주위에서 기도하는 사람들의 소리에 방해를 받기도 한다. 그럼에도 불구하고 계속 기도에 집중하기 위해 씨름하다 보면 성령의 도움으로 잡념이 진정되는 것을 경험한다. 그리고 생각과 마음이 하나님께 모아져 기도에 집중할 수 있게 된다. 흔히 이 단계를 기도의 줄이 잡혔다고 표현하는데 이때는 주위 사람들의 기도가 거의 방해되지 않는다. 내가 지금 드리는 기도를 하나님이 들으신다는 확신 가운데 기도하는 것이다. 이것이 대략적인 통성기도의 단계라고 할 수 있다.

이제 침묵기도로 이어지는 것은 간단하다. 생각이 집중된 상태에서 통성으로 간구기도를 충분히 드린 후에 그대로 끝내지 말고 침묵 가운데 머무는 것이다. 이미 이 정도 깊이에서 기도할 때는 대개의 경우 성령이 임재한 상태임을 기도자는 느낀다. 그 상태에서 성령의 활동에 온몸과 생각을 맡기고 최대한 오래 그리고 최대한 깊이 머무는 것이다. 성령의 활동에 전적으로 수동적인 상태로 말이다. 20세기 후반에 가장 영적으로 탁월한 영성가 중 한 사람이던 토머스 머튼은 이렇게 말하였다. 성령의 임재 가운데 드리는 이러한 침묵기도는 "성화를 위한 가장 강력한 도구다."[7] 진실로 그러하다. 세상을 지으신 창조의 능력을 지닌 자비로운 하나님의 활동 가운데 머무는데 어떤 것이든지 변화되지 못할 것이 있겠는가?

그러면 이제는 개인적으로 통성기도를 통해 침묵기도로 들어가는 법에 대해 생각하고자 한다. 왜냐하면 새벽기도를 매일 하는 사람들을 제외하고는 집단으로 통성기도를 할 수 있는 기회는 많지 않기 때문이다. 경험을 통하여 필자는 다음과 같은 기도 순서를 제안하고자 한다. 그 순서는 첫째 감사기도, 둘째 회개기도, 셋째 간구기도, 넷째 침묵기도, 다섯째 중보기도다.

먼저 통성으로 또는 조용하게 찬양과 감사기도로 시작하라. 매일매일 감사할 내용이 없는 것 같지만 결코 그렇지 않다. 바울은 범사에 감사하라고 가르쳤는데, 이는 가능한 일이다. 매일매일 감사할 일을 억지로라도 찾아서 감사하다 보면 감사할 것을 찾는 일이 쉬움을 발견할 것이다. 이는 마치 작은 옹달샘에서 물을 퍼 올리는 것과 같다. 커다란 약수통에 물을 가득 채우면 샘물은 이내 줄어들어 바닥을 보이게 된다. 그렇게 해서 두세 통만 채우고 나면 이제 더 이상 물을 길을 수 없게 된다. 그러나 다음 날 그 샘물에 가면 여전히 샘은 넘쳐흐르고 있다. 이처럼 감사도 매일매일 넘치게 된다. 특별히 감사 내용 중에 하나님이 자신의 영적 성장을 위해 베풀어 주신 은혜들을 생각하며 기도하라. 그러면 매일매일 영적 성장을 더 깊이 경험하게 될 것이다.

다음으로 회개기도를 드리라. 물론 이때도 일상적인 죄와 허물에 대한 회개와 함께 내가 영적 정진을 위해 좀 더 부지런한 삶을 살지 못했음을 회개하라. 존 웨슬리는 게으름을 태만의 죄로 규정하고 게으른 삶을 회개하곤 하였다. 필자는 개인적으로 네 가지 주제에 대하여 회개기도를 드린다. 첫째는 나의 악함에 대한 회개다. 언제나 나의 영광을 추구하려는 나의 본성을 경험하는데 그것이 나에게는 악함이다. 둘째는 나의 약함이다. 알면서도 실천하지 못하고 육체적으로 정신적으로, 그리고 영적으로 깨지기 쉬운 존재인 나의 약함을 위해 슬퍼하며 회개한다. 셋째는 나의 부족함을 회개하며 기도한다. 부족함이란 특히 사랑과 지혜의 부족함이다. 사랑과 지혜가 부족하기에 대화하는 기술이 부족하다. 그로 인해 인간관계를 더 좋게 만들지 못하고 다른 사람들에게 상처를 주기도 하는 자신의 한계를 위해 회개한다. 넷째는 게으름이다. 늘 게을러서 좀 더 하나님과 이웃을 위해 살지 못하는 자신을 매일 회개한다.

통성기도의 세 번째 단계는 간구기도다. 간구기도를 세 번째에 하라고 권하는 이유가 있다. 간구기도야말로 감사기도나 회개기도보다 더 간절히 드릴 수 있는 기도다. 그만큼 우리의 필요는 늘 절박하기 때문이다. 그래서 우리가 간구기도를 간절히 하다 보면 자연스럽게 우리의 마음이 집중되는 것을 경험한다. 흔히 말하는 표현으로 기도의 줄이 잡히는 상태에 이르게 된다. 그래서 마음의 고요에 이르면 시간이 허락하는 대로 통성기도의 네 번째 단계인 침묵기도를 하면 된다.

침묵기도 후에는 마지막으로 중보기도를 하는 것이 좋다. 왜 그런가? 필자의 기도 생활을 돌이켜 볼 때 중보기도는 가장 소홀한 마음으로 하기 쉽다. 물론 예수님의 가르침처럼 이웃을 내 자신으로서 사랑하며 기도하는 홀륭한 신자들이 많다는 것을 안다. 하지만 솔직히 고백하건대 필자의 경우 중보기도를 그러한 마음으로 드리지 못하였다. 그런데 침묵기도를 하고 중보기도를 했을 때 훨씬 다른 태도로 기도할 수 있음을 깨달았다. 침묵기도를 통해 우리는 하나님과 아주 가까워진 친밀함을 경험하게 된다. 바로 그 친밀한 마음으로 중보기도를 드리자 하나님의 마음으로 중보하는 사람의 어려움을 헤아릴 수 있게 되었고, 그 결과 하나님과 같은 마음으로 그 사람을 위해 기도할 수 있었다. 무엇보다 그러한 사랑으로 중보기도를 할 때 하나님이 나의 중보기도를 들으신다는 확신이 생겼다. 동시에 그것은 필자에게 이웃을 너 자신처럼(like yourself)이 아니고 너 자신으로서(as yourself) 대하라는 말씀의 의미를 더 깊이 이해하는 시간이 되었다.

필자의 이러한 제안에 대하여 기도 생활을 오래 해 온 신자들 중에는 중보기도를 먼저 하면 기도줄이 잘 잡힌다고 말하는 이들이 있었다. 옳다고 생각한다. 왜 그럴까? 중보기도는 잡념 없이 할 수 있는 기도이기 때문이다. 특별히 여러 가지 제목의 중보기도를 연속으로 하다 보면 자연스럽게 잡념이 진정되고 기도줄이 잡힐 수 있는 것이다. 그래서 기도의 경험이 많지 않거나 영적으로 깊은 경지에 이르지 않은 신자들에게는 이 방법이 더 효과적일 수 있다. 다만 필자가 느꼈던 것처럼 중보기도를 얼마나 간절히 하나님의 마음으로 할 것인가는 고민해야 할 것이다.

필자의 기도 생활 경험을 부족하게나마 간단하게 나누어 보았다. 이 경험은 공식도 아니요 규범도 아니다. 다만 필자의 경험을 통해 나눈 간증이요 제안일 뿐이다. 우리가 아는 것처럼 기도 스타일은 기도하는 사람의 성향과 성격과 밀접하게 관련된다. 하나님이 주신 각자의 개성대로 기도하며 영적으로 성장하는 길에 참고가 되기를 바랄 뿐이다.

통성기도와
침묵기도

이 장에서는 현재 통성기도를 어떻게 침묵기도와 결부시킬 것인가에 대하여 고찰해 보았다. 먼저 통성기도는 쉽게 잡념을 극복하고 생각을 하나님께 집중하기 위한 한국교회의 독특한 영성 훈련임을 지적하였다. 두 손을 위로 향하고 '주여'를 세 번 부르는 것은 생각을 쉽게 집중시키는 좋은 기도 방법이다. 그리고 소리를 내어 기도할 때 우리는 입으로 기도 내용을 만들어 가는 사고의 과정에 집중할 수 있게 된다. 그렇게 통성으로 기도하다 보면 성령의 임재 가운데 기도에 몰두하게 된다. 그리고 성령의 능력을 경험하게 된다. 그런데 아쉬운 것은 성령의 능력과 더불어 성화를 위해 성령의 임재 가운데 오래 머무르는 침묵의 시간이 많지 않다는 것이다. 그래서 통성기도와 침묵기도를 결합하는 기도 순서를 제안해 보았다.

먼저 감사기도를 드리고 이어서 회개기도를 한다. 이때 감사와 회개의 내용 중에는 특별히 영적인 정진과 관련된 기도를 하면 좋겠다. 그리고 간구기도를 한다. 간구기도는 우리가 늘 가장 간절히 드리는 기도다. 그만큼 우리 삶의 필요는 늘 절실하기 때문이다. 그래서 간구기도는 다른 어떤 기도보다 쉽게 생각을 하나님께 모을 수 있다. 대부분 우리는 간절히 기도하다 보면 기도의 줄이 잡힌다고 표현하는 것처럼 생각과 마음이 집중되는 것을 경험한다. 그러면 그 상태에서 충분히 구할 것을 구한다. 그리고 침묵 가운데 성령의 임재 안에 머무는 것이다. 성령의 임재 안에 머물게 되면 말없이 성령의 음성을 듣는다. 성령께서는 우리의 내면에서 우리를 정화하시며 조명해 주실 것이다. 이러한 성령의 활동을 통해 우리는 우리가 변화해야 할 것들을 발견하게 된다. 그리고 진정으로 간구해야 할 것들, 즉 성화를 위해서 기도해야 할 것들을 깨닫게 된다. 어떤 의미에서 성령의 능력은 기도자에게 쉽게 나타날 수 있다. 이는 마치 전기 플러그를 꽂으면 자연스럽게 전기가 흐르는 것과도 같다. 성령의 능력을 구할 때 기도자의 의지에는 전혀 거부하는 것이 없다. 전적으로 성령의 임재와 활동에 동의할 뿐이다. 그러나 성화는 그렇지 않다. 성화는 우리의 의지가 변화되는 것을 의미한다. 우리 자신을 포기해야 한다. 우리를 비워야 한다. 아니 우리가 죽어야 한다. 그렇기 때문에 성령의 임재를 경험하고 하나님의 음성을 들어도 잘 바뀌지 않는다. 왜냐하면 우리의 의지 가운데 망설임, 거부감, 그리고 때때로 저항이 있기 때문이다. 그것이 바로 성령의 임재 가운데 오래 깊이 머물러야 하는 이유다. 성화를 위해 성령의 임재 가운데 머무는 시간을 충분히 가진 후에는 마지막으로 중보기도를 하면 좋겠다. 성령의 임재 가운데 있기에 중보기도를 해 주는 사람들을 내 몸의 일부처럼 사랑할 수 있다. 그리고 형제자매를 그러한 마음으로 대할 때 우리는 하나님께서 나의 중보기도를 기쁨으로 듣고 계시다는 확신을 가질 수 있다.

2장

하나님의 임재를 위한

찬양과 침묵기도

───────────────○

찬양의 능력과
한국인의 성향

한국교회의 신앙생활 가운데 열정적인 찬양을 언급하지 않을 수 없다. 뜨거운 찬양 생활은 한국교회 부흥의 한 원동력이 되었으며 동시에 한국교회 신앙생활의 한 특징이 되었다. 필자는 시골에서 중학교를 다닐 때 어느 부흥회에서 경험한 찬양의 분위기를 결코 잊을 수가 없다. 당시 음악을 전혀 공부하지 않았고 고등교육도 받지 못한 권사님이 찬양을 인도했는데 참석자 모두가 성령의 강한 임재를 경험할 수 있었다. 찬송가를 주로 부르던 찬양집회에 1970년대 후반부터 복음성가가 보급되기 시작하였다. 그리고 1980년대에는 복음성가를 부르는 찬양집회들이 열리기 시작하였고 그 후 교회마다 열린예배 또는 찬양예배라는 명칭의 예배들이 드려지게 되었다. 현재는 교회에 따라 찬송가만을 주로 사용하는 전통예배와 복음성가만을 주로 사용하는 찬양예배로 구분하여 주일 오전예배를 드리는 교회들도 있다. 나아가

개체 교회의 부흥회나 연합집회의 경우 이제는 복음성가를 제외하고는 집회 진행이 어려울 정도가 되었다. 특별히 젊은 세대들이 마음을 열고 하나님께 집중하는 데 찬양이 중요한 역할을 하고 있다.

찬양의 능력은 인간의 감성을 움직인다는 데 있다. 인간은 이성적이지만 감성이 움직일 때 가장 쉽게 반응한다. 새벽기도를 예로 들어 보자. 새벽기도가 영적으로나 심적으로 우리 삶에 큰 유익을 준다는 사실은 누구나 알고 있다. 육체적으로는 피곤할 수 있어도 영적, 정서적 유익 때문에 한국교회 교인들은 새벽기도를 지속하고 있다. 하지만 여전히 대부분의 신자들은 새벽기도 생활을 정기적으로 하지 못하고 있다. 이유는 우리 자신이 잘 알고 있다. 우리 마음속에 하나님에 대한 진정한 사랑이 부족하기 때문일 것이다. 하나님을 깊이 사랑한다면 육체적 피곤이 문제되지 않을 것이다. 만약 사정이 있어 사랑하는 연인과의 데이트를 새벽마다 해야 한다고 하자. 아무리 피곤해도 데이트를 하지 못하는 사람은 거의 없을 것이다. 실제로 필자는 미국 유학 중인 20대 초반의 대학생이 데이트를 겸해서 여자 친구와 함께 새벽기도에 참여하는 것을 보았다. 이처럼 사랑이라는 강력한 감정으로 감성이 움직이면 인간은 실천할 수 있는 의지를 발휘한다.

바로 찬양 또한 신앙인들의 감성을 움직이며 감동받은 감성은 헌신적인 신앙생활을 실천할 수 있는 의지로 이어지게 해 준다. 감성을 움직인다는 점에서 찬양은 젊은 세대에게 많은 영향을 미치고 있다. 필자는 몇 년 전 가톨릭 신학자들을 포함하여 초교파적으로 참여하는 영성신학회에서 가톨릭 측 인사로부터 개신교회의 찬양 사역을 부러워하는 이야기를 들었다. 젊은이들이 수천 명 또는 그 이상이 모여 뜨겁게 찬양 드리며 성령의 임재를 체험하고 그러한 체험을 바탕으로 삶을 하나님께 헌신하는 현상을 긍정적으로 평가하였다. 우리가 아는 것처럼 가톨릭교회의 찬양은 열정적인 젊은이들의 정서와는 잘 어울리지 않기 때문이다.

더 나아가 찬양의 감성적인 측면은 한국인의 성향에 잘 부합해서 한국교회 부흥의 한 요인이 되었다. 하나님은 한국인들을 냉철한 이성적 성향보다는 다정다감한 감성적 성향으로 만드셨다. 한국인들은 음악을 좋아하고 잘한다. 단순히 민요나 가요같이 대중적인 노래만이 아니라 서구의 전통 음악 분야에도 탁월하다. 최근에 유럽의 한 TV 매체는 유럽의 정통 음악 콩쿠르에서 놀라운 성적을 거두고 있는 한국인의 성과에 자극을 받아 한국의 음악 교육과 문화를 취재하는 장기 프로젝트를 준비한다는 기사를 읽은 적이 있다. 이렇듯 하나님이 감성적으로 만드신 한국인의 성향에 부합하는 교회의 찬양은 놀라운 역사를 만들고 있다. 그러므로 앞으로도 신앙생활에서 음악은 중요한 역할을 할 것이기에 한국교회의 음악을 검토해 보는 것은 의미 있는 일일 것이다.

현재 드리는
찬양예배의 아쉬움

젊은 세대는 깊은 묵상과 집중하는 삶을 어려워한다. 다양한 요인이 있겠지만, 독서보다는 눈과 귀로 보고 듣는 미디어에 익숙해서일 것이다. 묵상은 한 가지 주제를 오래 생각하는 것이지만, 미디어를 통해 접하는 정보는 계속 새로 들어오는 정보가 기존에 얻어진 정보 지식이 우리 내면에 머물기도 전에 갈아치우는 특성이 있기 때문이다. 그런 까닭에 현대인은 어떤 한 가지에 집중하기가 결코 쉽지 않다. 설령 독서를 하며 한 가지 문제에 깊이 골몰하고 싶어도 작금의 정보화 사회에서는 이를 용납하지 않는다. 예를 들어, 스마트폰을 이용한 생활 정보 교환이 그것이다. 바야흐로 SNS로 불리는 온라인상의 교제가 카카오톡으로 발전하였다. 친구들은 카카오톡으로 매일

시시콜콜한 생활 이야기를 주고받는데 나 홀로 스마트폰을 꺼 놓고 독서삼매경을 즐길 수는 없다. 현대의 정보화 문명과 사회 구조가 점점 젊은 세대에게 묵상하는 삶의 환경을 빼앗고 있다.

이렇게 정보화 문명의 홍수에 휩쓸려 자아 성찰의 시간을 갖지 못한 채 떠내려가는 젊은 세대에게 생각을 집중하는 시간은 매우 귀하다. 찬양은 바로 이러한 젊은이들에게 생각을 모으고 자아를 성찰하는 계기를 제공하고 있다. 이렇게 젊은이들에게 유익을 주고 있는 찬양이 더 바람직한 교회의 사역이 되게 하려면 아쉬운 부분들을 살펴볼 필요가 있다. 필자는 십여 년 전에 한국교회의 대표적인 찬양 인도자가 주관하는 초교파 찬양집회 광고문에 다음과 같은 문구가 실린 것을 보았다. "찬양 인도자가 찬양 드리는 대로 살기 위한 몸부림으로 우리는 찬양 인도자를 위한 특별 집회를 준비하였습니다." 이것이 어찌 찬양 사역자들에게만 해당되는 고민이겠는가? 우리가 부르는 찬양이 우리의 내면을 뜨겁게 달아오르게 하는 것만큼 삶을 지속적으로 변화시켜 준다면 얼마나 좋을까? 다시 말해 찬양집회의 감동이 삶의 성화로 이어질 수 있다면 얼마나 좋겠는가?

성화로 이어지지 못하는 현실에 대해 필자는 결코 찬양 인도자나 사역자들을 비난하고 싶지 않다. 그것은 한국교회 전체의 문제이지 그들만의 책임이 아니기 때문이다. 어떻게 하면 찬양의 열기를 지속하며, 이 열기가 성화로 이어지도록 할 것인가? 사실 대답은 간단하다. 성화는 성령의 열매이기에 인간 존재의 깊은 곳이 성령의 임재 가운데 가능하면 오래 그리고 깊이 머물도록 하면 된다. 그런 맥락에서 찬양집회의 아쉬움을 보완하려면 성령의 임재를 마음의 바닥까지 오래 지속되도록 해야 하지 않을까 싶다. 찬양집회의 위대함은 감동이 빨리 일어난다는 것이다. 물론 이 감동은 성령의 임재에 의한 감동이다. 찬양을 통해 참석자들은 찬양 가사를 따라 생각과 마음을 하나님께 집중하고 은혜를 갈망하며 성령의 임재를 경험한다. 그렇다면 이렇게 빠르게 그리고 어쩌면 쉽게 경험되는 성령의 임재와 감동을 어떻게 하면 오래 그리고 깊이 경험하도록 인도할지가 관건이 되는 것이다.

말씀 묵상으로 찬양 시작하기와
찬양 후에 가사 묵상하기

필자가 비록 음악 분야에 전문가는 아니지만 성령의 임재에 더 오래 그리고 더 깊이 머물기 위한 방안을 제시해 볼까 한다. 현재 한국교회는 찬양 중간에 통성기도 또는 조용한 기도를 통하여 성령의 임재를 갈망하거나 자아를 성찰하도록 하고 있다. 그런데 말씀이나 거룩한 단어 등을 묵상함으로써 생각을 모으고 하나님의 사랑에 집중하던 렉시오 디비나의 방법을 적용하면 더 나은 찬양집회가 되지 않을까 한다. 즉 찬양집회 중에 음악을 끄거나 조용한 음악을 배경으로 성경 말씀이나 찬양 가사 중에서 집중하기 좋은 내용을 묵상하도록 하는 것이다.

먼저 찬양을 시작하기에 앞서 하나님의 사랑이나 은혜를 표현하는 성경 말씀을 함께 묵상하면 좋겠다. 현재 대부분의 찬양집회는 찬양 인도자의 대표기도로 시작된다. 물론 찬양 인도자가 성령의 임재 가운데 드리는 기도는 찬양집회에 참여한 회중의 생각을 하나님께 모으게 하고, 신령과 진정으로 찬양에 임하도록 도와준다. 그런데 대표기도보다는 말씀을 각자 묵상하게 한다면 좀 더 자발적으로 생각을 모으도록 할 수 있을 것이다.

필자가 오랜 기간 동안 목회 현장과 교단 강의를 통하여 경험한 바에 의하면 신자들은 대표기도 시간에 가장 집중하고 있지 않다. 대표기도자의 소리에 귀를 기울이며 함께 기도하기는 하지만 여전히 소극적이다. 예를 들면, 설교 후에 설교자가 드리는 기도 시간이 그렇다. 비록 설교자는 본인이 전한 설교 내용으로 청중이 결단하기를 촉구하는 기도를 드리지만 신자들은 그 기도에 능동적으로 참여하지 않는다. 그래서 필자는 설교 후에 청중이 직접 들은 설교로 기도하도록 인도한다. 설교와 관련된 한두 가지의 기도 제목을 제시하고 함께 기도하는 것이다. 그리고 설교자가 마무리 기도를 한다. 그런 맥락에서 찬양을 시작하기 전에 성경 말씀을 제시하고 청중이 직접 묵상하게 하면 훨씬 능동적으로 생각을 집중할 수 있다고 생각한다.

찬양 전에 묵상할 본문은 한 절 정도의 분량이면 적절하다. 내용은 하나님에 대한 찬양이나 감사가 좋을 것이다. 시편이나 유사한 성경 본문들을 활용할 수 있다. 그 본문을 화면에 띄워 주고 각자 묵상하게 하는 것이다. 이때 조용한 음악을 연주해 주면 좋다. 자막이 위로 올라가는 애니메이션 파워포인트라면 더 효과적이다. 왜냐하면 사람은 움직이는 것을 따라갈 때 더 집중을 잘하기 때문이다. 찬양 인도자의 기도보다 말씀 묵상이 더 유익한 이유는 두 가지다. 첫째는, 각자의 간구기도보다는 성경 본문 자체가 생각을 모으게 하는 데 더 영향력이 있다. 찬양 인도자가 대표기도를 잘하지만 늘 하다 보면 자칫 의례적인 것이 될 수도 있다. 둘째는, 자발적인 묵상을 통해 하나님의 은혜를 갈망하게 된다. 스스로 말씀으로 다가오시는 하나님 앞에 머무는 시간을 통해 좀 더 능동적으로 찬양을 향해 열린 태도를 형성하게 되는 것이다.

현재 드리는 찬양집회를 위한 또 다른 보완점은 찬양 중간중간에 적절한 가사를 묵상할 수 있는 시간을 제공하는 것이다. 현재는 주로 통성기도나 묵상기도 시간을 갖는데 이러한 기도 시간과 더불어 가사를 묵상하게 하면 좋겠다는 생각이다. 예를 들어 다음과 같은 찬양을 부른 후에 가사를 묵상하는 것이다.

사랑합니다 나의 예수님 사랑합니다 아주 많이요

사랑합니다 나의 하나님 사랑합니다 그것뿐예요

사랑한다 아들아 내가 너를 잘 아노라

사랑한다 내 딸아 네게 축복 더하노라

이 찬양을 부르다 보면 대부분의 찬양자들은 하나님의 깊은 사랑을 체험하게 된다. 그런데 그 하나님의 사랑에 대한 내면의 반응을 나타내는 기도도 좋지만 그냥 그 사랑을 더 깊이 느끼고 무엇보다 그 사랑에 오래 머물기 위해 가사를 묵상하도록 하는 것도 좋을 것이다. 이 가사처럼 하나님은 우리를 잘 아신다. 바울은 자신이 그리스도 안에서 발견되기를 힘쓴다고 고백하였다(빌 3:9). 무슨 의미인가? 우리는 우리 자신을 잘 아는 것 같지만 그렇지 않다. 흔히 자기이해의 정도를 설명하기 위해 사용하는 마음의 창이라는 예화가 있다. 한 개의 유리 창문이 가로 세로로 지르는 창살에 따라 네 개의 작은 유리창으로 구분되는 비유다. 각각의 작은 유리창은 전체 유리창의 1/4이 된다. 그중 첫 번째 유리창은 나도 알고 다른 사람도 아는 나의 내면을 가리킨다. 두 번째 유리창은 나만 알고 다른 사람은 모르는 부분이다. 세 번째 유리창은 반대로 다른 사람은 아는데 나만 모르는 부분이다. 흔히, 저 사람은 저렇게 자신을 모른다고 주위 사람들이 말하는데 바로 이 유리창을 의미한다고 하겠다. 그런가 하면 마지막 유리창은 나도 모르고 다른 사람들도 모르는 부분이다. 즉 아직 알려지지 않은 부분으로 하나님만이 아시는 부분이라고 할 수 있다. 그러니까 우리가 자신을 아는 부분은 아직은 50% 정도라고 할 수 있다. 그렇기에 바울은 자신이 얻은 모든 지식을 배설물로 여기고 그리스도 안에서 발견되기를 갈망한다고 말한 것이다(빌 3:8).

이렇게 나를 나보다 더 잘 아시며 나보다 나를 더 사랑하시는 하나님의 사랑 가운데 깊이 머물게 된다. 굳이 하나님의 사랑에 보답하기 위한 결단이나 헌신을 하지 않아도 된다. 결단이나 헌신이 필요 없다는 의미가 아니다. 우선은 그 사랑 가운데 깊이 그리고 오래 머무는 것이 필요하다는 얘기다. 충분히 깊이 그리고 오래 머물면 자연스럽게 성령의 열매로 성화되는 삶을 경험하게 된다. 오래 머무는 훈련이 지속되다 보면 오래 머문 만큼 성화되는 것은 지극히 자연스러운 일이다.

성령의 임재 가운데 오래 그리고 반복적으로 머무는 것과 성화의 관계는 바닷가에 밀려오는 물결에 비유할 수 있다. 바닷가 모래사장에 서 있으면 끊임없이 물결이 밀려오고 밀려 나간다. 물결이 밀려 나가고 나면 모래사장은 금세 수분이 빠져 마치 물결이 밀려오지 않았던 것처럼 보인다. 최소한 외견상으로는 차이가 없는 것 같다. 하지만 그 모래 속을 파 보면 그 안에 작은 생물들이 살고 있는 것을 발견하게 된다. 바로 바다 물결이 담고 온 작은 플랑크톤들이 스며들었기 때문에 생존이 가능한 것이다. 성령의 임재도 이와 같다고 할 수 있다. 비록 신자들 특히 청소년들의 마음속에 찬양집회에 임한 성령의 임재가 이내 소멸되는 것처럼 보이고 삶에 변화가 없는 것처럼 보여도 결코 그렇지 않다. 성령의 임재를 자주 경험한 만큼 모래사장 속에 영양분이 남는 것처럼 성화를 위한 영적 양식이 남는 것이다. 그 영적 양식은 청소년들을 변화시킨다. 그들을 자라게 한다. 그리고 그들을 깊어지게 한다.

찬양집회 가운데 말씀 묵상과 가사 묵상을 통하여 성령 안에 거하는 훈련을 할 때 신자들은 구체적으로 성화되는 생활을 하게 된다. 왜냐하면 그들에게 임한 성령이 삶의 방향을 새롭게 정립해 주기 때문이다. 모름지기 그리스도인의 삶은 반복되는 방향 정립이라고 할 수 있다. 삶의 풍파로 잃어버린 인생의 방향을 새롭게 정립하는 것이다. 그리스도인들도 살다 보면 방향을 상실할 때가 종종 있다. 그래서 우리 삶의 이야기를 가장 생생하게 다루고 있는 시편의 주제는 잃어버린 삶의 방향을 재정립하는 영성 이야기라고 할 수 있다. 시편에 보면 세 가지 삶의 주기가 반복된다. 첫 번째 주기는 삶의 방향이 잘 정립된 상태(oriented)로, 예를 들면 시편 8편이 그렇다.

여호와 우리 주여 주의 이름이 온 땅에 어찌 그리 아름다운지요 주의 영광
이 하늘을 덮었나이다 …… 여호와 우리 주여 주의 이름이 온 땅에 어찌 그
리 아름다운지요(시 8:1, 9).

이 시에서 저자는 우주에 표현된 하나님의 영광을 노래하며 온 세상에서
하나님의 아름다움을 발견한다. 하나님 안에서 인생의 방향이 잘 정립된 상
태다. 그런데 인생에서 어려움이 찾아오면 사람들은 삶의 방향 감각을 상실
한다. 두 번째 주기는 방향이 상실된 상태(disoriented)로 시편 13편이 해당
된다.

여호와여 어느 때까지니이까 나를 영원히 잊으시나이까 주의 얼굴을 나에
게서 어느 때까지 숨기시겠나이까 나의 영혼이 번민하고 종일토록 마음에
근심하기를 어느 때까지 하오며 내 원수가 나를 치며 자랑하기를 어느 때
까지 하리이까(시 13:1~2).

시련이 닥치면 누구든지 우왕좌왕하게 된다. 무엇을 해야 할지 모르고 가
야 할 방향을 상실한다. 사실 대부분의 신앙인들도 이 상태에 있다고 할 수
있는데, 시편에서 찬양과 감사시보다는 이러한 상태를 나타내는 탄원시가
더 많다는 것이 이를 입증한다. 그런데 그런 상태에 있던 신자가 자신에게
임한 성령의 임재 가운데 머물다 보면 하나님의 사랑으로 새로운 삶의 방향
을 정립하게 된다. 그것이 세 번째 단계인 재정립된 방향(reoriented)이라고
할 수 있다. 시편 34편이 한 예다.

내가 여호와를 항상 송축함이여 내 입술로 항상 주를 찬양하리이다 ……
내가 여호와께 간구하매 내게 응답하시고 내 모든 두려움에서 나를 건지셨

도다(시 34:1, 4).

하나님 안에서 잃어버린 방향을 다시 찾은 내면의 영성으로 노래하고 있다. 이렇게 하나님의 은혜로 새로운 방향을 찾는 과정을 통해 신자는 더욱 성숙해진다. 욥이 말한 "그가 나를 단련하신 후에는 내가 순금 같이 되어 나오리라(욥 23:10)"는 고백이 실현된다. 더 나아가 새롭게 정립된 삶의 방향을 통해 삶의 우선순위를 분명히 이해하게 되는데 그 우선순위란 성령의 임재 가운데 머물 수 있는 삶의 습관을 가리킨다고 할 수 있다. 다른 말로, 하나님 앞에서 정립된 삶의 방향이란 하나님과 동행하는 삶의 습관을 의미한다. 예를 들어, 새벽기도를 하기 위해서는 일찍 잠자리에 들어야 하고 일찍 잠자리에 들기 위해서는 저녁식사를 제시간에 마치고 여유 있게 하루를 마감하는 습관을 가져야 한다. 그렇게 변화된 습관은 성령의 임재를 주기적으로 경험하게 해주고 그 결과 성령의 열매로 성화되는 인격이 된다. 그래서 리처드 포스터는 거룩한 습관과 성화의 관계에 대하여 다음과 같이 말한다.

이렇게 깊게 뿌리 내린 덕스런 습관에 의지하여 우리의 삶은 올바르게 기능하며 견고한 인격이 형성될 수 있다.[1]

찬양과
침묵기도

찬양은 한국교회 성장의 중요한 요소가 되어 왔다. 하나님은 한국인을 감성적인 성향으로 만드셨는데 그러한 성향과 찬양은 잘 부합하였다. 한국교회의 급속한 성장이 정체되기 시작한 1990년대 이후에도 찬양은 한국교회 신앙의 한 특성이 되었다. 외적인 성장은 둔화되었지만 찬양 사역은 전문화되었고 더욱 발전하였다. 그래서 많은 교회에서 찬양예배 또는 열린예배라는 명칭으로 찬양이 중요한 역할을 하는 예배를 드리게 되었다. 심지어주일 오전예배까지 전문적인 찬양팀이 찬양을 통해서 예배를 준비하고 대예배를 개회하는 역할을 하고 있다. 특히 한국교회에서 초교파적인 대형 부흥집회를 찾아보기 어렵게 되었는데 찬양집회가 그나마 명맥을 이어 가고 있다. 더 나아가 젊은 세대를 위한 예배에서 찬양은 핵심 역할을 하고 있다. 문화적으로 음악과 떨어져 살 수 없는 젊은 세대에게 찬양은 진리 전달의 좋은도구가 되고 있다. 시청각적인 문화에 익숙한 젊은 세대에게 찬양은 청중의마음을 쉽게 열게 하고 하나님을 위한 헌신의 삶을 살도록 이끄는 긍정적인역할을 하고 있다.

한국교회에서 이렇게 긍정적인 역할을 하고 있는 찬양을 침묵기도와 연결시키기 위해 몇 가지를 제안하였다. 첫째는, 찬양을 시작하기에 앞서 기도보다는 성경 말씀을 묵상하게 하는 것이다. 이를 통해 신자들은 좀 더 쉽게 마음을 하나님께 집중할 수 있다. 찬양 전에 드리는 기도는 어떤 형태든지 그 목적은 잡념을 진정시키고 마음을 하나님께 모으는 것이라고 할 수 있다. 이를 위해 찬양 인도자의 잘 준비된 대표기도나 또는 신자들이 직접 드리는 침묵기도나 통성기도는 좋은 역할을 하고 있다. 하지만 신자들이 직접찬양과 관련된 말씀을 묵상하게 되면 좀 더 자발적으로 마음을 하나님께 모을 수 있지 않을까 생각한다. 따라서 찬양과 관련된 시편의 말씀이나 적절한본문을 화면에 띄워 주고 조용한 음악이나 침묵 가운데 묵상하게 하면 더 쉽게 마음을 하나님께 집중하게 될 것이라고 생각한다. 둘째는, 찬양 중간이나끝부분에 통성기도 대신 찬양 가사를 묵상하며 침묵기도를 하게 하는 것이다. 현재는 찬양을 통해 성령의 임재를 경험한 상태에서 찬양 인도자의 안내에 따라 통성기도나 통성기도 이후에 침묵기도로 이어진다. 그런데 찬양 가사를 묵상하며 성령의 임재 가운데 머물게 하는 것이다. 하나님의 사랑을 깊이 느낄 수 있는 찬양을 부른 후에 그 가사를 통해 체험한 성령의 임재 가운데 머물게 하는 것이다. 가사를 통해 은혜 받은 감동을 깨뜨림 없이 지속하게 해 주는 것이 중요하기 때문이다. 음악을 정지하거나 또는 아주 조용한 음악만 연주해 주며 계속해서 그 가사를 통한 하나님의 사랑과 임재 가운데 머물게 하는 것이다. 하나님의 사랑 안에 머문 만큼 신자는 성화된다. 성령의 임재 가운데 머문 만큼 이타적인 삶을 위해 헌신하게 된다. 따라서 성령의 임재 가운데 침묵기도를 드리는 이 시간은 찬양을 통해 성령의 임재를 경험한 신자들을 더 깊은 성화의 삶으로 인도하게 될 것이다.

3장

하나님의 임재를 위한

QT와 침묵기도

렉시오 디비나와
QT의 연관성

그리스도교 역사를 통하여 영적 진보에 관심이 있는 신자들은 영적 진보를 위하여 다양한 영성 훈련을 실천해 왔다. 동방정교회에서는 5세기에서 8세기 사이에 형성된 것으로 알려진 예수기도를 침묵기도의 전형으로 실천해 온 반면, 서방교회에서는 일반적으로 11세기 말까지 렉시오 디비나를 침묵기도의 방법으로 실천해 왔는데 12세기에 이르러 이 렉시오 디비나가 현대와 같은 방식으로 정착되었다.

한편 20세기 후반에 이르러 로마 교황청은 마음의 평안을 갈망하는 현대인을 위해 침묵기도의 방법을 모색하게 되었다. 그래서 토머스 머튼이 소속되어 있었던 트라피스트 수도회의 수도사들에게 기도의 방법을 연구하게 하였다.[1] 그 결과 토머스 키팅(Thomas Keating)과 두 명의 수도사가 향심(向心)기도라는 간단한 기도 방법을 개발하게 되었다.

간단히 말하면 향심기도는 성서 본문을 묵상함으로써 마음에 떠오르는 잡념들을 진정시키고 진정된 마음을 하나님께 모아 성령의 임재를 갈망하는 기도라고 할 수 있다. 그러므로 렉시오 디비나와 향심기도는 모두 성서 본문에 대한 묵상이 핵심이다. 한국교회는 성서 본문을 묵상하는 QT 운동이 활성화되어 있다. 한국교회의 대표적 영성 훈련의 하나로 자리매김한 이 QT 운동은 한국교회의 목회자들과 평신도들에게 지대한 공헌을 하였다. 먼저 목회자들은 QT를 통하여 좀 더 깊이 있고 본문의 의도에 충실한 설교를 할 수 있게 되었다. 아울러 평신도들은 QT를 통해 성서에 대한 지식 함양은 물론 그 지식을 매일의 삶 가운데 적용하는 실천적인 노력을 하고 있다. 나아가 QT 나눔을 통해 공동체가 영적 성장을 위해 서로 도전하고 함께 영적인 짐을 나누는 효과도 있다.

하지만 한국교회는 점점 사회 속에서 빛과 소금의 사명을 상실해 가고 있다. 이런 현실에서 필자는 현재 한국교회가 실천하고 있는 QT가 하나님의 임재를 좀 더 깊이 체험하고 더 헌신된 제자도를 실천하기 위한 영성 훈련이 될 수 있는 방법을 모색하고자 한다. 즉 성경 묵상을 강조하는 렉시오 디비나와 향심기도의 방법을 통해 더 진보된 QT 운동을 위한 방안들을 제시하고자 한다.

렉시오 디비나를 통한
침묵기도 방법

말씀 묵상과 기도가 결합된 렉시오 디비나는 일반적으로 네 단계로 이루어진다. 그 단계는 읽기, 묵상하기, 기도하기, 관상하기로, 이 영성 훈련은 전통적인 영성의 진보 단계로 알려진 정화, 조명, 연합의 세 단계와 깊은 관련이 있다.

1. 읽기^{lectio}

렉시오 디비나의 첫 단계인 읽기의 본문으로는 성경 외에 성경에 대한 주석이 포함되었다.[2] 때때로 이러한 본문들 외에 거룩한 단어, 예를 들면 십자가 등이 묵상의 대상이 되기도 하였다. 영성가들은 왜 본문을 먼저 읽었을까? 그 이유는 두 가지로 설명할 수 있다. 하나는 본문 묵상을 통하여 마음에 떠오르는 잡념들을 쉽게 진정시키기 위함이었다. 다른 이유는 본문을 통하여 마음의 정화와 깨달음, 즉 조명을 경험하는 것이었다. 기도자가 영적으로 정진하기 위해서는 죄와 욕심으로 가득 찬 자신의 내면세계를 먼저 정화해야 한다. 정화를 위해 필요한 것은 자신을 들여다보는 성찰이다. 그런데 성서는 내면을 비추어 보는 거울과 같은 역할을 한다. 정화와 더불어 말씀은 신자를 조명한다. 조명이란 간단히 말한다면 하나님의 뜻을 깨닫는 것이다. 정화의 과정을 통해 죄와 욕심을 극복한 뒤에 신자는 자신의 삶 가운데 이루어야 할 하나님의 뜻을 분별해야 한다. 성경 본문은 매일의 삶 가운데에서 순종해야 할 하나님의 뜻을 조명해 준다.

2. 묵상하기^{meditatio}

묵상하기는 읽은 말씀을 깊이 새기는 것이다. 이를 위해 읽은 말씀을 소리내어 반복해서 읽을 것을 권하였다.[3] 반복해 읽으며 그 의미를 깊이 묵상하는 것인데 영성가들은 이를 반추동물의 음식물 소화에 비유하기도 하였다. 반추동물인 소는 위에 저장한 음식물을 다시 씹어서 소화시킨다. 만일 소가 일차 저장한 음식물을 다시 씹지 않는다면 아무리 영양분이 많은 풀을 먹었다 하더라도 별로 도움이 되지 않을 것이다. 이렇게 반추동물의 소화 단계를 지칭하는 단어들인 씹음, 미각, 소화 및 그 결과들을 영적 활동에 적용하는 표현들이 영성가들에게 사용되었는데, 성 제라르(St. Gerard of Brogne)의 전기가 대표적이라고 할 수 있다.[4] 읽기와 묵상의 관계도 마찬가지다. 묵상이 없는 독서는 소화되지 않는 음식물을 섭취한 것과 같다. 그러므로 묵상이란 읽은 본문을 천천히 되새기는 것이다.

묵상할 때 영성가들은 상상력을 동원할 것을 권하였는데, 예를 들면 중세의 사랑 신비주의 영성가였던 클레르보의 베르나르는 "우리의 상상력 안에 하강하시는" 성육신하신 말씀이라는 개념을 제시하였다. 이것을 장 레글레르끄(Jean Leclercq)는 다음과 같이 설명한다.

> 하나님은 우리의 상상력을 구원하고 성화시키기 위해서 처음에는 성경 안에서, 나중에는 성육신 안에서 자신을 보여 주셨으므로, 상상력을 선용하는 것은 우리로 하여금 하나님과 관련된 주요한 활동과 태도인 기도에 도달하는 데 도움이 된다.[5]

베르나르의 가르침은 이렇게 이해할 수 있다. 우리가 본문을 묵상할 때 상상력을 이용하면 좀 더 쉽게 생각이 집중된다는 것이다. 예를 들어 상상력을 이용하여 내가 묵상하는 본문의 일부가 되었다는 생각을 가지고 그 본문 속으로 들어가면 집중된 기도의 상태에 이르는 데 도움이 된다.

묵상의 내용은 성서 본문이나 하나님 또는 예수님만은 아니었다. 일반적으로 영성가들은 피조물에 대한 깊은 사색도 포함하였는데, 빅토르 수도원의 휴고(Hugo von St. Victor)는 묵상의 내용에 대하여 다음과 같이 가르친다.

> 묵상이란 어떤 것에 대해 그것이 어떤 종류인지, 근거가 무엇인지, 속성이 무엇인지를 파악하기 위해 끊임없이 숙고하는 것이다. 즉 어떤 종류인지와 연관해서는 '그것이 무엇인가?'에 대해, 근거와 연관해서는 '그것이 왜 그러

한가?'에 대해, 속성과 연관해서는 '어떻게 하여 그러한가?'에 대해 묻고 연구하는 것이 묵상이다.[6]

그러므로 영성가들은 묵상을 통하여 잡념을 진정시키고, 본문이나 피조물에 대한 깊은 사색을 하였다. 그리고 그 사색을 넘어 더 깊은 기도의 세계로 나아갈 수 있었다.

3. 기도하기 |oratio

묵상 후에 하는 기도는 두 가지 특성이 있다. 첫째는, 소리를 내어 하는 통성 또는 구송기도다. 둘째는, 감사기도와 더불어 하나님의 은혜를 구하는 기도다. 먼저 소리를 내어 기도하는 것은 침묵 가운데 이루어지는 관상기도의 전 단계라고 할 수 있다. 소리를 내어 기도할 때 기도자는 좀 더 쉽게 생각이 집중되는 것을 경험한다. 왜냐하면 사고 활동의 속성은 끊임없이 무엇인가를 생각해야 하는데 바로 그 사고 활동에게 일할 대상을 주기 때문이다. 즉 생각이 입으로 말하는 기도의 내용을 따라가다 보면 다른 생각은 떠오르지 않고 입으로 드리는 기도의 내용만 집중하게 된다.[7]

구송기도를 한다고 해서 생각이 완전히 집중되는 것은 아니다. 생각의 집중은 하나님의 은혜로 기도자의 생각과 마음 가운데에서 성령이 활동할 때 이루어진다. 성경이 증언하는 성령의 가장 전형적인 활동은 인간의 생각과 마음을 감동 감화하는 것이다. 성령이 인간의 내면에서 활동할 때 잡념이 제거되고 성령의 감화 가운데 순수한 사고만 활동하게 되는 것이다. 그래서 영성가들은 성령의 임재를 위해 하나님의 은혜를 구한 것이다.[8]

한편, 영성가들 중에는 묵상한 말씀의 실천을 위해서 하나님의 은혜를 구하기도 하였는데 빅토르 수도원의 휴고가 그랬다. 이에 대해 휴고는 다음과 같이 말하고 있다.

인간적인 묵상은 하나님의 도움 없이는 약하고 효력이 없기 때문에 하나님의 도움을 간구하는 기도를 하라. 그러면 너를 조명하는 하나님의 은총이 너의 다리를 평화의 길로 인도하실 것이며 네가 깨달은 것을 좋은 행위로 실천할 수 있도록 이끄실 것이다.[9]

인간의 의지는 한계가 있다. 비록 성경 본문을 통해 하나님의 뜻을 확인했지만 그것을 실천하는 것은 또 다른 차원이다. 그래서 휴고 같은 영성가들은 약한 의지를 극복하기 위해서 하나님의 은혜를 구하라고 한 것이다.

4. 관상하기|contemplatio

읽기, 묵상하기, 기도하기와는 다르게 관상하기의 내용이나 활동은 영성가마다 다르게 경험하였다. 영성가들의 경험이 다르게 표현되어 있기에 먼저 그 다양한 경험들을 그대로 진술하고 그를 통하여 공통점을 찾아보는 것이 현명한 과정이라고 판단된다.

리처드 포스터는 영성가들의 관상기도 체험 기록을 간략하게 요약하였다.[10] 먼저 리지외의 떼레즈(Therese of Lisieux)는 "천국을 꿈꾸는 것", 쿠사의 니꼴라스(Nicholas of Cusa)는 "하나님에의 응시"라고 하였다. 놀위치의 줄리안(Julian of Norwich)은 "우리가 기도하는 온전한 이유는 우리의 기도를 들으시는 분의 이상과 생각 속에 들어가 그와 연합하는 것이다."라고 하였다. 한편, 클레르보의 베르나르는 자신의 기도 체험을 다음과 같이 기록하였다.

나는 주께서 임재하심을 느꼈다. 후에 되돌아 보니 그는 나와 함께하고 계셨다. 그리고 때때로 그가 오실 것이라는 예감이 든 적도 있다. 그러나 그가 오거나 떠나시는 것을 느낀 적은 없다.[11]

이상에서 볼 때 관상하기를 통해서 체험되는 영적 경험은 사람마다 다른 것을 볼 수 있다. 그러나 공통점은 하나님의 임재 의식을 경험하는 것이라고 할 수 있다. 그리고 그 임재 체험을 통하여 하나님의 뜻과 일치 또는 연합을 경험하는 것이다.

영성가들이 이렇게 하나님의 임재 체험을 위해 갈망할 때 하나님은 성령을 통하여 그들에게 임하셨다. 토머스 머튼은 이러한 하나님의 임재 방식을 능동적 관상과 주부적(infused) 또는 수동적 관상으로 구분하였다. 능동적 관상이란 하나님의 임재에 대한 갈망을 가지고 영적인 삶에 정진하는 영혼에게 그 갈망의 결과로 체험되는 것이다. 그런데 주부적 또는 수동적 관상이란 하나님 자신의 뜻으로 이루어지는 결과다.[12] 마담 귀용(Madame Guyon)은 이에 대하여 다음과 같이 기록하였다.

> 이제 우리는 그리스도인이 체험할 수 있는 궁극적인 단계에 이르게 되는데 그것은 바로 하나님과의 연합이다. 이는 당신 자신의 경험만으로는 일어나지 않는다. 묵상도 하나님과의 연합을 가져오지 않는다. 사랑도, 예배도, 당신의 헌신도, 당신의 희생도 하나님과의 연합을 가져오지 못한다. 결국 하나님과의 연합을 실제로 만드는 것은 하나님의 역사다.[13]

영성가들은 이러한 하나님의 역사를 '하늘로부터의 방문'이라고 표현하기도 하였다. 그러한 방문은 영성가에 따라 자주 경험하기도 하고 그렇지 못하기도 하다. 그런데 이러한 역사를 자주 경험하지 못한다고 하여 낙심할 필요는 없다. 하나님이 자신의 자비로우심 가운데 자유롭게 주시는 은혜이기 때문이다.

QT를 통한
침묵기도

1. QT의 원리와 단계

현재 한국교회에서 초교파적으로 실천하는 QT는 대략 5단계로 나눈다.[14] 첫째, 성령의 조명을 위한 기도, 둘째, 본문 읽기와 관찰하기, 셋째, 묵상하기, 넷째, 적용을 위한 계획 세우기, 다섯째, 실천을 위한 마무리 기도다. 그리고 그룹으로 QT할 경우 각자의 경험을 마지막으로 나누게 된다.[15]

첫째, 성령의 조명을 위한 기도는 본문을 읽기 전에 생각을 집중하게 하고 하나님의 은혜를 경험하기 위해 한다. 여기서 의미하는 하나님의 은혜란 본문을 통해 하나님이 주시기 원하는 은혜를 지칭한다. 이 기도는 중요한 의미를 갖는데 먼저 기도자 자신이 자신의 생각을 집중하게 된다. 그리고 성령을 통한 하나님의 임재만을 갈망하게 된다.

예수님은 마태복음 5장 8절에서 "마음이 청결한 자는 복이 있나니 그들이 하나님을 볼 것임이요."라고 하셨다. 그리스도교 영성가들에게 매우 중요한 이 구절에서 하나님을 볼 수 있는 전제 조건은 마음의 청결이다.[16] 청결한 마음이란 한 가지만을 갈망하는 것이라고 할 수 있다. 하나님의 임재를 갈망하는 한 가지 마음이 청결함이 되는 이유는 간단하다. 우리가 진정으로 한 가지만을 간절히 갈망할 때 우리 속에서 활동하는 다른 잡념들은 문제가 되지 않기 때문이다. 예를 들어 인생에서 아주 중대한 문제가 생겼을 때 우리는 그 문제만을 위해 간절히 기도하게 되는데, 이때 그러한 것을 경험한다.

둘째, 본문을 읽고 관찰한다. 현재 한국교회는 읽을 본문을 본인이 정하기보다는 정해진 본문을 따라간다. 이를 위해 정기적으로 발간되는 다양한 QT 안내서들이 있다. 이러한 책들은 장기적인 계획에 따라 성경 전체를 균형 있게 읽을 수 있도록 세심하게 배려하고 있다. 특히 본문의 의미와 관련된 좋은 예화들을 곁들임으로써 흥미와 함께 본문의 의미를 이해하는 데 도움을 주고 있다.

본문은 시간이 허락하는 한에서 여러 번 읽을 것을 권한다. 왜냐하면 반복해서 전체를 읽는 것이 전체의 의도를 파악하는 데 도움이 되기 때문이다. QT를 할 때는 주석을 하는 것이 아니기 때문에 모든 구절이나 단어의 의미를 다 파악할 필요는 없다. 그럼에도 전체 의미는 올바로 이해해야 한다. 전체 의미를 이해하는 방법으로 본문에 나타난 하나님, 예수님, 또는 성령님이 어떤 분이신지 관찰하는 방법이 흔히 사용된다.[17] 물론 모든 본문이 성삼위의 활동을 다루지는 않으며, 그것이 모든 본문의 주제일 수는 없다. 그렇다 하더라도 이러한 관찰은 본문에 대한 깊은 이해보다는 본문을 통한 영적 성장에 치중하는 QT에 있어서는 유익한 방법이다.

셋째, 읽은 본문을 묵상한다. 묵상의 첫 번째 내용은 본문에 비추어 나의 모습은 어떠한지를 생각하는 것이다. 이미 관찰을 통해 본문에 나타난 성부, 성자, 성령은 어떤 분이신지를 묵상했기에 그러한 삼위의 모습에 비추어 나는 어떤 상태에 있는지를 돌아보는 것이다. 이러한 돌아봄을 통하여 QT자는 크게 정화와 조명을 경험한다. 정화란 본문의 말씀에 비추어 나의 죄성과 부족한 부분들을 깨닫고 용서되는 것을 경험하는 것이다. 조명은 말씀을 통하여 어떻게 살아야 하는가에 대한 지침을 얻는 것이다.

묵상의 두 번째 내용은 말씀 안에 머무는 것이다. 말씀을 통해 경험하는 신적인 사랑, 은혜, 평안, 그리고 쉼을 누리는 것이다. 이러한 머무름을 통해 QT자는 영적 재충전을 경험한다. 자신에게 임한 하나님의 은혜로 새로운 삶의 활력을 얻는다. 이는 배터리로 작동되는 진공청소기를 재충전하는 것과 같다. 배터리가 방전되면 진공청소기는 집 안의 쓰레기와 먼지를 빨아들여 청소하는 기능을 하지 못한다. 신자도 마찬가지다. 이타적인 삶을 통해 세상에서 빛과 소금의 역할을 하기 위해서는 하나님의 사랑을 재충전 받아야 하는데 말씀 안에 머무름을 통해 신자의 영혼은 재충전된다.

넷째, 묵상한 본문을 삶에 적용한다. 본문에 대한 묵상으로 하나님의 임재를 체험했는지에 대한 여부는 결국 묵상 후에 나타나는 삶의 열매로 증명하게 된다. 적용을 위해 흔히 한국교회의 QT자들은 QT 노트를 사용하는데 QT 노트에는 주로 적용 계획을 기록한다. 적용 계획은 QT를 하는 사람마다 다르겠지만 효율적인 실천 계획을 위해서 3P의 원리를 사용할 수 있다. 3P란 Personal(개인적인), Practical(실제적인), Present(현재의)의 약자다.[18] 먼저 '개인적인'이란 본문을 읽은 자신에게 적용하는 것을 의미한다. 예를 들어, 본문에 나타난 하나님이 사랑의 하나님임을 관찰했다면 나도 사랑의 삶을 살아야 하는데, 그 사랑의 실천은 내가 해야 하는 것이다. '실제적인' 적용이란 실천 가능한 적용을 의미한다. 마지막으로 '현재에' 적용할 수 있는 계획이란 오늘 또는 늦어도 며칠 이내에 실천 가능한 계획을 의미한다.

다섯째, 실천을 위한 마무리 기도를 하는 것이다. 모든 인간의 의지는 약하다. 말씀 묵상을 통해 감동을 받았을 때는 굳은 결심을 하지만 그것을 실천할 수 있는가는 또 다른 문제다. 더구나 삶의 환경은 우리 뜻대로 통제할 수가 없다. 이렇게 나의 의지와 삶의 환경을 위해 하나님의 도우심을 구하는 것이다. 그럴 때 QT를 통해 결심한 계획들을 매일매일 성실하게 실천할 수 있게 된다. 그리고 그러한 과정들을 통하여 영적인 성숙을 경험하게 된다.

여섯째, QT하는 삶을 소그룹에서 나누는 것이다. 나눔이 꼭 필요한 과정이라고 할 수는 없지만 나눔은 QT하는 사람에게 많은 유익을 제공한다. 그러한 유익에는 자신의 QT 방식에 대한 평가, 영적인 도전, 서로 세워 줌 등이 있다. 먼저 나눔을 통하여 QT자는 자신이 하고 있는 QT 방식이 올바른 방식으로 진행되고 있는지, 더 나은 방법은 무엇인지를 배우게 된다. 그리고 영적인 책임감과 도전을 받게 된다. 자신의 적용 계획을 나눔으로써 QT자는 일상에서 하나님의 뜻을 실천하는 삶에 충실하게 된다. 또한 다른 사람의 나눔을 통해 자신의 게으름과 부족함을 돌아보게 된다. 나아가 다른 사람의 QT를 경청함으로써 서로를 세워 주게 된다. 경청은 말하는 사람에게 놀라운 용기를 준다. 자신의 나눔이 진지하게 받아들여지고 있다고 느낄 때 스스로의 자존감이 향상되기 때문이다.

그리스도교 영성의 전통에서는 이러한 나눔을 중시하였는데 그것은 대담, 대화, 회의 등으로 불리었다.[19] 이러한 나눔은 부담스러운 것이 아니라 그 자체로서 즐겁고 유익한 시간이었다. 이러한 나눔은 진정한 성도의 교제가 일어나는 자리다. 개신교회 역사에도 이러한 나눔의 전통이 있는데 감리교회의 창시자 존 웨슬리는 신자들이 지역별로 모이는 속회(class) 외에 신앙적으로 성숙한 사람들끼리 모이는 특별신도회(selected society)를 만들어서 서로 영적 진보를 위해 매진하게 하였다.[20]

2. 현행 QT의 아쉬움

한국교회에 많은 유익을 주는 QT에는 아쉬움이 없는지 영성신학적 관점에서 숙고해 볼 필요가 있다. 현행 QT에서 아쉬운 점은 말씀에 깊이 오래 머무는 시간 없이 적용을 계획한다는 점이다. 즉 묵상한 말씀 가운데 충분히 머물러 그 말씀을 통해 주어지는 하나님의 은혜와 임재를 체험해야 하는데 그럴 수 있는 시간을 많이 갖지 못하는 것이다. 물론 모든 QT자들이 그런 것은 아닐 것이다. 그러나 적지 않은 QT자들이 QT 후에 적용을 위해 기록한 QT 노트를 보면 실천하지 못한 것들로 마음이 무겁다고 고백한다. 왜 실천하지 못하는 것일까? 이유는 간단하다. 실천할 수 있는 충분한 영적 은혜가 임하지 않았기 때문이다.

예수님은 요한복음 15장의 포도나무 비유에서 나의 사랑 안에 거하라고 초대하신다. 나의 사랑 안에 거하는 비유를 포도나무 가지가 줄기에 붙어 있는 것으로 설명하셨다. 사실 이 비유는 그리스도교 영성의 성경적 토대가 되는 말씀이다.[21] 그리스도교적 사랑이란 "나로부터 나오는 사랑(the love from me)"이 아니라 "나를 지나서 표현되는 사랑(the love through me)"이다. 나에게 임한 신적 사랑이 나를 지나서 표현되는 것이다. 사도 바울은 고린도전서 13장에서 사랑을 말하며 "내 몸을 불사르게 내줄지라도 사랑이 없으면 내게 아무 유익이 없느니라."고 했다. 다른 사람을 위해 내 생명을 내어 주었는데 사랑이 없을 수 있다니 무슨 의미인가? 그것은 분명 사랑이지만 하나님으로부터 나에게 임해서 나를 통해 표현된 순수한 사랑은 아닐 수 있다는 의미다.[22]

그런 의미에서 QT를 하는 사람은 말씀을 통해 주어지는 하나님의 사랑 안에 먼저 충분히 머물러야 한다.[23] 가능하면 오래, 그리고 깊이 머물 때 하나님의 사랑이 우리에게 임하면 그 사랑은 우리를 채우고 그 채워진 사랑은 자연스럽게 흘러넘치게 된다. 이는 저수지에 물을 채우는 것과 같다.[24] 저수지에 물이 차면 그 저수지는 자연스럽게 물을 나누어 주게 된다. 수돗물이 필요한 사람에게는 상수도의 식수로, 농사를 짓는 농부에게는 농업용수로, 그리고 갈증을 느끼는 동물들에게는 생수가 되는 것이다. 그런데 저수지를 관리하는 사람이 물이 채워지기도 전에 물을 나누어 주려고 하면 어떻게 될까? 머지않아 고갈될 것이다. 바로 말씀 가운데 충분히 머물지 않고 적용하기를 서두르는 것은 채워지지 않은 저수지의 물을 나누어 주는 것과 같다. 나누어 준다는 것은 매력적인 일이다. 그 물을 공급 받는 사람들과 동물들에게 찬사를 들을 수 있기 때문이다. QT도 마찬가지다. 적용하는 것은 중요하다. 그리고 저수지가 물을 주기 위해 존재하듯 우리의 영성은 적용을 통해 증명되어야 한다. 하지만 기다려야 한다. 충분히 머물러야 한다. 그리고 넘치도록 채워져야 한다. 그때에는 주고 싶지 않아도 주게 될 것이다. 차고 넘치는 물처럼 나의 영혼 안에 임한 신적 생명이 넘치기 때문이다.

머물러야 하는 또 다른 이유는 사랑의 동기로 적용해야 하기 때문이다. 연애를 해 본 사람들은 사랑의 감정이 얼마나 강한 동기를 부여하는지 알고 있다. 연인들은 사랑하기에 말하지 않아도 상대방이 무엇을 원하는지 안다. 나아가 그것이 아무리 어렵고 힘들어도 기쁨으로 실천한다. QT 후의 적용도 그래야 한다. 말씀 안에 머물며 하나님과 사랑의 교제를 나누다 보면 하나님을 사랑하기에 하나님이 무엇을 원하시는지 분명히 안다. 나아가 하나님이 원하시는 것이 무엇이든지 하나님을 사랑하기에 기쁨으로 순종할 수 있다.[25] 기쁨으로 십자가의 길을 가게 된다.

더 깊은 QT와
침묵기도의 실제

1. 침묵기도에 적합한 QT 본문 선정을 위한 제안

QT를 통해 깊은 침묵기도를 하기 위해서는 본문의 내용이 아주 중요하다. 본문이 쉽게 잡념을 진정시켜 주면서 동시에 본문 내용을 통해 하나님의 은혜를 체험할 수 있어야 하기 때문이다. 그래서 여기서 좀 더 깊은 QT를 위한 몇 가지 본문들을 제시하고 실제 적용을 시도해 보고자 한다. 신학생들과 침묵기도를 강의실이나 영성 훈련 프로그램을 통해 실천해 본 필자는 본문 선택에 대한 몇 가지 기준이 생겼다. 첫째는 범위, 둘째는 주제, 셋째는 문체, 넷째는 공간적 배경이다.

첫째, 침묵기도를 위한 QT 본문은 가능하면 짧을수록 좋다. 사실 렉시오 디비나의 전통에서는 묵상의 대상으로 성경이나 성경에 대한 주석을 택하였다. 그리고 향심기도 때는 거룩한 단어를 사용하기도 하였다.[26] 그 이유는 묵상할 대상의 내용이 많으면 그만큼 잡념을 진정시키기 어렵기 때문이다. 그렇다고 거룩한 단어로, 예를 들어 십자가 같은 것이 바람직할까? 그렇지도 않은 것 같다. 너무 단순하면 그 단어가 함축하는 다양한 의미들을 생각하기 때문이다. 예를 들어, 십자가를 묵상 단어로 제시하면 사랑도 생각하지만 고난도 생각할 수 있으며 동시에 둘 다 생각할 수도 있다. 따라서 간단한 본문을 제시하는 것이 오히려 좋다고 판단된다. 그런데 그 길이를 어떻게 정해야 하는가? 한 가지 의미만 나타내는 분량으로 본문의 한계를 정하면 좋다. 그러니까 두세 절이 될 수도 있지만 반 절이 될 수도 있는 것이다.[27]

둘째, 본문의 주제는 하나님의 사랑이나 은혜를 나타내는 것이어야 한다. 성경의 본문은 다양한 주제를 다루고 있고 신자의 영혼에 모두 필요한 말씀이지만 침묵기도를 위한 본문은 우선 하나님의 사랑에 집중하는 것이 좋다.[28] 회개나 결단을 촉구하는 본문은 일반적으로 QT와 같이 비교적 짧은 시간에 그리고 개인적으로 실천되는 영성 훈련 본문으로는 적절하지 않다. 사실 침묵기도를 실천해 온 영성가들도 침묵기도를 통해서 일차적으로 영적인 쉼을 추구했다는 것을 상기할 필요가 있다.[29]

셋째, 문체는 단순한 직설법이나 명령형보다는 하나님의 사랑 표현을 생생하게 느낄 수 있는 본문이 좋다. 예를 들어 로마서는 진리를 설명하는 직설법의 문장들이 많고 신명기는 하나님의 명령이나 계명 같은 문장들이 많다. 모두 유익하지만 침묵기도를 위한 본문으로는 사랑으로 초대하는 문장이 좋다. 다른 말로 하면 하나님이나 예수님이 직접 우리에게 말씀하시는 본문 중 명령보다는 "내 안에 거하라" 같은 초대의 표현들이 좋다는 것이다.

넷째, 본문의 배경이 시각적 혹은 회화적인 이미지가 있으면 좋다. 성서를 묵상할 때 기본적인 방법 중 하나는 상상력을 통해서 본문의 일부가 되는 것이다.[30] 예를 들어, 예수님이 베드로에게 나를 따르라고 하신 본문을 묵상할 때 내가 본문 속으로 들어가 있다고 상상하는 것은 그 본문에 내 자신이 실존적인 결단을 통해 응답하게 할 수 있다. 배와 그물 그리고 함께 고기를 잡던 사람들을 버려두고 주님을 따랐던 그 상황으로 내가 들어가는 것이다. 그러면 묵상하는 사람은 가족까지 버려두고 따라야 했던 제자들의 결단을 조금은 더 생생하게 공감하게 된다. 그러므로 본문을 선정하고 제시할 때 본문을 묵상하는 신자가 상상력을 발휘할 수 있는 본문일수록 좋다. 이러한 이유로 서방교회에서 영성 훈련으로 탁월한 공헌을 남겼던 예수회 설립자 이냐시오 로욜라(Ignatius de Loyola)는 상상력을 사용할 것을 권장하였다. 특별히 상상력을 동원해 복음서를 묵상하면 영적 훈련에 유익하다는 것을 강조하였다.

2. 본문의 실례

이제 실제 적용을 위해 몇 가지 본문들을 제시하며 그 의미를 설명하고자 한다. 먼저 구약에서 선정한 본문들이다.

> 너의 하나님 여호와가 너의 가운데에 계시니 그는 구원을 베푸실 전능자이
> 시라 그가 너로 말미암아 기쁨을 이기지 못하시며 너를 잠잠히 사랑하시며
> 너로 말미암아 즐거이 부르며 기뻐하시리라 하리라(습 3:17).

이 본문은 하나님이 스바냐를 통해 이스라엘 백성에게 하신 말씀이다. 비록 이스라엘이 불순종으로 많은 심판과 환란을 겪었지만 그럼에도 하나님이 얼마나 그들을 사랑하시는지를 잘 표현하고 있다. 하나님은 지금도 자신의 백성이 된 신자들을 향해 같은 사랑의 노래를 부르신다.[31]

그런데 여기서 상반절은 생략해도 좋다. 하반절만 묵상하되 '너' 대신에 묵상하는 사람 본인의 이름을 넣어서 묵상하면 더 좋겠다. 즉 "그가 ○○(본인 이름)로 말미암아 기쁨을 이기지 못하시며 ○○를 잠잠히 사랑하시며 ○○로 말미암아 즐거이 부르며 기뻐하시리라."로 묵상하는 것이다.

그는 시냇가에 심은 나무가 철을 따라 열매를 맺으며 그 잎사귀가 마르지
아니함 같으니 그가 하는 모든 일이 다 형통하리로다(시 1:3).

이 본문은 시편 1편의 일부로 시편 1편은 시편 전체의 주제에 해당하는 본
문이다.[32] 시편의 저자는 1편에서 의인과 악인의 삶에 대하여 비교하는데 의
인의 삶은 인간의 지혜를 따르지 않고 밤낮으로 말씀을 묵상하는 삶이다. 그
리고 그렇게 사는 삶을 시냇가에 심어진 나무로 비유하며 설명한다. 오늘날
도 하나님의 말씀을 따라 의롭게 살고자 애쓰는 신자들은 시냇가에 심어진
나무와 같다고 할 수 있다. 그런데 여기서도 하반절은 생략하는 것이 좋다.
왜냐하면 이미 상반절의 나무에 대한 내용으로 충분하기 때문이다. 즉 "그는
시냇가에 심은 나무가 철을 따라 열매를 맺으며 그 잎사귀가 마르지 아니함
같으니"까지만 묵상하면 될 것 같다.

여호와는 나의 목자시니 내게 부족함이 없으리로다(시 23:1).

이 본문은 설명이 필요 없는 구절이다. 성서는 하나님을 목자로, 신자는
그분의 양으로 묘사한다. 여기서도 묵상할 분량은 상반절로 충분하다. 왜냐
하면 상반절은 이미 하반절의 내용을 포함하고 있기 때문이다. 즉 "여호와는
나의 목자시니"만 묵상해도 충분하겠다.
이제 복음서를 중심으로 신약에 나타난 본문의 예를 제시하고자 한다.

성령이 비둘기 같은 형체로 그의 위에 강림하시더니 하늘로부터 소리가 나
기를 너는 내 사랑하는 아들이라 내가 너를 기뻐하노라 하시니라(눅 3:22).

이 본문은 예수님이 세례를 받고 올라오실 때 하늘로부터 성령이 임하시

며 들려온 음성이다. 탁월한 현대의 영성가였던 헨리 나우웬(Henri Nouwen)은 이 음성은 모든 신자 한 사람 한 사람을 향한 하나님의 음성이라고 하였다.[33] 이 본문도 상반절은 생략하고 하반절인 "너는 내 사랑하는 아들이라 내가 너를 기뻐하노라."만 묵상하면 좋을 것이다.

> 아버지께서 나를 사랑하신 것 같이 나도 너희를 사랑하였으니 나의 사랑 안에 거하라(요 15:9).

이 본문은 포도나무 비유의 핵심 구절로 신자가 예수님의 사랑 안에 거하면 사랑의 열매를 맺을 수 있다는 주님의 초대다. 이 말씀대로 주님의 사랑 안에 충분히 머물면 그 신자는 자연스럽게 사랑의 삶을 살게 된다. 이 본문도 주님의 초대 말씀인 "나의 사랑 안에 거하라."만 묵상하면 좋을 것이다.

> 예수께서 이르시되 와서 조반을 먹으라 하시니 제자들이 주님이신 줄 아는 고로 당신이 누구냐 감히 묻는 자가 없더라(요 21:12).

이 본문은 예수님을 배반한 죄책감 속에서 다시 고기를 잡고 있던 베드로를 찾아오신 이야기다. 디베랴 호수에서 밤새도록 고기를 잡았지만 베드로는 아무것도 잡지 못하였다. 고기잡이의 전문가였던 베드로가 빈 그물을 씻으며 무슨 생각을 하였을까? 물에 희미하게 비친 자신의 얼굴을 보며 "주님을 배반하더니 천벌을 받는 모양이구나!" 하며 자책하지 않았을까? 베드로의 복잡한 심정은 요한이 주님이라고 부르는 소리를 듣는 순간 겉옷을 들쳐입고 바다로 뛰어내리는 장면에서 추측할 수 있다. 예수님은 바로 그런 심정의 제자들과 베드로에게 아침을 친히 준비하시고 "와서 조반을 먹으라."고 초대하시는 것이다. 필자가 신학생들에게 이 말씀을 묵상하게 하고 나누었을 때 가장 깊은 은혜를 체험하는 것을 보았다. 이처럼 시각적인 배경이 분명한 본문은 젊은 세대에게 좀 더 쉽게 받아들여지는 것을 확인할 수 있다.

위에서 제안한 몇 가지 예들 외에도 성서 전체에는 무궁무진한 본문들이 있는데 그러한 본문들을 선정하여 침묵기도를 위한 안내서를 만들면 좋을 것이라고 생각한다.

3. 본문 묵상을 통한 그룹 침묵기도의 실제

성경 본문을 묵상하는 방법에는 다양한 길들이 있다. 여기서는 필자가 경험한 것을 독자에게 참고가 되도록 소개하고자 한다. 본문 묵상을 통한 침묵기도를 시작할 때 먼저 참여자들에게 기도할 시간을 알려 준다. 필자는 1회에 15분 이상을 하며 정해진 시간을 알려 준다. 기도자들이 자신이 얼마 동안 기도할 것인지를 아는 것은 유익하다. 그리고 QT를 하는 신자들이 그렇듯이 먼저 하나님의 은혜를 위한 중보기도를 드린다. 이 중보기도는 필자가 한다. 그리고 주어지는 본문의 배경을 간단히 설명하고 천천히 본문을 읽어 준다. 대개 본문이 짧기 때문에 읽어 주는 것으로 충분하지만 원하면 각자 본문을 찾아 읽도록 한다. 기도할 때의 태도는 편한 자세를 취하게 한다. 대개 의자에 앉아서 하지만 바닥에 앉아서 할 경우에도 무릎을 꿇는 것은 꼭 좋지만은 않다. 왜냐하면 발저림이 마음의 집중을 방해하기 때문이고 침묵기도는 영적인 쉼이 중요하기에 쉴 수 있는 편안한 자세가 좋기 때문이다.

본문을 읽고 본문의 일부가 되는 상상을 하면서 묵상을 하다 보면 잡념이 쉽게 진정된다. 그러면 본문 안에 머물며 본문을 통해 느껴지는 하나님의 은혜들을 경험하게 된다. 대개 학생들이 경험하는 하나님의 은혜는 쉼, 편안함, 하나님의 사랑, 머리가 가벼워지는 느낌, 그리고 사역이나 삶에서의 방향 정리 등이다. 그런데 문제는 그러한 긍정적인 경험들을 하기 전에 또는 하는 도중에 다시 잡념에 휘둘리는 것이다. 그러면 바로 묵상했던 말씀으로 돌아가는 훈련을 하는 것이 중요하다. 그래서 다시 흩어지는 생각을 말씀에 묶고 그 말씀 안에서 다시 은혜들을 경험하는 것이다.

약속한 기도 시간이 끝나면, 함께 나눈다. 나눔을 통해 각자가 경험하는 기도의 어려움들을 이해하고 아울러 본인이 체험한 은혜들을 검토해 보는 것이다. 필자는 나눔 시간에 두 가지만 나누도록 한다. 기도하는 시간에 무엇을 느끼고 무엇을 생각했는지만 나누게 하는 것이다. 이제까지 경험한 공통된 나눔들을 정리해 보면 다음과 같다.

첫째는 말씀 안에서 좋은 쉼을 경험하는 것이다. 특별히 육체적인 피로 회복을 느끼거나 잠깐 잠을 잔 것처럼 느끼거나 실제로 잔 경우도 많았다. 머릿속에 활동하는 생각들을 가라앉혔기에 자연스럽게 잠이 올 수 있는 것이다. 그 결과 몸과 함께 머리도 맑아지고 영적으로 쉼의 시간이 되었음을 고백한다. 둘째는 하나님의 사랑을 느끼는 것이다. 하나님의 사랑을 통해 영혼이 소생되는 것을 발견하였다. 하나님의 사랑은 우리가 살아갈 수 있는 힘이다. 셋째는 마음과 영혼의 정화를 경험한다. 대부분의 참여자들은 기도 시간 중에 자신의 영적 상태를 확인하는 것을 볼 수 있다. 성령의 임재 안에서 자신의 영혼을 돌아보며 정화와 조명의 시간을 갖는 것을 본다.[34] 넷째는 사역이나 삶에서 우선순위를 재정립한다. 이는 아주 자연스러운 것인데, 우리가 복잡한 생각들을 내려놓으면 명료한 판단을 할 수 있기 때문이다. 그래서 영성가들은 "청결한 마음은 명료한 사고를 낳는다(A pure heart leads to a clear mind)."라고 하였다. 물론 이러한 경험이 진보하면 하나님의 뜻을 분별하는 수준에까지 이르게 된다.

이상에서 언급한 것들이 침묵기도의 궁극적 목표를 모두 설명하지는 않는다. 하지만 우리는 작은 목표로 시작해야 한다. 영성의 삶이란 높은 산을 오르는 것과 같기 때문이다. 등산하는 사람들이 오르고자 하는 최고봉 주위에는 많은 낮은 봉우리들이 둘러 있다. 정상을 오르려는 사람은 우선 정상을 둘러싼 낮은 봉우리들을 올라야 한다. 그러다 보면 마침내 최정상이 시야에 들어오고 그 정상에 올라 이제까지 지나온 작은 봉우리들을 굽어볼 때가 있을 것이다. 이처럼 영적 정진도 작은 봉우리들을 먼저 넘어야 하는 것이다.[35] 그리고 높은 산에 도전하는 사람들이 산이 좋아서 그 산에 오르는 것처럼, 기도자도 하나님과 함께하는 것이 좋아서 계속 기도하게 된다. 그러다 보면 신적인 은혜로 하나님과 연합하는 지복(至福)을 경험하게 된다.

QT와
침묵기도

영성가들이 하나님의 임재를 경험하기 위한 침묵기도의 훈련 방법으로 사용해 온 렉시오 디비나를 QT에 적용하는 방법을 고찰하였다. 영성가들은 말씀을 묵상하며 렉시오 디비나를 하였는데 그 순서는 읽기, 묵상하기, 기도하기, 관상하기였다. 관상하기를 제외하면 한국교회에서 실천하고 있는 QT와 유사하다고 할 수 있다. QT는 한국교회에서 실천되고 있는 보편적인 개인 영성 훈련 방법이다. QT를 통해 신자들은 매일의 삶 속에서 하나님의 뜻을 분별하며 그를 통해 깨달은 말씀대로 살려고 노력한다. 한국교회의 신자들은 QT를 통해 성경 말씀에 대한 지식을 함양함은 물론, 성령의 활동으로 인한 정화, 조명, 그리고 하나님의 뜻과 일치하는 영적 성장의 길을 추구한다. 이는 전통적인 영성가들이 추구하던 것과 같다.

그러나 한국교회가 안타깝게도 이 사회에서 점차 신뢰를 잃어 가는 중요한 두 가지 이유는 성화의 결핍과 실천의 부족 때문이라고 할 수 있다. 왜 QT를 하는 한국교회에 성화와 실천이 부족할까? 그것은 바로 QT에 관상하기 부분이 부족하기 때문이다. QT를 하는 신자들은 대부분 두 가지에 집중하는데, 한 가지는 성령에 의한 감동이고 또 한 가지는 감동 받은 교훈에 대한 적용이다. 물론 성령이 본문을 통해 우리를 감동시키실 때 가장 많은 감동을 받는 것은 바로 우리 자신의 모습에 대한 것이다. 그리고 신자들이 감동 받은 말씀대로 살려고 적용하는 내용도 대부분 자신의 모습에 대한 것이다. 그럼에도 성령이 이렇게 우리를 정화시키기 위해 말씀을 통해 조명해도 성화가 잘 이루어지지 않는 이유는 무엇일까? 성령의 임재 가운데 오래 충분히 머물지 않기 때문이다. 갈라디아서 5장 22~23절에 의하면 성화는 성령의 열매다. 성령이 임하면 그 열매로 아홉 가지 성화의 열매가 나타난다. 그런데 그 성령의 열매가 나타나기 위해서는 성령이 신자 속에서 충분히 활동하여야 한다. 바울의 고백처럼 신자 자신은 말씀 안에서 매일 죽어야 한다. 성령의 임재 가운데 자신의 의지를 죽이는 시간을 충분히 가져야 하는 것이다. 관상이란 성령의 임재 가운데 수동적인 자세가 되는 것을 의미한다. 그래서 토머스 머튼은 관상의 첫 단계를 능동적인 관상이라고 했고 두 번째 단계를 수동적인 관상이라고 하였다. 능동적으로 말씀을 묵상하며 잡념을 진정시켜 성령이 임하셨다면 그다음은 성령의 활동에 수동적인 상태가 되어야 한다. 수동적인 상태란 나의 의지를 죽이고 성령의 활동을 전적으로 수용하는 것이다. 그러한 과정을 통해 성령은 내가 변화되어야 할 부분들을 변화시키신다.

QT를 하는 신자들에게 실천이 부족한 이유도 비슷하다. 실천은 나의 의지로 하는 것이 아니라 성령 안에 머물 때 그 열매로 나타난다. 예수님은 요한복음 15장의 포도나무 비유에서 이것을 말씀하셨다. 신자가 예수님의 말씀과 사랑 안에 거하면 자연스럽게 줄기에 붙은 포도나무 가지처럼 사랑의 열매를 맺을 것이라고 말이다. 그러므로 QT를 하는 신자의 삶에서 실천이 부족한 것은 성령의 임재 가운데 충분히 머물지 않았기 때문이다. 성령의 임재 가운데 충분히 머문다면 줄기에 붙어 있는 가지가 줄기를 통해 전달되는 자양분과 수분을 공급 받아 자연스럽게 열매를 맺는 것처럼 삶 가운데 자연스럽게 사랑의 열매를 맺을 것이다. 성령의 임재 안에 머무는 시간을 통해 내면에 하나님의 사랑이 충분히 채워지고 이제 채워진 그 사랑이 흘러넘치기 때문이다. 그러므로 적용은 영적인 부담이 아니다. 적용은 자신이 의식하지 않아도 자연스럽게 흘러넘치는 결과다.

이제 한국교회가 QT에서 성령의 임재 안에 머무는 시간을 좀 더 충분히 갖는다면 QT 운동을 통해서 더 많은 성화의 열매와 사랑의 실천을 보여 주는 교회가 될 것이다.

4장

하나님의 임재를 위한
피조물 묵상

───────────○

피조물에 대한
영성가들의 관점

영성가들은 하나님이 우리에게 두 권의 책을 주셨다고 생각했다. 하나는 성경이고 또 다른 하나는 자연이다. 성 아우구스티누스도 피조 세계는 하나님의 마음을 표현한 작품이라고 해석했다. 우리가 자연 세계를 감상하면 그것을 통해 보이지 않는 하나님의 마음을 이해할 수 있는 것이다. 이 것은 마치 전혀 만나 보지 못한 화가의 작품을 감상하는 것과 같다. 우리가 작품을 통해 화가의 인격과 그가 깨달은 삶에 대한 통찰과 그리고 그에게 임한 예술적 영감을 느낄 수 있는 것처럼 말이다. 더 나아가 피조물들을 묵상하고 관찰할 때 우리는 피조물들을 돌보시는 하나님의 사랑을 발견하게 된다. 삼라만상이 모두 하나님의 돌보심 안에 있음을 발견하게 되는데 그것은 곧 삼라만상 안에 계시는 하나님의 임재를 경험하는 것이기도 하다. 사도 바울은 에베소서 1장 23절에서 예수님은 만물 안에서 만물을 충만하게 하신다고 말한다. 그러므로 피조물을 깊이 묵상하다 보면 피조물 안에서 그 피조물을 충만하게 이루어 가시는 하나님의 임재를 느끼게 된다. 동시에 피조물들 가운데 첫 번째 피조물인 나 자신 안에서 나를 완성해 가시는 하나님의 임재를 경험하게 된다. 그러므로 자연에 대한 묵상을 매일 실천하다 보면 하나님의 숨결을 매일 느낄 수 있다. 이번 장에서는 피조물에 대한 묵상과 관련하여 먼저 피조물 묵상의 모범이 되시는 예수님에 대하여, 그리고 피조물을 통해 얻는 조명의 은혜에 대하여, 마지막으로 피조물 묵상을 통해 경험되는 하나님의 임재에 대하여 논하고자 한다.

피조물 묵상의 모범,
예수 그리스도

예수님은 피조물에 대한 묵상에 탁월하셨다. 공생애의 바쁘신 일정에도 늘 시간을 내어 사람들 심지어는 제자들조차 멀리하고 홀로 산이나 들에서 기도를 하셨는데 깊은 기도 가운데 피조물에 대한 묵상도 깊이 하신 것이다. 그렇게 피조물에 대한 묵상을 통해 예수님은 피조물의 성장과 소멸과 관련된 깊은 이치들을 깨달으셨다.

그러한 통찰력을 통해 예수님은 청중에게 생동감 넘치는 설교를 하실 수 있었다. 마태복음 13장 18~23절에 있는 씨 뿌리는 비유가 그 한 예다. 농부가 씨를 뿌리다 보면 더러는 길가에, 더러는 흙이 얕은 돌밭에, 또 더러는 가시떨기 아래에, 그리고 좋은 땅에 떨어질 수 있다. 길가에 떨어진 씨앗은 노출되어 새들이 와서 금방 먹어 버린다. 돌밭에 뿌려진 씨앗은 싹이 트기는 하지만 흙이 깊지 않아 태양이 떠오르면 이내 뿌리가 마르게 된다. 그리고 가시떨기 아래에 떨어진 씨앗은 잘 자라는 것 같지만 결국 가시나무 그늘에 가려 온전히 성장하지 못한다. 오직 좋은 땅에 떨어진 씨앗만이 충실한 결실을 맺게 된다.

예수님은 이 비유를 말씀하시면서 직접 그 의미를 해석하셨다. 길가에 뿌려졌다는 의미는 말씀을 들어도 깨닫지 못하는 것을 의미한다. 그러므로 마음속에서 전혀 뿌리를 내릴 수가 없다. 당연히 그러한 말씀은 악한 자가 와서 빼앗아 가 버린다. 돌밭에 뿌려졌다는 것은 말씀을 듣고 기쁨으로 받지만 뿌리가 깊지 못해서 그 말씀으로 환난이나 박해가 오면 바로 넘어진다. 그러면 가시떨기에 뿌려진 씨앗은 무엇을 의미할까? 그것은 말씀을 듣고 깨달아 기쁨을 경험하지만 계속 말씀 안에서 성장하지 못하는 심령을 의미한다. 마치 어린 싹이 가시떨기에 막혀 더 이상 성장하지 못하듯 세상의 염려와 재물의 유혹을 이기지 못하는 심령을 말한다. 아마 많은 신자들이 여기에 해당할 것이다. 마지막으로 좋은 땅에 뿌려진 씨앗은 그 씨앗이 잘 자라 삶의 결실을 맺게 되는데 삼십 배, 육십 배, 백 배의 결실을 맺는다.

예수님 당시의 청중도 오늘의 청중과 마찬가지로 좋은 설교를 들어도 그 설교 말씀대로 사는 데에는 한계가 있었을 것이다. 그래서 예수님은 그들에게 설교를 경청하고 감동을 받는 것도 중요하지만 깨달은 진리가 내면화되고 삶 속에서 적용하는 것이 중요함을 강조하셨다. 그런데 이를 설교로만 강조했다면 덜 공감되었을 텐데 예수님은 비유를 통해 깊은 공감을 얻으셨다.

예수님은 또한 피조물에 대한 묵상을 통해 인간이 자신의 실존적 한계를 극복할 수 있는 비결을 알려 주셨다. 인간의 실존적 한계는 무엇일까? 내면의 불안함이다. 20세기의 가장 탁월한 조직신학자 중의 한 사람인 폴 틸리히(Paul Tillich)는 성경에서 말하는 이 땅에서의 심판과 죽음의 의미를 영혼의 불안으로 설명한다. 예수님은 요한복음 5장 24절에서 "내가 진실로 진실로 너희에게 이르노니 내 말을 듣고 또 나 보내신 이를 믿는 자는 영생을 얻었고 심판에 이르지 아니하나니 사망에서 생명으로 옮겼느니라."고 말씀하셨다. 예수님을 믿는 자는 이미 영생을 얻었고 사망에서 생명으로 옮겨졌다고 선포하신 것이다. 모든 신자는 육체적인 죽음을 경험하는데 이게 무슨 뜻일까? 조직신학자이면서 동시에 실존주의 철학자이기도 했던 틸리히는 예수님이 말씀하시는 죽음과 생명의 의미를 내적으로 해석했다. 그래서 불신자가 이 땅에서 경험하는 죽음이란 바로 인간 영혼의 불안을 의미한다고 말했다. 틸리히에 의하면 인간은 내면의 어두움과 불안, 아니 나아가 영혼의 긴장과 떨림을 경험한다. 왜 그럴까? 삶의 궁극적 의미를 떠나 살기 때문이다. 틸리히는 성경적 진리를 궁극적 의미(the ultimate meaning) 또는 의미의 의미(the meaning of meanings)라고 설명한다.[1] 이 삶의 궁극적 의미를 떠난 인간은 삶이 불안한 법이다. 불안한 삶의 길을 걷는 그 내면은 결코 평안할 수 없다. 무엇을 해도 불안할 것이다.

그래서 12세기 성 빅토르 수도원의 휴고는 이 불안한 인간의 실존을 극복하기 위해 하나님의 사랑을 주목해야 한다고 강조했다.[2] 본래 인간은 하나님의 사랑을 주목하도록 지음 받았다. 하나님과의 친밀한 사랑의 교제를 위해 하나님 자신이 서늘한 바람이 불 때 아담을 찾아오셨다. 하지만 아담은 하나님의 사랑을 주목하기보다는 자기 스스로 하나님처럼 선과 악을 분별하는 지혜를 갖고자 했다. 이는 하나님을 향하던 얼굴을 다른 곳으로 돌린 것을 의미한다. 다른 말로 하면 하나님 없이도 인간 스스로 삶을 완성할 수 있다고 믿은 것이다. 그것은 아담의 자유였다. 그러나 그 순간 아담의 마음에는 불안이 찾아왔다. 그리고 불안은 인간의 실존이 되었다. 자기중심적인 지향성, 그로 인한 영혼의 떨림과 불안이 지속되는 것이다. 그래서 휴고는 인간 실존을 극복하기 위해 인간은 다시 하나님의 사랑을 주목해야 한다고 강조했다.

예수님은 공중에 나는 새의 비유를 통해 인간이 자신의 불안한 실존을 극복할 수 있는 비결을 말씀하셨다. 마태복음 6장 26절과 10장 29~31절에서 예수님은 공중에 나는 새의 보잘것없음에 대하여 말씀하신다. 예수님은 참새 두 마리가 한 앗사리온에 팔리지 않느냐고 하셨는데, 영어 성경(NIV)은 헬라어인 앗사리온을 페니(penny)로 번역하고 있다.[3] 한편 슈바이처(Eduard Schweizer)는 그의 마태복음 주석에서, 한 앗사리온에 참새 두 마리를 살 수 있다고 한 것은 아마도 낱개보다는 묶음으로 사는 것이 더 싸기 때문일 것이라고 해석한다. 그러면서 도미티안 황제 시대에 최고 가격으로 한 마리당 약 5페니의 가격이 책정되었을 것이라고 해석한다.[4] 어쨌든 그 의미는 오늘날의 페니(미국 돈 센트) 가치만큼이나 보잘것없음을 의미한다. 예수님의 의도는 바로 그것이었다. 그렇게 무가치한 참새도 하나님의 뜻이 아니면 땅에 떨어지지 않는데 하물며 인간은 어떻겠느냐는 것이다. 인간을 돌보시는 하나님은 우리의 머리카락조차 세시는 분이다.

이렇듯 피조물을 묵상하면 피조물에 비교할 수 없는 사랑으로 우리를 돌보시는 하나님의 임재를 느낄 수 있다. 사실 우리는 피조물보다 훨씬 더 복잡한 삶의 불안 가운데 살고 있다. 하지만 불안한 삶의 실존에서 우리는 자유로워질 수 있다.

조명을 위한
피조물 묵상

피조물을 묵상할 때 우리는 피조물을 통해 드러나는 하나님의 뜻을 감지할 수 있다. 하나님의 뜻을 분별하고 깨닫는 조명의 은혜를 경험하는 것이다. 필자는 오래전에 대학원생들의 영성 훈련을 인도하기 위해 강화에 있는 한 기도원에 간 적이 있다. 비가 내리는 늦가을 아침이었다. 가을비를 맞아 떨어지는 낙엽과 이미 떨어져 나뒹구는 낙엽들은 가을의 정취보다는 쓸

쓸함을 느끼게 하였다. 그러다 떨어지는 낙엽과 아직 나무에 매달려 있는 낙엽들을 보며 나무의 일생을 묵상하게 되었다. 이제 나무들은 마지막 낙엽이 떨어지면 한 해의 삶을 마감하게 될 것이다. 물론 겨울이라는 계절이 있기는 하지만 그 계절은 새로운 봄을 위한 준비의 계절이지 활동의 계절은 아니다. 그런데 나무의 일생 가운데 가장 아름다운 계절은 바로 죽음과 같이 활동이 정지되는 겨울이 시작되기 바로 직전이라는 것을 깨달았다. 바로 단풍의 계절이 가장 아름다운 시기인 것이다. 물론 봄에 새싹이 날 때나, 신록이 우거지고 꽃이 피는 여름이나, 열매를 맺는 가을도 아름답다. 그러나 단풍의 계절만큼 아름답지는 않다. 나무의 삶 가운데 가장 빛나는 시기는 죽음과 같은 겨울이 오기 직전인 늦가을인 것이다.

이렇게 나무의 삶을 묵상하면서 문득 인생에서 가장 아름다운 시기도 죽음 직전임을 깨달았다. 인간이 가장 귀여운 때는 유아기이고 외모가 가장 아름다운 때는 20대다. 30대에 접어들면 20대의 아름다운 미모를 잃기 시작한다. 그러나 내면은 어떠한가? 인간의 내면은 유아기 때 가장 순수하다. 그래서 예수님도 너희가 어린아이와 같지 않으면 천국에 들어갈 수 없다고 하셨다. 내면의 순수함은 대개 20대 전반까지 이어진다고 할 수 있다. 이후로는 대개 내면의 순수를 지키지 못한다. 거기에는 여러 가지 이유가 있겠지만 순수하지 못한 사람들이 서로 상처를 주고받기 때문일 것이다. 세상은 마치 독감 환자로 빽빽한 실내와 같다고 비유할 수 있다. 그런 실내에서는 어쩔 수 없이 독감 바이러스에 오염된 공기를 호흡해야 한다. 세상은 이기적이고 악한 의지로 끊임없이 악을 선택하고 죄를 반복하는 사람들에게 오염된 실내와 같다고 할 수 있다. 그런 곳에서 살다 보면 자신도 모르게 내면세계가 강퍅해지게 된다.

그렇다면 그렇게 각박한 세상에서 강퍅해진 마음을 유지하며 살다가 죽는 것이 하나님의 뜻일까? 결코 그렇지 않다. 인간은 자신의 한계를 초월하는 것에 관심이 많은 존재다. 그리고 인간과 세계를 지으신 창조주는 그 같은 초월이 가능하도록 도우시는 분이다. 신적 도우심과 한계를 극복하려는 인간의 의지로 인간은 나이를 먹을수록 악해지는 것이 아니라 선해질 수 있다. 성화될 수 있다. 당연히 성화되어야 한다. 그것이 인간을 지으신 창조주의 뜻이다. 메소디스트 운동(Methodist Movement)을 시작한 존 웨슬리는 인간은 사랑 안에서 완전해질 수 있다고 믿었다. 다시 말해 인간이 신적인 사랑에 지배당할 때 비록 지혜나 선택에 있어서는 완전하지 않지만 그 동기에 있어서 순수하기 때문에 완전에 이를 수 있다는 것이다. 그런데 신자가 완전에 이르렀는지 여부는 죽음 직전에 판단할 수 있다고 하였다.⁵ 왜냐하면, 신적인 사랑으로 완전에 이르렀다 하더라도 그 완전의 상태가 계속 지속될 수 없으며 더 나아가 그 상태에서 다시 퇴보할 수도 있기 때문이다. 죽음의 순간까지 신적인 사랑 안에서 성장해야 하는 것이다.

나무에 대한 묵상을 통해 깨달은 하나님의 뜻이 바로 이것이다. 나무처럼 인간도 죽음 직전의 순간에 가장 아름다운 내면을 유지해야 한다. 가장 최고의 성화의 경지에 이르러야 한다. 외모는 나이를 먹을수록 볼품없어진다. 바울이 말한 것처럼 겉사람은 날로 쇠퇴하기 때문이다. 그러나 속사람은 날로 새로워져야 한다. 날마다 새로움을 통해 신의 성품을 닮아 가야 한다. 그러한 태도로 한 살 한 살 나이 들 때 세상은 결코 독감 바이러스가 가득한 실내 같은 부정적인 장소만은 아닐 것이다. 비록 그것이 현실이라 하더라도 세상은 성화를 위한 거룩한 훈련 장소가 된다. 왜 그런가? 다른 사람들의 악한 결정들이 나에게는 오히려 성화될 수 있는 기회가 된다. 우리는 나를 악하게 대하는 사람들을 만나 보지 않고는 결코 선으로 악을 이기라는 주님의 계명을 실천할 수 없다. 그것도 한두 번 그런 사람들을 만나고 실천했다고 해서 성화되지 않는다. 처음부터 악한 사람을 선으로 대하고 그들을 위해 기도할 수 있는 사람은 별로 없다. 오히려 악으로 악을 대하기 쉽다. 그러나 선으로 악을 대하지 못한 것을 슬퍼하고 자신의 의지로는 되지 않기에 성령의 감동을 의지하면서 새롭게 도전해 볼 수 있다. 그래서 훈련을 위해 반복적으로 악한 사람들에게 노출되어야 한다. 그러다 보면 그 악한 사람들이 있는 세상이 긍정적으로 보이게 될 것이다. 바로 이것이 천국에서도 경험하지 못하는 유익이다. 천국은 부족함이 없는 곳이다. 하지만 부족한 것이 있다. 무엇이 부족할까? 바로 훈련받을 기회가 없다는 것이다. 결핍이 없는 천국에는 악한 선택을 하려는 자들도 없을 것이다. 악한 선택이 없는 곳에서는 선으로 악을 대할 기회도 없다. 결국 영적으로 성장하기 위해 필요한 훈련도 없을 것이다. 나무에 대한 묵상을 통해서 하나님은 죽음의 순간까지 이르러야 할 성화에 대해서 다시 한 번 조명해 주셨다.

피조물에 대한 묵상을 통해 경험한 또 다른 조명의 은혜는 인간은 미물만도 못한 존재라는 사실이다. 이 말은 인간에 대한 존재론적 의미가 아니라 실존론적 의미를 말한다. 존재론적으로 인간은 만물의 영장이다. 창조주가 지으신 낙원에서 그 낙원을 관리하고 돌보라는 위임을 받았다.[6] 그것이 인간에게 주어진 영광이었다. 그러나 인간은 실존론적으로 자신의 영광을 추구하는 존재다. 그것이 인간의 비극이었고 지금도 이어지고 있다.

필자는 한동안 선배가 사역하는 시골 교회에서 주말에 교육목사로 섬길 기회가 있었다. 교회가 먼 거리에 있어서 토요일에 출근하여 교회에서 하룻밤 머물렀다. 어느 가을밤, 성전 안에서 들리는 귀뚜라미의 노랫소리를 묵상하게 되었다. 귀뚜라미 소리는 마치 옥구슬이 떨리는 것처럼 청아하고 맑았고, 그 소리는 밤새 이어졌다. 그곳에서 두 번의 가을을 보냈는데 날씨가 추워지면 귀뚜라미 소리는 홀연히 사라졌다. 그 소리에 귀를 기울이는 사람은 아무도 없었다. 가을 내내 이름 없이 하나님을 찬양하듯 자기 본분을 다하고 사라지는 것이다. 자신의 아름다운 목소리를 알아주기를 바라는 마음도 없이 말이다. 만일 우리가 귀뚜라미처럼 찬양한다면 누군가 알아봐 주기를 기대하지 않을까? 귀뚜라미뿐이 아니다. 사실 모든 피조물은 자신의 영광을 기대하지 않고 주어진 시간 안에 자신의 역할을 다하고 이름 없이 사라진다. 들꽃의 삶을 묵상한 일제 강점기의 부흥사이자 영성가였던 이용도 목사는 일찍이 들의 꽃과 같은 삶을 살고자 다음과 같은 시를 지었다.[7]

이름 없이 지구의 한 귀퉁이를 밟고 가!
샤론의 들꽃같이 피는 줄 지는 줄 세상이 다 모르되
다만 하늘만이 빈들에 속삭이는
저의 소리에 귀를 기울이시고
소문 없이 퍼지는 그 향기에
하늘이 웃음 웃고
자취 없이 눈 감을 때
적막한 밤 작은 별의 무리들이 조상(弔喪)을 해!
이것이 값없는 야화(野花)의 무상(無上)의 영광이다
평생 소원이었던 것이구려
......

그렇다! 필자가 귀뚜라미 소리를 묵상할 때 경험한 조명의 은혜가 바로 이런 것이다. 인간은 실로 미물만도 못한 존재다. 끊임없이 자신의 영광을 추구하기에 그렇다. 마르틴 루터는 인간의 죄는 곧 자기 영광을 추구하는 것이라고 했다.[8] 인간은 처음부터 자기 영광을 추구하였다. 그것이 선악과의 비극이다. 사탄은 하와에게 선악과를 먹으면 눈이 밝아져 하나님과 같이 되어 선과 악을 분별할 수 있을 것이라고 하였다. 하와는 하나님과 같이 되어 선과 악을 분별하는 새로운 지위를 원하였다. 하나님의 뜻에 순종하는 지위에서 하나님처럼 되는 것은 엄청난 지위의 격변이다. 인간은 그 영광된 지위를 추구한 것이다. 자기 영광을 추구한 결과 자유와 내적 평안이 상실되었다. 자기 영광을 추구한 처음 사람은 이내 자유를 상실하였다. 하나님을 대신하여 모든 피조물들을 관리하는 영광스러운 지위에 있을 때 그는 하나님, 모든 피조물, 그리고 자신의 동반자 앞에서 자유로웠다. 그러나 자기 영광을 추구한 순간 자신의 동반자 앞에서도 자유롭지 못했다. 그래서 무화과나무 잎을 엮어 자기의 몸을 감추어야 했다. 누구에게도 거리낄 것 없던 자유함을 상실한 것이다. 하나님이 서늘한 바람이 불 때 아담을 부르셨지만 아담은 숨을 수밖에 없었다. 이미 하나님이 부르시기 전에 그의 영혼은 불안으로 가득 찼고 그 불안한 영혼은 하나님을 대면할 수 없었다.

아담을 따라 지금도 자기 영광을 추구하는 인간은 내면의 평안과 자유를 상실하고 있다. 20세기를 통틀어 가장 탁월한 영성가 중의 한 사람인 헨리 나우웬은 그의 책《돌아온 탕자》에서 이것에 대해 말하고 있다. 교수로서 자신이 멋진 강연을 했을 때 동료가 그에게 악수를 하며 축하의 인사를 했다. 그러나 그는 악수하는 동료의 손끝에서 동료가 진정으로 자신을 축하하지 못하고 있다는 것을 느꼈다. 반대로 동료가 멋진 강연을 했을 때 자신 역시 손을 내밀어 동료를 축하했다. 동료는 못 느꼈을지 모르지만 자신은 알았다. 자신이 진정으로 동료를 축하하지 못하고 있다는 것을. 하버드 대학 교수로서 많은 사람의 존경을 받았지만 헨리 나우웬 자신은 내면의 평안과 자유를 경험하지 못할 때가 많았다고 했다.[9] 더 많은 영광을 추구하는 한 언제나 그렇다.

미물들은 자신의 영광을 추구하는 법이 없다. 그러나 만물의 영장인 인간은 그렇지 않다. 오히려 만물의 영장인 인간이 평안과 자유를 경험하지 못함을 귀뚜라미 노랫소리를 묵상하던 중에 하나님이 깨우쳐 주셨다.

하나님의 임재 경험을 위한
피조물 묵상

피조물에 대한 묵상은 무엇보다도 하나님의 임재를 경험하게 한다. 피조물을 묵상하다 보면 하찮은 피조물을 깊은 섭리 가운데 돌보시는 하나님의 손길을 느끼게 된다. 그리고 하나님의 손길을 통해 곧 나 자신을 돌보시는 하나님의 임재를 경험하게 된다.

호박꽃을 관찰해 본 적이 있는가? 호박꽃을 주목하는 사람들은 거의 없다. 호박꽃을 꺾어 꽃병에 둔다면 오히려 이상하게 쳐다볼 것이다. 그런 호박꽃 속에도 하나님의 깊은 섬세함이 표현되어 있다. 호박꽃에는 정오각형이라는 놀라운 대칭의 아름다움이 있다. 인간이 만들 수 있는 그 어떤 조화보다 아름답고 완벽한 모습이 호박꽃에 있다. 그리고 그 완벽한 아름다움을 만드신 분은 바로 창조주이신데 우리는 호박꽃을 통해서 호박꽃 안에 내재하시는 창조주의 임재를 느낄 수 있다. 그래서 예수님은 솔로몬의 모든 영화보다 들에 있는 백합화의 영광이 더 뛰어나다고 하셨다.

피조물을 묵상하다 보면 그 피조물과 함께 나를 지으신 하나님의 돌보심을 느끼게 된다. 예수님의 말씀처럼 오늘 있다가 내일 아궁이에 던져지는 들풀도 하나님께서 돌보시는데 나는 얼마나 돌보시겠는가? 그래서 피조물에 대한 묵상은 곧 하나님의 돌보심에 대한 신뢰와 믿음을 강화해 준다. 그리고 하나님에 대한 신뢰와 믿음이 생기면 우리는 우리의 마음을 하나님에게만 집중할 수 있다. 예수님은 무엇을 먹을까 무엇을 입을까 염려하지 말라고 하셨다. 대신 먼저 그의 나라와 그의 의를 구하라고 하셨다. 여기서 주목할 것은 예수님이 이 말씀을 하시기 전에 들풀도 하나님께서 돌보시는데 너희들은 얼마나 보살피시겠느냐고 말씀하셨다는 사실이다. 예수님은 우리가 내일에 대한 염려로 가득 차 있는 한 우리 내면에 하나님의 나라와 의를 구할 수 있는 마음의 공간이 없다는 것을 아셨다. 우리는 인생에서 긴박한 문제가 생겼을 때 문제에 대한 염려로 가득 찬다. 우리의 마음 공간이 근심과 염려로 가득 차는 것이다. 그런데 삶에 대한 근심은 끊임없이 찾아온다. 마치 바닷가에 밀려오는 파도와 같다. 모래사장에 서 있으면 물결은 끊임없이 밀려온다. 어떤 파도는 충분히 버틸 수 있지만 큰 파도는 뒤로 물러서게 한다. 심지어 넘어뜨린다. 이처럼 끊임없이 다가오는 삶의 문제에 신경 쓰다 보면 우리는 문제에서 벗어날 수 없다. 문제가 마음에 가득 차기 때문이다. 그러면 하나님의 뜻을 생각하는 것이 결코 쉽지 않다. 마음은 언제나 우리가 생각하는 대상으로 가득 채워지기 때문이다. 근심이든 아니면 하나님에 대한 생각이든 우리의 마음은 무언가로 채워지게 되어 있다. 근심으로 채워져 있으면 하나님의 나라와 의를 구할 수가 없다. 그렇기에 예수님은 하나님이 모든 것을 돌보시기에 염려할 필요가 없다는 약속을 우리에게 먼저 하신 것이다.

"먼저 그의 나라와 의를 구하라."는 말씀에서 그의 나라는 하나님의 다스리심을 의미한다. 세상에 대한 염려가 나를 다스리게 하지 말고 하나님이 내 마음을 다스리도록 추구하라는 의미다. 비록 내일이 문제투성이라도 오늘은 하나님의 다스리심만 추구해야 한다. 왜 그런가? 하나님이 돌보시기 때문이다. 내일은 내일이 염려할 것이기 때문이다. 여기서 하나님의 다스리심을 추구한다는 것은 다른 말로 하면 마음을 하나님께 드리는 것이다. 마음을 하나님께 향하고 하나님이 내 마음을 지배하시도록 갈망하는 것이다. 그러면 하나님은 성령을 통하여 나를 지배하실 것이다. 사실 하나님은 지금도 이러한 심령을 찾고 계신다. 동방정교회 영성가들은 이것이 하나님의 마음인 것을 깨달았다. 그래서 하나님은 지금도 온 세상 속에서 하나님을 향해 마음을 드리고 하나님의 임재를 갈망하는 영혼을 찾고 계시다고 말하였다. 우리가 마음을 하나님께로 향하고 성령의 임재를 갈망하면 하나님은 반드시 성령을 통해 우리 가운데 임하신다. 그리고 우리를 지배하신다. 그러한 상태가 되면 우리는 하나님의 뜻만 온전히 구할 수 있다. 내 마음이 하나님의 임재로 채워져서 심리적 결핍이 사라지기 때문이다. 실제로는 내 삶의 결핍이 많지만 그 결핍이 문제가 되지 않는 것이다. 그러면 내 마음 안에 거룩한 공간이 형성된다. 내 문제가 아닌 다른 사람의 문제를 생각할 수 있는 여유가 생기는 것이다. 다시 말해, 오늘 나의 삶 가운데 하나님의 뜻이 무엇인지 깊이 묵상할 수 있는 여유가 생기는 것이다.

먼저 하나님의 다스리심을 구하지 않고 기도하면 우리는 기도하는 순간에조차 하나님의 뜻보다는 내 뜻을 구할 수 있다. 그래서 바울은 로마서 8장 26~27절에서 이렇게 말한다.

> 이와 같이 성령도 우리의 연약함을 도우시나니 우리는 마땅히 기도할 바를 알지 못하나 오직 성령이 말할 수 없는 탄식으로 우리를 위하여 친히 간구하시느니라 마음을 살피시는 이가 성령의 생각을 아시나니 이는 성령이 하나님의 뜻대로 성도를 위하여 간구하심이니라.

이 본문은 우리가 아는 것처럼 구원받았으나 아직은 구원의 완성이 실현되지 않은 이미와 아직 사이에서 살아가는 신자들의 실존에 대한 바울의 신학적 해석이다. 다시 말하면 예수님을 영접하여 이미 구원받았고 성령의 내주하심 가운데 살아가지만 동시에 육체의 연약함 가운데 살아가며 구원의 최종 완성을 기다리는 신자들의 삶을 묘사한 것이다. 하나님의 나라는 예수님이 오심으로써 이 땅에서 시작되었지만 그 완성은 종말적 재림을 통해 이루어지기에 신자들은 현재 그 두 시기 사이에서 살고 있는 것이다.[10]

그렇다! 육체를 입고 파도처럼 밀려오는 삶의 염려 가운데 살아가는 우리에게는 하나님의 뜻대로 간구하는 것이 결코 쉽지 않다. 그래서 기도하는 순간조차 우리는 마땅히 기도할 바를 알지 못한다고 바울은 말한다. 그러나 하나님께서 돌보신다는 믿음이 있으면, 우리는 우리의 마음을 하나님께만 집중할 수 있다. 그리고 성령이 임하시면 성령의 감동 가운데 하나님의 뜻대로 구할 수 있게 된다.

　피조물을 묵상하는 삶은 모범적인 삶이 된다. 실내에 있는 꽃이나 식물 또는 건물 밖의 피조물들을 깊이, 지속적으로 관찰할 때 우리는 피조물을 통해 나에게 임하시는 하나님의 임재를 경험하게 된다. 피조물에 대한 묵상은 피조물 가운데 표현된 하나님의 돌보심을 경험하게 한다. 그리고 그 깨달음은 그 피조물보다 훨씬 귀한 나 자신에 대한 하나님의 돌보심을 느끼게 한다. 왜냐하면 예수님이 하신 "하물며 너희일까 보냐?"라는 음성을 기억하게 하기 때문이다. 그렇게 하나님의 돌보심이 깨달아지면 우리의 마음은 삶의 염려에서 자유로워진다. 즉 우리의 마음을 하나님에 대한 생각으로만 채울 수 있으며, 우리의 마음이 하나님의 임재만을 추구할 수 있다. 그러면 하나님은 성령으로 우리에게 임하신다. 그리고 그 성령님의 임재 가운데 우리는 삶 속에서 하나님의 뜻만 추구할 수 있다. 우리는 사회적 사건들에 대해서도 구체적으로 묵상할 수 있다. 매일같이 일어나는 사건들을 하나님의 관점으로 묵상하는 삶이 가능해지는 것이다. 그러면 사건들을 대하시는 하나님의 마음을 느끼게 된다. 그리고 사건들을 예언자적인 통찰로 바라보게 된다. 더 이상 사건들의 홍수 속에서 떠밀려가지 않고 세상을 인도하는 삶이 가능해지는 것이다. 왜냐하면 세상 한가운데서 하나님의 뜻을 분별할 수 있고 하나님의 뜻에 순종할 수 있기 때문이다.

피조물 묵상

　지금까지 피조물을 통한 하나님의 임재 체험에 대하여 살펴보았다.

영성가들은 피조물을 하나님의 마음을 드러내는 하나님의 작품으로 이해했다. 작가의 인품과 영감을 드러내는 예술 작품과 같은 이치다. 피조물은 피조물을 지으신 창조주가 어떤 분인지를 계시할 뿐만 아니라 창조주의 임재를 경험하게 해 주는 도구가 되기도 한다. 왜냐하면 하나님은 자신이 지으신 피조물들을 돌보시고 그 가운데 계시기 때문이다. 따라서 피조물에 대한 관상은 영성가들의 삶에서 중요한 과제 중 하나로 간주되었다. 복음서는 예수님을 피조물에 대한 묵상의 모범자로 표현하고 있다. 예수님은 설교에서 종종 피조물을 비유로 사용하셨다. 청중은 일상에서 늘 대하던 피조물을 비유로 사용하시는 예수님의 설교를 듣고 깊은 깨우침을 얻었다. 그들은 미처 깨닫지 못하던 피조물의 원리에 대한 가르침을 듣고 놀랄 수밖에 없었다. 예수님은 평소 피조물에 대한 깊은 관상을 통해 피조물의 일생에 대한 깊은 통찰을 하셨던 것이다.

현대를 살아가는 신앙인들도 마찬가지다. 조금만 주의 깊게 피조물을 관찰하고 묵상하면 피조물을 통해 놀라운 영적 교훈을 발견하게 된다. 가장 보편적인 영적 교훈 중 하나는 피조물을 통한 조명의 은혜다. 피조물을 통해 삶과 우주와 창조주에 대한 깊은 통찰을 얻게 된다. 성경에서 지혜의 책인 잠언은 독자들에게 자연에서 배울 것을 거듭 강조한다. 만물의 영장인 인간이 자신보다 저급한 피조물에게 배워야 할 교훈들이 무궁무진하다는 의미다. 피조물에 대한 묵상을 통하여 얻는 유익은 무엇보다도 하나님의 임재 체험이다. 바울 사도에 의하면 하나님은 자신이 지으신 만물 가운데서 그 만물의 완성을 이끄신다. 그렇기에 피조물을 묵상하다 보면 그 안에 임재하시는 하나님의 임재를 경험할 수 있다. 복잡한 도시 생활 중에도 늘 만나는 피조물을 통해 매일 하나님의 임재를 경험하고 하나님과 동행하는 삶을 살 수 있게 되는 것이다.

5장

하나님의 임재를 위한
마음의 기도

─────────────○

마음의 기도로서
예수기도의 의미

바울은 에베소서 3장 16~17절에서 성령이 거하시는 곳으로 '속사람(inner being)'이라는 표현을 하였는데, 바로 우리 존재의 중심인 '속사람' 또는 '그 마음'으로 내려가서 드리는 기도가 마음의 기도(The Prayer of the Heart)다. 그래서 영어로 마음의 기도를 말할 때 정관사 the를 heart 앞에 붙인다. 다시 말하면, 머리에서 이루어지는 사고의 활동이 감성이 활동하는 마음으로 내려가 사고와 감성이 통합되어 드리는 기도라고 할 수 있다. 그런 의미에서, 마음의 기도란 사고와 감성이 통합된 전인적인 기도(the prayer of the whole person)라고 할 수 있다. 그런데 사고의 활동이 마음 바닥으로 내려가는 과정에서 잡념이 떠오르게 되는데 이때 예수기도를 반복함으로써 잡념들을 극복하려는 것이다.

이번 장에서는 먼저 예수기도를 통한 마음의 기도를 살펴보고자 한다. 그리고 예수기도를 반복하는 것에 대하여 거부감을 느낄 수 있는 한국교회의 신자들을 위하여 예수기도 없이 실천할 수 있는 마음의 기도에 대하여 고찰할 것이다. 이어서 마음의 기도를 하는 사람들이 얻는 유익에 대하여 살펴보고, 마지막으로 마음의 기도를 실천하는 사람들이 주의해야 할 것들을 논하고자 한다.

예수기도를 반복하는 가장 큰 이유는 끊임없이 활동하는 속성을 지닌 우리의 사고에 일종의 거룩한 일감을 주는 것이다. 주지하듯이 우리를 지배하는 것은 우리의 생각이다. 깨어 있는 시간 동안 우리는 생각의 활동으로부터 자유로울 수 없다. 우리가 존재하는 한 우리는 생각의 지배에서 벗어날 수 없다. 생각은 그처럼 집요하며 그 영향력은 대단하다. 그 영향력은 꿈에서도 나타난다. 꿈은 대개 우리가 의식하거나 의식하지 못하는 잠재된 생각의 활동들이다. 그러므로 생각은 우리가 깨어 있을 때뿐 아니라 잠잘 때조차도 우리를 지배한다. 생각을 하나님께 집중하기 위해 씨름한 영성가들, 특히 동방정교회의 기도자들은 그래서 예수기도를 생각에게 올바른 일감으로 주기 위해 했다고 할 수 있다. 예수기도문을 반복함으로써 생각을 집중시킨 것이다.

예수기도는 단지 생각을 집중하는 기도만은 아니다. 생각만 집중한다면 불교의 화두와 크게 다르지 않을 것이다. 예수기도의 탁월함은 하나님의 긍휼과 은혜를 반복해서 구하는 것이다. 하나님의 은혜를 목마른 사슴처럼 간절히 구하는 자에게 하나님은 반드시 긍휼을 베푸신다. 하나님은 생각이 존재의 중심인 마음 바닥에 내려가도록 은혜를 베푸신다. 여기서 마음의 바닥이란 공간적인 개념보다는 상태의 개념으로 이해하는 것이 좋다. 즉 생각이 마음과 통합되어 하나님 앞에 집중된 상태를 말한다.

생각 속에서 일어나던 잡념들이 어느 정도 진정되고 순수한 생각이 마음으로 내려갔다고 판단되면, 마음에서 일어나는 감성의 활동에 집중하도록 영성가들은 권면한다. 그 감성의 활동 중 특별히 통회의 슬픔과 하나님 사랑에 대한 따뜻한 느낌이 강조된다.[1] 감정은 때때로 이성보다 더 강한 힘을 우리의 내면에서 발휘한다. 통회의 슬픔이든 사랑의 기쁨이든 우리가 그러한 감정을 느낄 때 우리의 내면은 잡념이 제어되고 느낌과 관련된 순수한 사고만 활동하게 된다. 그런데 통회의 슬픔이나 사랑의 기쁨은 기도자가 억지로 경험하는 감정이 아니다. 그것은 성령의 활동과 관련되어 있다. 예수기도를 반복하는 자에게 하나님은 은혜로 성령을 보내 주시는데 바로 그 성령이 임하시면 그러한 감정들도 느끼게 되는 것이다.

생각과 마음이 통합되어 성령의 임재 가운데 머물 때 기도자는 자신이 신성의 임재 안에 있는 것을 느끼게 된다. 자신의 생각과 마음을 지배한 성령 안에서 하나님의 생명을 누리는 것이다. 사도 바울은 로마서 14장 17절에서 "하나님의 나라는 먹는 것과 마시는 것이 아니요 오직 성령 안에 있는 의와 평강과 희락이라."고 하였다. 하나님의 나라가 자기 내면에서 실현된 것을 경험하는 것이다. 그리고 그러한 상태에 지속적이고 반복적으로 머물 때 기도자는 하나님의 뜻을 깨닫게 되며 하나님과 일치되고 연합하게 된다.

예수기도를 통하여 하나님과의 연합에 이른 평신도가 있는데 그는 《순례자의 길》을 쓴 무명의 러시아 농부다. 시베리아 벌판을 순례하며 예수기도를 반복한 이 순례자는 예수기도가 마침내 자신의 심장에 박히게 되었으며, 심장이 박동할 때마다 피를 따라 전신을 운행하게 되었다고 고백하였다. 그리고 자신이 홀연히 하나님 나라 안에서 살고 있는 것을 느끼게 되었다고 말하였다.[2] 황량한 시베리아 벌판의 모든 것들이 천국의 존재로 느껴진 것이다. 그리고 그의 얼굴은 내면에서 충만한 하나님의 생명으로 인해 신비의 광채를 비추게 되었다.

인생의 가장 긴 여행은 머리에서 가슴으로 내려가는 것이라고 한다. 머리에서 알고 있는 진리를 가슴으로 누리지 못한다는 말이다. 그 마음으로 향하는 여행에는 방해자와 동시에 돕는 자가 있다. 방해자는 잡념으로 대표되는 인간적인 생각들이고 돕는 자는 성령이다. 끊임없이 활동하려는 속성을 지닌 이 생각을 다스리지 않으면 마음에 이를 수 없다. 그래서 18세기 루마니아의 바실(Basil)은 이렇게 고백한다.

당신의 생각들이 각기 다른 방향으로 흘러가며 물질적인 것을 향해 질주하고 있는데, 어찌 외적인 감각들을 지킴으로써 정신을 완전히 보존하기를 바랄 수 있겠습니까? 기도할 때는 되도록 신속하게 정신을 마음속으로 끌어들이며, 어떤 생각에도 요동하지 말고 마음속에 머물러야 합니다. ㅈ 정신을 마음이라는 내면의 수실에 가두어야만 악한 생각들로부터 쉼을 얻을 수 있을 것입니다.[3]

예수기도는 이처럼 끊임없이 활동하려는 생각에게 예수기도를 반복시킴으로써 성령의 임재를 경험하는 것이다. 성령이 임하기 시작하면 잡념의 활동이 진정되고 순수한 사고의 활동만 하게 된다. 투명한 보석처럼 명료하고 순수한 사고의 활동 가운데 생각은 하나님의 뜻만을 묵상하고 깨닫게 된다.

예수기도 없이
마음의 기도를 하는 방법

리처드 포스터는 우리가 예수기도를 그대로 반복할 필요는 없고 원한다면 누구나 하나님의 자비를 구하는 짧은 기도문을 자기 나름대로 만들어 실천할 수 있다고 조언한다. 그럼에도 불구하고 통성기도에 익숙한 한국 교회의 신자들에게는 그러한 기도가 편하지 않을 수 있다. 기도문의 반복보다는 오히려 말 없는 침묵기도가 편할 수도 있다. 여기서는 예수기도 이전에 이미 에바그리오스를 비롯한 영성가들이 실천하던 마음에 떠오르는 생각을 관찰하는 마음의 기도 방법을 소개하고자 한다.

1. 눈을 감고 편안한 자세를 취한다.

여기서 편안한 자세란 무릎을 꿇는 자세를 의미하지 않는다. 무릎을 꿇는 자세는 좋지만 발저림이 생각의 집중을 방해할 수 있기 때문이다. 필자는 대학원생들과 함께 대천덕 신부님이 세운 예수원에서 침묵기도를 실천해 보았다. 침묵기도실에는 오랜 시간 무릎을 꿇고 기도할 수 있도록 보조 기구 같은 것이 있었지만 마룻바닥에 닿는 무릎 부분의 불편함은 어쩔 수 없었다. 근래 일부 기도원에서 양반 다리 자세를 위해 구비한 등 받침용 보조 기구가 더 낫다고 판단된다.

2. 눈을 감고 말없이 기도하려면 자연스럽게 여러 가지 잡념들이 끊임없이 떠오른다.

잡념으로 대표되는 여러 가지 생각들이 활동하는 것은 지극히 정상적이다. 여러 가지 생각은 크게 네 가지로 구분할 수 있는데 근심, 욕심, 과거의 기억의 활동, 그리고 잡념이라고 할 수 있다. 근심은 누구나 육신을 입고 살아가는 동안 평생 경험하는 것이기에 집요하다. 예수님은 어리석은 부자의 비유를 통하여 근심의 본질을 잘 보여 주신다. 충분히 소유한 자도 그 소유를 누리지 못할까 노심초사하는 것이 근심의 바탕임을 깨우쳐 주신 것이다. 그러므로 근심은 마치 바닷가에 끊임없이 밀려오는 파도처럼 우리에게 다가오는 것으로 우리의 생각을 지배하는 것 중 하나다. 욕심은 명예욕, 소유욕 등 누구나 가지고 살아가는 것이다. 과거의 기억의 활동은 살아오면서 경험한 과거의 기억들을 의미한다. 이 기억의 내용들은 현실에서 그와 관련된 일들을 경험하거나 생각함으로써 조금만 자극되어도 걷잡을 수 없게 된다. 바로 꼬리에 꼬리를 무는 연상 작용이라고 하겠다. 마지막으로 잡념은 의미 없는 사소한 생각들이다.

3. 떠오르는 생각들을 마음의 눈으로 천천히 하나씩 하나씩 관찰한다.

예를 들어, 자동차 문제가 마음에 떠오르면 '아, 네가 자동차 문제를 생각하고 있구나.' 하고 떠오른 생각과 심상을 관찰한다. 그런데 여기서 주의할 것이 있다. 그 생각을 분석하지 않고 이름만 붙이는 것이다. 분석하기(commenting)란 자동차의 문제 중 무엇이 문제인지를 분석하는 것을 말한다. 자동차 문제를 분석하다 보면 수리를 위한 비용을 계산할 수 있고 자신의 재정 상태까지 분석할 수 있다. 끊임없는 분석에 빠지는 것이다. 그래서 이때는 분석하지 말고 이름만 붙이기(naming)를 하는데 '아! 자동차 문제를 생각하는구나.'라고 이름만 지어 주는 것이다. 이것은 마치 인터넷상에서 광고 팝업창을 지우는 것에 비유할 수 있다. 인터넷에서 관심 있는 기사를 검색하려고 클릭하면 화면의 상단이나 한쪽 구석에 광고창이 뜨는 것을 본다. 이때 호기심으로 광고창을 클릭하면 광고의 내용을 분석하느라 시간을 낭비하게 된다. 그냥 '아! 이것은 무엇에 대한 광고구나.'라고 광고에 대한 이름만 붙이고 바로 지워야 하는 것이다. 그러면 또 다른 광고창이 뜰 수도 있다. 역시 같은 방식으로 광고의 이름만 붙이고 바로 삭제해야 본래의 목적인 기사를 검색할 수 있는 것이다.

4. 계속해서 떠오르는 다른 생각들을 관찰하다 보면 안개가 사라지듯 생각들이 진정되는 것을 경험하게 된다.

잡념들이 완전히 사라지지는 않지만, 어느 정도 진정되었다는 것을 느낄 수 있다. 그래서 진짜 생각에 집중할 수 있게 되면 이제 머릿속에서 이루어지는 그 생각과 함께 마음으로 내려가는 것이다.

5. 그러면서 점차 머리가 중심인 생각의 활동은 줄이고 마음이 중심인 감정과 느낌의 활동에 집중하는데, 이때 죄를 통회하는 슬픔과 따뜻한 사랑의 느낌이 중요하다.

6. 생각과 사고의 중심이 마음 바닥에 이르렀으면 마음을 하나님 앞에 모으고 성령의 임재를 갈망하며 하나님을 가까이 친밀하게 느껴 보려고 노력한다.

7. 아무런 느낌은 없고 잡념이 다시 활동하면 마음의 눈으로 그 잡념들을 관찰한다.

잡념들이 활동할 때 그것을 없애 버리려고 고개를 흔들거나 어금니를 깨무는 등의 방법은 효과적인 해결책이 아니다. 다시 지그시 그것들을 관찰하며 차분하게 이름을 붙이는 것이다.

8. 그러면서 잡념이 다시 진정된다고 판단되면 성령의 임재를 갈망하며 동시에 육신의 아빠(아바)처럼 따뜻한 하나님의 마음을 가까이 느끼도록 노력한다. 그리고 성령을 통해 내 마음에 찾아오시는 하나님 안에서 쉼과 안식을 경험해 본다.

9. 하나님이 가까이 느껴지기 시작하면 그것을 발전시켜 친밀함 속에서 어린이가 아빠에게 하는 친밀한 어투로 하나님 아버지와 대화할 수 있다. 그리고 하나님의 사랑을 느끼며 그 안에 거하는 것이다. 하나님은 우리를 그분의 사랑 안에 거하라고 초대하신다(요 15:9~10: 나의 사랑 안에 거하라).

10. 하나님의 사랑을 충분히 느끼면 나도 마음과 목숨과 뜻을 다하여 하나

님을 친밀한 감정으로 사랑하기 시작할 수 있다(마 22:37).

11. 그러면 머리는 가볍고 맑아짐을 경험한다. 그리고 삶의 우선순위들이 정리된다. 영성가들이 말한 것처럼 청결한 마음은 명료한 사고를 낳기 때문이다(A pure heart leads to a clear mind).

12. 나아가 사랑하기에 연인이 무엇을 원하는지 알 수 있듯이 하나님을 사랑하기에 나의 삶에 대한 하나님의 뜻을 깨닫게 된다(요 5:19~20: 아들이 아버지께서 하시는 일을 보지 않고는 아무것도 스스로 할 수 없나니 아버지께서 행하시는 그것을 아들도 그와 같이 행하느니라 아버지께서 아들을 사랑하사 자기가 행하시는 것을 다 아들에게 보이시고).

13. 사랑의 교제가 더 깊어지면 어느 순간 하나님의 은혜로 내가 하나님의 마음과 하나가 된 것을 경험할 수 있다(요 14:20: 내가 아버지 안에, 너희가 내 안에, 내가 너희 안에 있는 것을 너희가 알리라).

그런데 마음에 떠오르는 생각들에 대한 관찰 없이도 마음의 기도를 할 수 있다. 그러면 떠오르는 생각들을 어떻게 극복하는가? 생각의 활동을 위한 마음의 공간을 허용하고 순수한 생각은 성령의 임재만을 갈망하는 것이다. 다시 말해, 마음의 공간의 95%가 잡념의 활동으로 채워져서 끊임없는 잡념이 일어나더라도 신경 쓰지 않는 것이다. 오히려 잡념의 활동을 허용하는 것이다. 나의 순수한 생각은 나머지 5%의 공간에 집중하며 그 공간을 성령에 대한 갈망으로 채운다. 물론 쉽지 않다. 그러나 우리에게는 이미 하나님이 주신 약속이 있다. 사모하는 영을 만족하게 하시는 것이다. 목마른 사슴처럼 갈망하는 자에게는 반드시 성령을 보내 주신다는 약속이다. 그 약속을 믿는 자들에게는 약속이 현실이 된다. 그래서 이 5%의 공간에 성령이 임하기 시작하면, 그 공간이 점차 확대되는 것을 느끼게 된다. 그래서 95%를 채우던 잡념의 활동들이 점차 사라진다.

사실 이러한 기도법은 예수기도를 통한 기도나 마음의 생각들을 관찰하는 기도법보다 더 어렵지만, 훈련하면 얼마든지 쉽게 할 수 있다. 어차피 모든 기도의 일차적인 목표가 성령의 임재라고 한다면, 그러한 일차적인 목표에 가장 쉽게 도달할 수 있는 기도법이다. 마치 긴 숨을 들이마신 후에 천천히 내쉬면 그 날숨에 따라 우리의 중심이 내려가는 것처럼 생각이 마음 바닥으로 내려가는 것을 경험하게 된다. 그러면 잡념들이 활동하는 층을 뚫고 바닥으로 내려가서 생각과 마음을 하나님께 모으고 성령의 임재만을 기다릴 수 있게 된다. 그래서 이 방법은 오히려 다른 어떤 방법보다 간결하고 쉬운 방법이라고 할 수 있다. 훈련을 하면 누구든지 그렇게 되는 것이다.

필자의 경험으로는 이러한 훈련을 위해 영성 지도 사역이 필요하다. 영성 지도(spiritual direction)란 초대교회부터 영성가들 사이에 이어져 온 전통으로, 깊은 기도 생활을 위해 초보자들에게 경험자가 기도의 내용에 대해 조언하는 것이다. 요리를 위해 식재료가 중요하듯 영성 지도 사역에는 기도의 경험이 중요하다. 영성 지도자는 경험자로서 지도를 받는 사람의 기도 경험에 대하여 조언하고 안내하는 것이다. 사실 한국교회의 근본적 위기는 영성 지도가 없었기 때문이라고도 할 수 있다. 한국교회에 기도의 불이 붙었을 때 기도의 방향을 지도해 주는 사역을 했어야 했다. 그런데 그런 지도가 없다 보니 열심히 기도는 했는데 그 결과가 성화와 이타적 삶의 열매로 나타나지 않은 것이다. 그래서 더 이상 기도해야 할 의미를 잃어버리게 되었고 결국 현재는 교회마다 기도의 불이 꺼지고 있는 것이다. 하지만 여전히 늦지 않았다. 이제부터라도 이러한 영성 지도 사역을 실천할 때 한국교회의 기도는 깊어질 것이고 교회는 반드시 새로워질 것이다.

마음의 기도의
유익

어떤 기도든지 간절히 드리면 반드시 유익을 경험한다. 예를 들어 우리가 간구해서는 안 되는 것조차 우리의 어리석음 때문에 간구하면 자비로우신 하나님은 그 기도를 통해 우리의 어리석음을 깨닫게 하셔서 영적 성숙의 은혜를 허락하신다. 마음의 기도에도 여러 가지 유익이 있다. 필자가 기도하며 경험한 유익들을 여섯 가지로 정리해서 나누고 싶다.

첫째, 마음의 평화다. 마음의 기도는 기본적으로 기도하는 사람이 잡념을 극복하고 마음 바닥에 이르는 것을 추구하기에 깊은 마음의 평화를 경험하게 된다. 우리 마음의 잡념들은 마치 유리컵 안에 있는 흙탕물과 같다고 할 수 있다. 한동안 물컵을 가만히 테이블 위에 놓으면 찌꺼기는 반드시 바닥에 가라앉고 물은 투명하게 된다. 그러나 조금만 흔들거나 휘저으면 또다시 찌꺼기들이 위로 올라온다. 우리는 늘 외부의 사물이나 사람들에 의해 마음의 평정이 깨지는 것을 경험한다. 그리스도교 2,000년을 통하여 가장 많은 사랑을 받는 사랑의 성자 성 프란시스코는 틈만 나면 자기만의 기도실을 찾아 마음에 끼인 때들을 정화하였다.[4] 수도사들만 모인 수도원, 그것도 자신에게 절대 순종을 서약하고 들어온 그들과의 삶 속에서 무슨 마음의 때가 낄 일들이 그렇게 많았을까? 하지만 그것이 곧 인생사요 인간관계다. 수도원 속의 성 프란시스코가 그랬다면 홍수 때의 급류 같은 세파 속에서 살아가는 개신교인들에게야 얼마나 많은 때들이 있겠는가? 마음의 기도란 바로 그렇게 혼란스러워진 마음의 컵을 매일매일 하나님 앞에서 얼마 동안 조용히 세워 놓는 것이다. 그런 기도를 하는 자는 반드시 마음의 고요를 경험하고 마음의 정적이 주는 즐거움을 경험하게 된다.

둘째, 그렇게 마음이 투명하게 정리되면 영성가들이 지향했던 것처럼 우리의 순수한 사고 기능이 활동하기 시작한다. 그 결과 우리는 삶의 우선순위들을 하나님 앞에서 정리하게 된다. 욕심들로 우리의 마음이 뿌옇게 되었을 때는 삶의 우선순위들이 잘 보이지 않는다. 하지만 잡념의 찌꺼기들이 가라앉고 마음이 청결해지면 사고의 기능이 명료하게 활동하게 된다. 컵 속의 먼지가 가라앉으면 컵 안에서 밖은 물론 위까지도 볼 수 있는 것처럼 인생의 길이 보이는 것이다. 그래서 오늘 하루 또는 나의 삶에 있어서 우선순위들이 정리된다. 그 결과 혼동된 마음으로 분명하지 않던 삶의 방향(disoriented life)들이 다시 하나님 안에서 재정립(reoriented life)된다.

셋째, 마음의 기도를 통해 우리는 하나님을 친밀하게 느낄 수 있다. 우리는 마음의 기도를 통해 마음 바닥에 내려가 그곳에 계시는 성령님의 활동을 기다린다. 그 성령님의 활동을 통해 우리는 내 안에 가까이 계시는 하나님을 경험한다. 그래서 우리는 하늘에 계신 아버지라는 느낌보다는 내 안에 계시는 아바 하나님으로 친밀하게 느끼게 된다. 그러할 때 우리는 "하나님 아버지! 무엇 무엇을 하여 주시옵소서."라는 어투 대신 "아버지! 무엇 무엇을 해 주세요."라는 식의 훨씬 친밀한 어휘와 태도로 하나님과 대화할 수 있다.

넷째, 하나님을 친밀하게 느끼게 되면 자연스럽게 하나님의 뜻을 분별하게 된다. 연인들은 세상에서 가장 친밀한 사랑을 느끼는 사이다. 그들이 서로 친밀한 사랑을 느낄 때 그들은 서로가 원하는 것이 무엇인지 안다. 우리와 하나님의 관계도 마찬가지다. 우리가 하나님을 아주 가까이 친밀하게 느끼면 하나님의 마음을 느낄 수 있고 나아가 하나님이 원하시는 것을 알 수 있다. 사실은 이것이 예수님의 사역 원리였다. 요한복음 5장 19절 이하에서 예수님은 아들이 아버지가 하시는 것을 보지 않고는 아무것도 스스로 하지 않는다고 하셨다. 그런데 아버지는 아들을 사랑하셔서 그가 하시는 모든 일들을 아들에게 보여 주신다고 하셨다. 그래서 예수님은 사역을 하시기에 앞서 언제나 아버지의 뜻을 알기 위해 기도로 아버지와 깊은 사랑의 관계를 추구하셨던 것이다. 그리고 그 사랑 때문에 아버지가 원하시는 것을 깨달으셨다. 더 나아가 아버지를 사랑하기에 아버지가 원하시는 것을 기꺼이 순종할 수 있었다. 예수님은 제자들에게 "너희가 나를 사랑하면 나의 계명을 지키리라."고 말씀하셨다. 무슨 의미인가? 계명은 사랑하는 자만이 지킬 수 있다. 하나님은 우리에게 성경과 여러 가지 방법을 통하여 수없이 말씀해 오셨다. 그런데 왜 우리는 순종하지 못했는가? 이유는 간단하다. 하나님을 진정으로 사랑하지 못하기 때문이다. 이것을 연인 관계에 적용해 보면 이해하기 쉽다. 사랑에 빠진 연인은 상대가 무엇을 원하는지 알 뿐만 아니라 상대가 원하는 것을 기꺼이 해 준다. 설사 아무리 어렵고 희생이 따르더라도 사랑에 빠진 연인은 상대를 위해 기쁨으로 행한다. 이것이 사랑의 비밀이다.

다섯째, 마음의 기도를 통해 우리는 일상에서도 하나님의 임재를 경험할 수 있다. 마음의 바닥에 내려가 성령님의 활동을 기다리는 훈련을 하면 우리는 일상에서도 마음의 바닥에 내려가는 삶을 살 수 있다. 예를 들어 운전을 하면서 마음의 잡념을 가라앉히고 마음의 바닥에 내려가는 경험을 할 수 있는 것이다. 그리고 성령님의 임재를 기다리는 시간을 가질 수 있다. 사실 이 것은 하나님과 동행하는 삶을 살던 중세 가톨릭교회의 로렌스 형제가 가르친 삶과 유사하다. 로렌스 형제는 수도원의 요리사로 일한 평신도였으나 일상적인 삶 가운데서 하나님의 임재를 경험하고 하나님과 동행하는 삶을 살았다. 하나님의 임재는 우리를 하나님의 나라 가운데 살게 한다. 마음 안에 이루어진 하나님의 나라를 경험하고 누리는 것이다. 아빌라의 테레사는 이것을 내면의 성이라고 부르기도 했는데 예수님이 약속하신 우리 가운데 있는 천국이 바로 그것이다. 하나님의 나라는 하나님의 생명으로 특징지어지는데 사도 바울이 말한 것처럼 내면에서 이루어진 의와 희락과 평강을 누리며 그 안에서 사는 것이다.

끝으로 마음의 기도는 우리에게 진정한 변화와 성숙을 가져다준다. 진정한 변화는 마음에서 시작된다. 그래서 사도 바울은 로마서 12장 2절에서 너희 마음을 새롭게 함으로 변화를 받으라고 강조하였다. 여기서 말하는 마음을 새롭게 하는 것은 세계관을 달리하는 것으로 전적인 변화를 의미한다.[5] 마음의 기도를 통해 나의 욕심과 계획들을 비우고 하나님 앞에 나의 마음을 드릴 때 우리는 성령의 역사로 새로운 마음을 가질 수 있다. 새로운 마음이란 무엇인가? 그것은 간단하다. 자기중심적인 삶에서 이웃과 세계를 향해 열린 마음을 갖는 것이다. 누구나 가지고 있는 이기적인 본성에서 점차 이타적인 삶으로 바뀌는 것이다. 이를 위해 기쁨으로 고난의 길을 가는 것이다. 왜냐하면 그것이 신의 본성인데 진정한 변화란 그 신성을 본받는 것이기 때문이다.

　이제까지 여러 가지 영적 유익에 대해 말했지만 물론 필자가 그런 단계에 모두 이른 것은 아니다. 필자는 아직도 영적 여행의 초보자로서 이 여섯 가지의 유익을 경험하면서 구도자의 길을 갈 뿐이다. 다만 필자가 경험을 통해 확신하는 것은 마음의 기도는 모든 기도자에게 그러한 유익을 반드시 가져다주며, 따라서 영적 성장을 위한 가장 좋은 방법 중 하나라는 사실이다.

마음의 기도를 할 때
주의해야 할 것

1. 성령의 활동에 대한 인간의 능동성과 수동성

　영성가들은 성령의 임재 가운데 경험되는 관상을 능동적 관상과 수동적 관상 또는 주부적 관상으로 구분하였다. 능동적 관상이란 기도자가 능동적인 노력으로 경험하는 성령의 임재이며, 수동적 관상이란 그런 삶을 지속하는 자에게 하나님이 주권적으로 하나님의 때에 부어 주시는 성령의 임재를 의미한다. 이 수동적 관상을 '하늘로부터의 방문'이라고 부르기도 한다. 이 '하늘로부터의 방문'은 글자 그대로 하나님의 의지와 자비에 의해 주어지는 것으로 기도자에 따라 다양하게 경험된다.

이러한 인간의 능동성과 수동성을 성령의 임재와 활동 과정에도 적용할 수 있다. 모든 기도의 바람직한 상태는 성령의 임재 가운데 하는 것이다. 마음의 기도는 기본적으로 간구기도가 아니기에 성령의 임재가 더욱 중요하다. 여기서 성령의 임재와 활동에 대한 인간의 태도를 능동성과 수동성으로 구별할 수 있다. 인간의 능동성이란 성령의 임재가 시작되는 단계까지의 태도라고 할 수 있다. 마음속에 떠오르는 잡념을 넘어서서 성령이 임하기까지 집중을 위한 정신적이고 영적인 에너지를 발휘하는 것이라고 할 수 있다. 동시에 목마른 사슴처럼 하나님의 자비를 구하는 것이다. 그렇게 갈망하다 보면 하나님의 은혜로 성령이 임하기 시작한다. 성령이 임하기 시작하면 이제는 수동적인 태도를 취하는 것이다. 다시 말해, 하나님을 전적으로 신뢰하기에 하나님이 마음 가운데에서 일하시는 모든 활동들에 자신을 맡기는 것이다. 이 과정에서 기도자는 때때로 궁금증이나 의아심을 느낄 수도 있다. 그런데 그러한 태도는 성령의 자유로운 활동을 방해할 수도 있기에 우선은 수동적이 되는 것이다. 영성가들은 성령의 활동이 진행되는 중에 그 활동을 숙고하고 분별하기보다는 그 활동이 끝난 후에 할 것을 권면한다. 다시 말해 성령의 임재 가운데 머무는 시간은 최대한 수동적이 되고 그것에 대한 분별은 기도가 끝난 후에 하라는 것이다.

2. 말씀과 성화의 열매를 통한 성령의 임재 검증

기도 중에 성령의 임재와 활동을 경험한 뒤에는 이를 검증하는 단계가 꼭 필요하다. 성령의 임재에 대한 검증은 첫째로 말씀을 통하여 할 수 있다. 사도 바울은 성령이 임하면 다양한 은사가 나타날 수 있다고 설명한다. 고린도전서 12장 8~10절에 의하면 성령의 은사는 다음과 같다.

> 어떤 사람에게는 성령으로 말미암아 지혜의 말씀을, 어떤 사람에게는 같은
> 성령을 따라 지식의 말씀을, 다른 사람에게는 같은 성령으로 믿음을, 어떤
> 사람에게는 한 성령으로 병 고치는 은사를, 어떤 사람에게는 능력 행함을,
> 어떤 사람에게는 예언함을, 어떤 사람에게는 영들 분별함을, 다른 사람에
> 게는 각종 방언 말함을, 어떤 사람에게는 방언들 통역함을 주시나니.

이처럼 성령의 임재를 통해 나타나는 성령의 은사는 다양하다. 따라서 마음의 기도를 통해 성령의 임재를 체험하면 다양한 현상들이 나타나는 것은 자연스러운 것이다.

그러면 이러한 현상들이 성령의 임재로 나타난 결과임을 어떻게 확인할 수 있는가? 사도 바울은 성령의 다양한 은사에 대해 설명하면서 은사들은 공동체, 즉 몸인 교회의 덕을 세우기 위한 것이라고 강조한다. 각자 다른 은사를 통해 공동체의 구성원들을 섬기고 한 몸을 이루도록 은사를 주신다는 것이다. 그러므로 성령의 은사를 경험하는 사람들은 그것을 은사 사용에 관한 성경 말씀에 비추어 확인해야 할 것이다. 예를 들면, 설교자들은 설교 사역을 통해 검증할 수 있다. 성령이 임했을 때, 설교는 쉽고, 능력 있고, 무엇보다 재미있는 것을 경험하게 된다. 그리고 그 설교 가운데 하나님이 설교자 자신은 물론 청중과 함께하신다는 것을 확인할 수 있다. 설교 외에도 상담이나 환자를 위한 기도를 통해 그 열매를 확인할 수 있다. 더 나아가 교회 생활 가운데 성령의 임재에 대한 확신을 주는 다양한 열매들이 있다.

이와는 다르게 마음의 기도를 하다 보면 성령이 임재하였지만 뚜렷한 은사들이 나타나지 않을 수도 있다. 아무것도 일어나지 않은 것처럼 느껴질 때도 많다. 이렇듯 뚜렷한 증거 없이 일어나는 성령의 임재를 어떻게 확신할

수 있는가? 필자가 경험한 것을 토대로 겸손하게 조언하면 반복해서 경험하라는 것이다. 그리고 마음의 기도 후에 일어나는 성화의 열매를 확인해 보라고 말하고 싶다. 첫째, 반복해서 성령의 임재를 경험해야 한다. 성령의 임재는 방언처럼 일반적으로 뚜렷하게 나타나는 경우도 있지만 그렇지 않은 경우도 많다. 말로 표현하기 어려운 경우도 많다. 사실은 영성가들도 자신들에게 임한 성령의 임재 현상을 표현하는 데 어려움을 겪었다. 조심스러운 면도 있기 때문이다. 필자의 경험도 마찬가지다. 그래서 반복적으로 경험하는 것이 중요하다. 반복적으로 경험하면 자기 스스로 확신을 가질 수 있다. 자신에게는 성령의 임재가 어떤 식으로 일어나는지, 그리고 오늘 나의 기도에 성령이 임하셨는지 여부를 확인할 수 있다. 이 확신은 아주 중요한데, 왜냐하면 성령의 임재가 경험되지 않은 날이면 내가 무엇이 부족했는지, 아니면 성령이 임하지 않게 된 하나님의 뜻이 무엇인지를 숙고할 수 있기 때문이다.

성령의 임재를 경험한 사람에게 은사는 나타나지 않을 수도 있지만 성령의 열매는 반드시 나타난다. 사도 바울은 갈라디아서 5장 22~23절에서 성령의 아홉 가지 열매에 대하여 말한다. 성령의 열매는 성령의 임재를 경험한 모든 신자들이 반드시 맺어야 하는 인격의 열매인 것이다. 이 성령의 열매 중 어떤 것은 기도 가운데 경험하기도 한다. 예를 들어, 내면에서 이루어지는 하나님의 나라가 그것이다. 앞에서 말한 것처럼 하나님의 생명인 의와 희락과 평강과 사랑이 가득 채워지는 것이 첫 번째 열매다. 그리고 그러한 하나님의 생명은 성화의 삶으로 자연스럽게 열매 맺게 된다. 그러므로 자신에게 임한 성령이 참된 성령의 역사인지 여부를 확인하려면 자신의 삶 속에서 성화의 열매가 얼마나 맺어지는지를 확인해야 할 것이다.

3. 이웃에 대한 섬김으로 표현되어야 하는 성령의 임재

예수님은 공생애를 시작하시기에 앞서 성경을 읽으셨다. 그것을 누가복음 4장 18~19절은 다음과 같이 기록하고 있다.

> 주의 성령이 내게 임하셨으니 이는 가난한 자에게 복음을 전하게 하시려고 내게 기름을 부으시고 나를 보내사 포로 된 자에게 자유를, 눈 먼 자에게 다시 보게 함을 전파하며 눌린 자를 자유롭게 하고 주의 은혜의 해를 전파하게 하려 하심이라 하였더라.

주지하듯이 이 말씀은 이사야 61장 1절 이하의 말씀으로 예수님은 자신의 사역이 하나님 나라를 시작하는 것임을 알리신 것이다. 그러므로 예수님이 낭독하신 이 말씀은 예수님의 취임사였다. 이 본문은 바로 신구약성서 전체를 통해 일관되게 흐르는 하나님 나라의 비전을 표현하고 있다. 예수님은 자신의 정체성을 바로 이 하나님 나라의 도래를 실현하는 것으로 이해하셨다. 예수님의 삶과 사역을 통해 하나님 나라는 이미 역사 가운데 시작된 것이다. 비록 하나님 나라는 역사의 마지막 때에 완성될 것이지만 그 시작은 예수님에 의해서 이루어진 것이다.

그런데 예수님은 자신의 사역이 성령의 감동으로 된 것이라고 말씀하신다. 성령의 임재 가운데 예수님은 자신을 부인하고 다양한 사역을 행하셨는데 그 사역은 네 가지로 요약할 수 있다. 첫째, 복음 전도의 사역을 하셨다. 예수님은 제자들을 데리고 평생 복음을 전하는 순례의 삶을 사셨다. 둘째, 성령의 카리스마 가운데 각종 은사 사역을 하셨다. 성령의 능력 가운데 신유와 축사 등 각종 기적을 행하셨다. 셋째, 이웃 사랑의 사역을 하셨다. 소외된 자들과 죄인들의 친구로 그들을 향한 하나님의 사랑을 실천하셨다. 넷째, 사회 정의의 사역을 행하셨다. 억압받는 민중의 입장에서 대제사장 등 당시의 지배 계급에 의한 불의에 저항하셨다.

현대의 가장 탁월한 개신교 신학자 중 하나인 위르겐 몰트만(Jürgen

Moltmann)은 자신의 저서 《예수 그리스도의 길》에서 예수님은 단지 소외된 이웃을 사랑하는 데 머물지 않고 그들을 대표했다고 해석한다.[6] 몰트만의 견해는 마음의 기도를 실천하는 신자들에게 좋은 방향을 제공한다. 모름지기 마음의 기도를 통해 성령의 임재를 경험하는 사람은 반드시 예수님과 같은 삶을 살아야 한다는 것이다. 신유나 축사는 은사이기에 행하지 않을 수도 있다. 그러나 성령이 임재한 사람이라면 모두 예수님처럼 자기를 부인하고 이웃 사랑과 사회 정의를 위해 헌신해야 하는 것이다. 이웃 사랑과 사회 정의를 위한 자기희생과 헌신이 없다면 성령의 임재는 무언가 결핍된 성령의 임재일 것이다. 지금도 인간의 역사 가운데 하나님의 나라를 이루어 가시는 하나님은 성령을 보내심으로써 그 일을 계속 수행하고 계시기 때문이다.

만일 마음의 기도를 하는 신자가 이웃과 세계를 향한 사랑을 표현하지 못한다면 그는 종교 개혁자 마르틴 루터가 우려했던 오류를 반복하게 될 것이다. 루터는 이웃 사랑이 없는 기도는 정적주의(Quietism)에 빠진 것이라면서 신자는 그런 영성 생활을 포기해야 하며 기회가 주어진다면 그런 영성 생활에 거꾸로 도전해야 한다고 가르쳤다.[7] 그러므로 기도자는 예수님이 그러신 것처럼 이웃 사랑과 사회 정의를 위해서 기쁨으로 고난의 길을 가야만 한다.

마음의 기도

예수기도 없이 드리는 마음의 기도에 관하여 살펴보았다. 동방정교회에서 예수기도를 한 이유는 잡념을 잠재우고 마음의 정적에 이르기 위함이었다. 따라서 반복적인 예수기도에 거부감을 느낄 수도 있는 한국교회 신자들은 예수기도 없이 마음의 기도를 드리는 법을 배울 필요가 있다. 물론 이러한 방법들은 이미 동방정교회 영성가들에 의하여 실천되던 것들이다.

예수기도 없이 마음의 기도를 하는 방법은 크게 두 가지로 설명할 수 있다. 한 가지는 마음에 떠오르는 잡념들을 마음의 눈으로 관찰하는 방법이고 다른 하나는 마음 안에 잡념의 활동을 허용하는 공간을 마련하는 것이다. 다시 말해, 마음에 떠오르는 잡념을 분석하지 않고 다만 그것에 이름을 붙여줌으로써 그 잡념을 제거하는 것이다. 잡념이 진정되었으면 마음과 생각을 하나님께 집중하고 성령의 임재만을 갈망한다. 한편, 마음에 잡념의 활동을 허용하는 공간을 마련한다는 것은 잡념의 활동에 전혀 주의를 기울이지 않고 성령의 임재만을 갈망하는 것을 말한다. 정신과 영혼의 에너지를 집중해서 성령의 임재를 기다리다 보면 성령이 임하기 시작한다. 그러면 점차 잡념은 진정되고 마음은 성령으로 채워지기 시작한다.

성령이 임하시기 시작하면 전적으로 수동적이 되어야 한다. 하나님을 신뢰하며 성령께서 하시는 활동에 내맡기는 것이다. 물론 성령의 활동에 대한 숙고와 검증은 반드시 필요하다. 검증은 말씀과 성화의 열매를 통해서 할 수 있다. 성경은 성령이 임하였을 때 일어나는 다양한 현상들, 즉 은사에 관하여 말씀한다. 더 나아가 그 은사가 교회 공동체에서 어떻게 사용되어야 하는가도 언급하고 있다. 이렇듯 말씀을 통하여 성령의 임재 경험이 판단되어야 한다. 더 나아가 성령의 임재는 삶의 열매와 성화를 통해 검증되어야 한다. 분명한 은사는 나타나지 않을 수 있으나 성화의 열매는 언제나 분명하게 나타나야 하기 때문이다. 더 나아가 성령의 임재는 이타적인 삶을 통해 증명되어야 한다. 왜냐하면 성령은 신의 성품을 닮아 가도록 신자를 변화시키기 때문이다. 신의 성품이란 십자가에서 표현된 것처럼 기쁨으로 고난의 길을 가는 것이며, 그것을 통해 다른 사람들을 위해 자신의 생명을 모두 내어 주는 것이기 때문이다.

6장

하나님의 임재를
일상에서 경험하는 삶

─────────────────○

하나님의 임재를 위해
드려지는 시간

　　예수님은 밭에 감추어진 보화와 진주를 비유해 천국에 대해 말씀하셨다. 가치 있는 보화와 진주를 발견한 사람은 자신의 모든 소유를 다 팔아 그것을 산다면서, 천국은 바로 이 보화와 진주 같기 때문에 가치를 알아야 한다고 강조하신 것이다. 천국은 삶의 모든 것을 투자해도 좋을 만큼 가치 있다는 의미다.

　　예수님이 말씀하시는 천국은 일차적으로 다음 세상 또는 종말 때에 경험하는 천국을 의미한다. 하지만 예수님은 다른 복음서에서 이 땅에서의 천국, 즉 신자의 마음속에서 이루어지는 천국에 대하여도 말씀하셨다. 성령의 임재를 통하여 마음속에 이루어지는 하나님 나라를 이 땅에서 경험하도록 하나님은 인간을 지으셨다. 문제는 대부분의 신자들이 그 가치를 모른다는 것이다. 특별한 성령의 임재로 하나님 나라를 경험하지만, 그 가치를 소중히 여기지 않으므로 하나님 나라를 위해 투자하지 못하는 것이다.

헨리 나우웬은 시간을 구분하여 드릴 것을 권면한다. 헨리 나우웬은 하루에 한 시간, 일주일에 반나절, 한 달에 하루, 1년에 한 주를 따로 구분하여 하나님의 임재를 위한 시간으로 사용하라고 가르친다. 헨리 나우웬은 가톨릭 교회의 신부였으나 자신이 동방정교회의 마음의 기도를 통한 영성 훈련도 실천했음을 보여 주고 있는데 바로 구분된 시간에 마음의 기도를 한 것이다. 독신으로 산 신부에게는 가능한 일이겠지만, 바쁜 일상을 살아가는 개신교의 목회자나 평신도들에게는 무척 어려운 권면이다. 영어로 수련회나 수양회를 말할 때 물러남을 의미하는 'Retreat'라는 단어를 사용한다. 영성 수련이란 물러남을 의미한다. 바쁘기 때문에 우리는 물러나야 한다. 개구리는 멀리 뛰기 위해 몸을 뒤로 움츠린다. 물러남이 없기에 우리의 영성은 깊어지지 않는다. 물러남이 없기에 우리의 영성은 더 올라가지 못한다. 물러남이 없기에 우리의 영성에는 성화의 열매들이 부족하다. 어떤 의미에서 한국교회는 물러남이 없기에 더 나아지지 못하는 것이다. 종교 개혁자 마르틴 루터는 "나는 바쁘기 때문에 더 기도한다."라고 하였다. 기도 없이 바쁘게 보낸 하루는 하나님의 뜻과는 거리가 먼 하루임을 루터는 경험한 것이다.

양적으로 많은 시간을 할애하는 것이 정말 어렵다면 질적인 할애를 고려할 수도 있다. 예를 들면, 새벽기도나 말씀 묵상 후에 하나님의 임재를 갈망하는 기도를 10분 이상 하는 것이다. 매주 1시간 정도 시간을 구분하는 것이다. 한 달에 반나절, 1년에 하루라도 헌신하는 것이다. 그것이 예수님의 가르침에 귀를 기울이는 것이 아닐까? 사람들은 말한다. "고난 없이는 영광도 없다(No pain, no glory)." 그러나 우리는 이렇게 말할 수 있다. "헌신 없이는 은혜도 없다(No commitment, no grace)."

저녁에 시작하는
하루

유대인들은 특이하게 하루를 저녁에 시작한다. 사실은 동방정교회도 저녁에 하루를 시작한다. 창세기 1장을 보면 저녁이 되고 아침이 되니 하루가 지났다고 말씀하고 있다. 필자가 미국에서 유학하며 주말에 한인교회에서 전도사로 사역할 때 금요일마다 심야기도회를 가졌다. 그 시간 길 건너편의 유대인 회당에서는 유대인들이 전통적인 모자를 쓴 채 안식일 예배를 드리기 위해 성전에 모였다. 안식일인 토요일의 시작을 금요일 저녁에 시작하는 것이다. 그들이 왜 저녁에 하루를 시작했는지 신학적이며 문화적인 이유가 있겠지만 그것이 우리의 영성 생활에도 큰 유익을 준다는 것을 알 수 있다. 많은 신앙인들이 새벽 시간에 하나님과 기도로 교제하기를 소원하면서도 그렇게 하지 못하는 이유는 삶의 패턴이 늦게 잠자리에 들기 때문이다. 늦게 잠자리에 든다는 것은 늦게 귀가한다는 말이다. 특히 한국인들은 밤의 문화라고 해도 좋을 만큼 저녁에 많은 활동을 한다. 사업적인 모임, 교제를 위한 만남 등 많은 일들이 저녁 시간 이후에 이루어진다. 그래서 아침에 일찍 일어나는 것이 결코 쉽지 않다.

아침 일찍 일어나려면 무엇보다 저녁에 일찍 귀가해야 한다. 바로 저녁부터 하루의 삶을 시작하는 것이다. 구체적으로 말하면 7시 이전에 집에서 식사할 수 있도록 하루의 계획을 세우는 것이 좋다. 7시에 저녁을 먹는다면 9시경에는 침실에 들 수가 있다. 그리고 잠자기 전까지 성경을 묵상하고 기도 가운데 하루를 정리하는 시간을 갖는 것이다. 잠자기 전에 갖는 경건의 시간은 숙면을 위해 좋다. 왜냐하면 그날의 스트레스와 고민들을 하나님의 은혜 안에서 정리할 수 있기 때문이다. 그렇게 일찍 잠자리에 들면 새벽에 일어날 수 있다. 하나님과 기도로 교제하며 하루를 설계할 수 있는 것이다. 물론 선천적으로 늦은 밤이 되어야 잠이 오는 사람들도 있지만 잠자는 주기를 바꾸도록 노력해야 할 것이다.

매일 이러한 생활 리듬을 유지하기란 결코 쉽지 않다. 사업상 또는 교제를 위해 저녁에 만나야만 하는 사람들이 있기 때문이다. 그래서 필자는 이런 생활을 매일 규칙적으로 하기 어려운 사람들에게는 토요일 하루만이라도 반드시 그렇게 해보라고 강조한다. 토요일 저녁부터 주일을 시작하면 주일은 육적인 안식일이자 영적인 재충전의 날이 될 것이기 때문이다. 적어도 일주일에 한 번, 주일 새벽에 기도하는 삶을 드리면 주 단위로 하나님 안에서 생활을 성찰하고 계획하는 삶이 가능해질 것이다.

아직 하나님과 교제하는 삶의 가치를 인식하지 못해서 오히려 토요일에 늦게 귀가하는 신자들을 보면 안타깝다. 그들은 주일 예배에 참석하기가 쉽지 않고 참석하더라도 피곤해서 최선을 다해 예배드릴 수가 없다. 당연히 하나님의 임재를 경험하기 어렵다. 예배 성공은 신앙 성공이고 신앙 성공은 곧 인생 성공이란 말은 사실이다. 왜냐하면 하나님과 동행하는 삶이 인생 성공인데 하나님과 동행하는 삶은 새벽 기도, 말씀 묵상, 예배 참석을 통해서 가능하기 때문이다.

미국에서 살았을 때 강한 인상을 받은 것 중 하나가 저녁 뉴스 시간이었다. 미국인들에게 하루의 뉴스를 종합하는 프라임 타임 뉴스 시간은 우리보다 2시간 이른 7시다. 필자는 사람들이 아직 퇴근도 하지 않았을 텐데 뉴스 광고 수입이 괜찮겠나 하는 생각을 했다. 그런데 뉴스 시간대가 빠르다는 것은 하루의 생활이 일찍 시작된다는 것을 의미했다. 당연히 하루를 일찍 시작하기 위해 일찍 귀가할 것이다. 실제로 오후 3시부터 교통 체증이 시작되는 것을 보았다. 그런데 하루의 생활만 일찍 시작되는 것이 아니라 일주일의 삶도 그랬다. 보통 주일날 늦은 오후가 되면 공동주택 단지의 주차장이 차로 꽉 찬다. 월요일 출근을 준비하기 위해 볼일을 일찍 마치고 귀가하기 때문이다.

하나님은 모든 믿는 자들에게 구원을 은혜로 주신다. 하지만 모든 신자들에게 매일 성령을 주시지는 않는다. 날마다 성령의 임재를 경험하는 삶은 값을 지불해야만 가능하다. 그 값은 삶을 저녁에 시작하는 하루로 드리는 것이다.

묵상을 위한
거룩한 정지

누구에게나 삶은 바쁘게 흘러간다. 다람쥐 쳇바퀴 도는 것 같은 일상인데 그 쳇바퀴의 속도가 너무 빠르다. 마치 시계의 초침 위에 놓여 있는 작은 모래알에 비유할 수 있다. 커다란 벽걸이용 시계를 테이블 위에 평면으로 놓았다고 가정하자. 그런데 그 초침 앞에는 작은 모래알이 하나 있다. 초침의 움직임에 밀려 모래알은 자꾸자꾸 앞으로 나갈 것이다. 현대를 살아가는 대부분의 우리는 해야 할 많은 일들에 쫓겨 초침 앞의 모래알처럼 바쁜 일상에 떠밀려 가고 있다.

이처럼 바쁜 일상 중에도 하나님과 동행하는 삶을 살기 위한 또 다른 비결은 묵상을 위한 거룩한 정지(holy pause)를 실천하는 것이다. 이것은 마치 인터넷상에서 빠르게 지나가는 동영상을 감상하다 잠깐 정지(pause)시키는 것에 비유할 수 있다. 잠시 동영상의 화면을 정지시키고 생각을 환기시키는 것이다. 바쁘게 활동하던 생각에 여유를 주는 것이다. 영성가들은 이것을 영성 훈련의 하나로 실천하였는데 '거룩한 여가'라고 부르기도 한다. 바쁜 일상에서 잠시 생각을 멈추고 하나님과 관련된 것들을 생각해 보는 것이다.

거룩한 정지를 실천하기 위한 가장 손쉬운 방법은 피조물에 대한 묵상이다. 피조물에 대한 묵상은 이 책의 2부 4장에서 이미 자세하게 다루었다. 여기에서는 영성가들이 실천하던 또 다른 묵상 대상인 자신의 죽음에 대한 묵상을 소개하고자 한다. 사실 영성가들은 죽음을 두려운 존재나 비관적인 것으로 이해하지 않았다. 오히려 우리 삶의 최고의 선물로 이해하였다. 왜 죽음이 생애 최고의 선물일까? 그 이유는 죽음은 우리의 내면세계를 평화롭게 해주기 때문이다. 옛말에 사람이 죽을 때가 되면 머리가 가벼워진다는 말이 있다. 이 말은 사실이다. 왜 죽음이 임박하면 머리가 가벼워지고 마음이 평화로워질까? 죽음 앞에서는 삶의 모든 집착과 욕심을 극복할 수 있기 때문이다. 그래서 죽음의 순간을 묵상하게 되면 현재를 뛰어넘어 모든 것을 초월할 수 있게 된다. 우리의 현재와 죽음 사이에 놓여 있는 것들을 홀연히 뛰어넘는 것이다. 그러면 현재와 죽음 사이에는 무엇이 있을까? 한편으로는 욕심이 있고 한편으로는 근심이 있다. 욕심이 더 소유하려는 것이라면 근심은 이미 얻은 것들을 누리고 싶어 하는 마음일 것이다. 그런데 죽음의 순간을 묵상하면 그것들을 극복하게 된다. 순간적으로 마음을 비우고 마음의 고요를 경험할 수 있는 것이다.

죽음이 선물이 되는 두 번째 이유는 죽음은 우리를 죄악에서 자유롭게 해주기 때문이다. 우리의 죄악은 우리의 육체와 밀접하게 관련되어 있다. 성욕이 특별히 그렇다. 보지 않으면 안목의 정욕이 일어나지 않겠지만 남자의 성욕은 무의식, 즉 수면 중에도 일어난다. 그래서 사도 바울은 로마서 8장 23절에서 이렇게 선언한다. "그뿐 아니라 또한 우리 곧 성령의 처음 익은 열매를 받은 우리까지도 속으로 탄식하여 양자 될 것 곧 우리 몸의 속량을 기다리느니라." 구원받은 성도지만 육체로 인한 죄악에서 자유로워지는 종말적 완성을 기다린다는 의미다. 그렇다! 죽음은 육체로부터 영혼이 떠나는 것인데 그것은 곧 죄성으로부터 해방됨을 의미한다. 세 번째, 죽음으로 인해 우리는 오늘 가장 진지한 삶을 살아갈 수 있다. 가장 진지한 삶이란 하나님만 주목하는 삶이며 하나님과 동행하는 삶이다. 하나님은 지금도 하나님을 향해 생각이 집중된 심령을 찾고 계신다. 죽음의 순간을 묵상함으로써 우리의 생각을 하나님께만 고정할 수 있으며 하나님과 동행할 수 있다. 네 번째, 죽음을 통해 우리는 사랑하는 사람들에게 가장 여운이 진한 선물을 주기 때문이다. 죽는 자가 남기는 마지막 말을 유언이라고 하는데 누구나 그 유언을 소중히 여긴다. 우리는 죽음을 통하여 사랑하는 이들에게 메시지를 남기는 것이다. 말로써 그들의 귀에 들려주는 것이 아니라 평생 살아온 모습을 통해 그들의 가슴에 남기는 것이다. 그러므로 죽음은 사랑하는 사람들을 위한 가장 호소력 있는 설교다. 이렇듯 인생에 귀한 선물인 죽음을 묵상하는 삶을 우리는 일상에서 반복할 수 있다. 그리고 빠르게 지나가는 일상에서 갖는 거룩한 정지를 통해 우리는 날마다 더 깊은 삶을 살아낼 수 있다.

일상에서의
갈망

일상에서 하나님의 임재를 경험하기 위해서는 무엇보다 하나님의 임재를 갈망하는 삶이 중요하다. 이는 마음을 하나님께 드리고 하나님을 주목하는 것이다. 바쁜 일상에서 이것이 어떻게 가능할까? 그래서 구약의 유대인들은 정해 놓은 기도 시간이 있었는데 우리도 참고할 필요가 있다. 사도행전에 보면 제자들의 시대에도 유대인들의 관습을 따라 정해진 시각에 기도를 드렸음을 알 수 있다. 베드로와 요한은 오후 3시에 해당하는 제9시에 성전으로 기도하러 들어가다 미문이라는 성전문에서 앉은뱅이를 만난다. 가이사랴에 주둔한 로마 군대의 백부장이던 고넬료도 제9시에 기도하다가 환상 중에 베드로를 모셔 오라는 계시를 받는다. 한편 베드로는 다음날 정오에 해당하는 제6시에 기도하다가 고넬료를 방문하라는 계시를 받는다(행

10:1~23). 정해진 시간에 드리는 기도의 삶을 통해 하나님의 음성을 듣고 그 뜻에 순종하는 삶을 살았던 것이다.

그러므로 억지로라도 기도의 시간을 정하는 것은 일상에서 하나님의 임재를 경험하는 데 있어 아주 중요하다. 필자는 우크라이나로 단기선교를 갔을 때 터키를 경유한 적이 있다. 터키의 수도인 이스탄불은 동로마제국의 콘스탄티누스 황제가 콘스탄티노플이라는 수도로 삼았던 곳이다. 비록 지금은 이슬람교를 믿는 사람들이 지배하는 곳이 되었지만, 성 소피아 성당을 비롯하여 동방정교회의 문화유산들이 많은 곳이다. 그런데 유적지를 관광하다가 놀라운 일을 목격하였다. 기도 시간이 되자 아주 더운 여름날이었는데도 주위에 있던 이슬람교도들이 그대로 땅바닥에 엎드려 기도하는 것이었다. 형식적인 것처럼 보일 수 있으나 이슬람교도들은 일상에서 신을 주목하는 삶의 패턴이 있었다.

한국교회의 신자들이 매일 시간을 정하고 하나님을 주목하는 것은 아주 어려운 과제다. 그래서 시간 대신에 특별한 물체 등을 정하면 어떨까 싶다. 예를 들면, 빨간색 신호등을 정하는 것이다. 빨간색이 예수님의 보혈을 상징한다고 여기고 하루의 일과 중 빨간색 신호등을 볼 때마다 예수님의 사랑을 상기해 보는 것이다. 물론 각자 삶의 환경에 따라 더 좋은 아이디어들이 있을 것이다. 그리고 이를 실천하다 보면 영적 진보는 물론 더 많은 아이디어들이 떠오를 것이다.

이렇게 일상에서 하나님을 주목하는 삶은 성령의 도움으로 우리에게 자신만의 내면세계를 형성하게 해 준다. 외부 환경에 관계없이 마음 깊은 곳에 잠시 머무는 삶이 이루어진다. 주위의 소음에도 자기만의 고요함을 경험할 수 있는 것이다. 그리고 자기만의 고요 속에서 내면의 정적을 누릴 수 있다. 그러한 내면의 정적은 명경지수(明鏡止水)와 같이 고요하나 투명한 세계다. 바닥이 보이는 명경지수처럼 자신의 마음과 생각 속에서 일어나는 활동들을 볼 수 있다. 우리의 머리가 복잡한 이유 중 하나는 우리가 진정으로 원해야 할 것들과 원하지 말아야 할 것들을 혼동하는 데서 일어난다. 예를 들면, 필자가 원하는 것은 신학생들을 잘 가르치는 것이다. 그런데 필자가 기독교 TV 채널에 나오는 유명 강사를 보며 그 사람처럼 유명해지기를 원한다면 원하지 말아야 할 것을 원하는 것이다. 당연히 머리가 가벼울 수 없다.

일상에서 하나님을 주목하는 삶은 더 나아가 이웃과 세계에 대한 깊은 통찰을 얻게 한다. 복잡한 지하철 안에 있지만, 자기만의 내면세계에 고요히 머물 때 주위에 있는 사람들과 그들이 형성하는 사회에 대한 통찰력이 생기는 것이다. 비록 몸은 그들 가운데 있지만, 생각은 자기만의 정적에 머물며 그들을 관찰할 수 있는 충분한 생각의 거리를 유지하기 때문이다. 예수님은 그러한 상태에서 예루살렘의 여인들이 진정으로 울어야 할 대상이 누구인지를 아셨다. 그러므로 골고다로 올라가는 길에서 예수님의 죽음을 슬퍼하며 통곡하는 여인들을 향해 예수님은 "예루살렘의 딸들아 나를 위하여 울지 말고 너희와 너희 자녀를 위하여 울라(눅 23 : 28)."고 하신 것이다.

이렇게 일상에서 하나님을 주목하는 삶을 통해 형성된 내면세계로 인해 우리는 사랑과 희락과 평강으로 특징지어지는 하나님의 생명을 누리며 살게 된다. 그리고 그러한 생명 속에서 이웃과 세상을 바라보며 그들을 향한 하나님의 뜻에 헌신하게 된다.

영혼의
어두운 밤

일상에서 하나님의 임재를 갈망하는 신자들은 사모하는 영혼을 만족하게 하신다는 약속처럼 성령의 임재를 반드시 경험한다. 그리고 점차 하나님과 동행하는 삶이 가능해진다. 그래서 모세가 일생을 통하여 영적 진보를 경험하고 지상에서 누구보다 온유한 성품의 소유자가 되었던 것처럼 우리에게도 그 길은 가능하다. 물론 그러한 진보에 이른다고 하여 죄지을 가능성이 완전히 극복되는 것은 아니다. 모세도 분을 참지 못하여 약속된 가나안 땅에 들어가지 못했던 것을 우리는 기억할 필요가 있다. 그럼에도 불구하고 모세는 영적 순례의 마지막 여정에서 여전히 눈이 흐려지지 않았고 무엇보다 하나님의 친구로 여겨졌음을 우리는 기억해야 한다. 이것이 매일의 삶 속에서 하나님의 임재를 추구하는 신자들에게 주는 지복의 약속이다.

그 지복의 길을 가는 신자들이 마지막으로 명심해야 할 교훈이 있다. 그 복된 길에는 영혼의 어두운 밤(The Dark Night of the Soul)이 있다는 것이다. '영혼의 어두운 밤'이라는 개념은 16세기 스페인의 영성가였던 십자가의 성 요한(St. John of the Cross)이 강조한 개념이다. 성 요한은 영적 진보의 과정을 크게 두 단계의 영혼의 밤으로 설명하였는데 하나는 감각의 어두운 밤이고 다음 단계는 영혼의 어두운 밤이다. 그리고 각 단계는 다시 능동적 어두운 밤과 수동적 어두운 밤으로 구성되어 전체적으로 네 단계로 되어 있다. 먼저, 감각의 어두운 밤의 첫 단계는, '능동적인 감각의 밤(the active night of the senses)'이다. 능동적인 감각의 밤이란 간단하게 말하면 정화의 과정이라고 할 수 있는데, 적극적인 영적 훈련의 삶을 통하여 육적, 영적 죄악들이 정화되는 단계를 말한다. 기도의 측면에서 이 단계는 능동적인 기도 훈련을 통해 하나님의 은혜를 경험하는 단계다. 그런데 그런 단계를 지나 더 깊어지다 보면 하나님의 은혜에 의하여 '수동적인 감각의 밤(the passive night of the senses)'을 경험하게 된다. 이 단계의 특성은 능동적 감각의 단계에서 경험했던 능동적인 영적 훈련들을 통해서 더 이상 하나님의 은혜를 경험하지 못하는 기간이다. 다시 말해 이전처럼 기도 생활을 하고 하나님을 갈망하지만 하나님의 은혜를 경험하지 못하는 것이다. 이것은 하나님 자신의 뜻에 의하여 주어지는 과정으로 기도자는 이 단계에서 하나님이 외면하신 것처럼 느껴지는 영적 혼란을 경험하기도 한다. 능동적 기도 훈련과 그에 대한 하나님의 응답 방식에 대한 새로운 깨달음을 얻는 일종의 조명의 단계라고 할 수 있다. 그러한 시기를 믿음과 인내로 지나다 보면 영혼의 어두운 밤의 단계로 진보하게 된다. 이 단계의 첫 단계는, '능동적인 영혼의 밤(the active night of the soul)'이다. 능동적 영혼의 밤이란 이전의 감각적 영혼의 밤을 지나며 인간적인 이해, 기억, 의지에 의해 얻어진 하나님에 대한 지식을 부정해야 하는 단계를 말한다. 그리고 다만 침묵 가운데 신적 계시에 의해 주어지는 새로운 차원의 조명을 경험하는 단계다. 이러한 경험을 동방정교회에서는 부정의 신학 방법이라고 불렀는데 앞의 1부 2장의 내용이 참고가 될 수 있다. 기도의 측면에서 이 단계는 하나님에 의해 새로운 기도가 주어지는 단계다. 그 기도는 물 흐르듯 자연스럽게 영혼에서 흘러나오는 기도가 된다. 그러한 단계를 지나 기도자는 마침내 마지막 단계인 '수동적인 영혼의 밤(the passive night of the soul)'을 경험하게 된다. 이것은 영적 진보의 마지막 단계인 하나님과 연합하는 단계인데 이 단계는 하나님에 의해 주어지는 단계다. 때때로 하나님에 의해 주어지는 이 영적 축복은 모든 기도자가 반드시 경험하는 것은 아니다.[1]

개신교인에게 무척 낯선 영혼의 어두운 밤에 대한 개념을 간단히 정리하자면 적극적으로 기도의 삶을 살던 신자에게 어느 날 하나님이 외면하신 것처럼 느껴지는 시기라고 할 수 있다. 기도 생활과 신앙생활 그리고 간절한 갈망이 있어도 하나님의 임재를 경험할 수 없어 영적인 혼란을 느끼는 것이다.

리처드 포스터는 개신교인의 입장에서 그것을 다음과 같이 설명하였다.

숨어 계시는 하나님으로 인해 수목을 말리는 것과 같은 뜨거운 바람을 맞을 때 그것이, 하나님이 당신을 기뻐하시지 않는다거나 당신이 성령의 역사에 민감하지 않다는 것을 뜻하지는 않는다는 것이다. 그것은 당신이 하나님께 어떤 끔찍한 죄를 지었다거나 무언가 당신에게 잘못된 일이 일어났다거나 그밖에 어떠한 일도 뜻하지 않는다. 어두움이란 명확한 기도의 체험이다. 그것은 기대할 만한 것이며 심지어 끌어안고 싶은 것이다.[2]

그러므로 간략하게 설명한다면 영혼의 어두운 밤이란 적극적이고 능동적으로 하나님의 임재를 추구하는 자에게 하나님에 의해 주어지는 일시적인 영적 어두움이라고 할 수 있겠다. 이런 밤이 적극적으로 하나님의 은혜를 추구하는 영혼에게 모두 임하는 것은 아니지만, 무릇 영적인 진보를 추구하는 신자들은 반드시 그것을 알고 있어야 한다.

진지한 영적 진보의 과정에서 이러한 영혼의 어두운 밤을 경험한다면 어떻게 대처할 것인가? 현실에 충실하며 인내의 시간을 보내야 한다. 사실 수도사들이 대부분 노동을 한 이유는 이 영혼의 밤과 깊은 관련이 있다. 자급자족, 자연을 통한 하나님과의 만남, 노동의 신성함 같은 이유도 있었지만 영혼의 밤을 보내는 기다림의 시간이었다. 하나님이 침묵하시는 것 같은 힘든 시기를 인내하기 위해 그들은 가벼운 육체노동을 한 것이다. 우리도 마찬가지다. 하나님이 외면하시는 것처럼 느껴져 영적으로 침체되기 쉬운 시간을 지날 때 현실에 더욱 충실해야 한다. 당연히 신앙생활에 더욱 충실해야 한다.

일찍이 구원의 확신조차 없어 영적으로 힘들어하던 존 웨슬리에 대한 피터 뵐러의 충고는 좋은 참고가 된다. 웨슬리는 구원의 확신이 없는 상태에서 계속 설교를 해야 하는지 망설였다. 그래서 뵐러에게 조언을 구했다. 뵐러는 분명하게 대답했다. "구원의 확신이 올 때까지 더욱 열심히 설교하십시오. 그리고 구원의 확신이 주어지면 더욱 열심히 설교해야 합니다."[3] 우리도 마찬가지다. 하나님이 은혜를 주시든 주시지 않든 우리는 하고 있던 일에 최선을 다해야 한다.

영혼의 어두운 밤은 한편으로는 인간의 한계를 절감하는 시간이다. 노력해도 우리가 기대하는 방식과 시간대로 하나님의 은혜가 주어지지 않음을 배우는 시간이다. 토머스 머튼은 묵상의 본질에 대하여 다음과 같이 진술하였는데 참고할 만한 조언이다.

> 명상을 통하여 체험되는 하나님의 현존은 언제나 영혼에게 평안과 강한 기운을 가져다준다고 하는 것은 진실이다. 그러나 때로 그 평안은 고통과 어둠과 메마름 속에 온통 파묻혀 버리기도 한다는 것 역시 진실이다. 기운 찬 힘은 때로 우리 자신이 극도의 무기력, 무능을 느끼게 된 상태에서야 비로소 우리에게 주어진다.[4]

그렇다! 하나님 임재의 부재를 통해 우리는 우리의 무기력함을 경험하게 된다. 하나님의 자비 없이는 우리는 무가치한 존재임을 발견하게 되는 것이다.

그래서 우리는 영혼의 어두운 밤을 통해 하나님에 대한 우리의 전적인 의지와 신뢰가 자라가는 것을 경험한다. 사실은 예수님도 영혼의 어두운 밤을 잠시 경험하셨다고 할 수 있다. 십자가 위에서 외치신 "엘리 엘리 라마 사박다니!"는 하나님이 부재하신 것처럼 느껴지는 표현이었다. 버림받은 것처럼 느껴지는 영혼의 어두운 밤을 지나며 예수님은 오히려 하나님을 더욱 신뢰하게 되었다. 그래서 운명 직전에 고백하셨다. "아버지 내 영혼을 아버지 손에 부탁하나이다(눅 23:46)." 깊은 신뢰를 보여 주는 기도다.

그러므로 영혼의 어두운 밤은 결코 부정적인 기간이 아니다. 영적으로 힘든 시기이며 분명 칠흑과 같은 밤이다. 밤이 깊어질수록 방향을 잃어버리기 쉽다. 힘들다. 하지만 그 깜깜함은 찬란한 여명을 약속한다. 인내의 시간을 보내면 마침내 새벽이 온다! 반드시 온다! 그러므로 영혼의 어두운 밤은 약속의 밤이다! 힘들고 지루한 시간이 아니라 설렘의 시간이다!

하나님과
동행하는 일상

　　일상에서 하나님의 임재를 경험하며 하나님과 동행하는 삶은 성경이 약속하고 역사적으로 증명된 진리다. 비록 그것이 쉽지 않더라도 우리는 그러한 삶을 추구하여야 한다. 이번 장에서는 그러한 비전을 위한 생활 방식에 대하여 다섯 가지로 논하였다.

　첫째, 하나님과 동행하는 삶을 위해서 우리는 주기적으로 시간을 헌신하여야 한다. 매일 10분, 매주 1시간, 매월 반나절, 매년 1일 이상 침묵 가운데 하나님의 임재를 기다리는 시간을 가지는 것이다. 이렇게 정기적으로 시간을 헌신하기 위해서는 하나님과 동행하는 삶의 가치를 인식하여야 한다.

　둘째, 저녁에 하루를 준비하는 삶을 살아야 한다. 목회자는 물론 평신도들에게 일상에서 하나님과 동행하는 삶의 최선의 비결은 새벽기도 생활을 하는 것이다. 새벽기도를 위해서는 생활 리듬이 중요한데 그 전날 저녁부터 준비해야 한다. 그런 점에서 유대인들이 안식일을 금요일 저녁부터 시작하는 것은 시사하는 바가 크다.

　셋째, 일상에서 하나님께 집중하기 위해 '거룩한 정지'의 삶을 습관화해야 한다. 바쁜 일상 가운데 잠시 멈추고 피조물에 대한 묵상을 통하여 하나님께 마음을 모으는 것이다. 아울러 자신의 죽음의 순간에 대한 묵상도 쉽게 마음의 고요에 이르게 한다.

　넷째, 일상에서 하나님의 사랑을 묵상할 수 있는 삶의 패턴을 훈련하여야 한다. 수도원의 요리사로서 하나님과 동행하는 삶을 산 로렌스 형제는 시장에 가서 식료품을 살 때도 하나님을 주목하는 훈련을 포기하지 않았다. 복잡한 시장에서 때때로 물건 값을 흥정해야 했지만 언제나 하나님을 주목하려고 노력했다. 우리도 마찬가지다. 아무리 일상이 복잡해도 하나님께 집중하는 삶을 살 수 있다. 예를 들어, 빨간 신호등을 볼 때마다 예수님의 보혈을 생각하며 십자가의 사랑을 묵상해 보는 것이다.

끝으로 하나님과 동행하는 삶에서 한 가지 명심해야 할 것은 영혼의 어두운 밤이 찾아올 수 있다는 것이다. 영혼의 어두운 밤이란 쉽게 말해 영적으로 잘 훈련된 삶을 살아도 하나님이 침묵하시는 것처럼 느껴지는 시기를 말한다. 이때 신자는 영적으로 침체될 수 있다. 그러나 그럴수록 낙심보다는 더욱 훈련된 삶을 살아야 하며 무엇보다 일상생활에 충실해야 한다. 그러면 어두운 밤을 지나 찬란한 여명이 찾아오는 것처럼 하나님의 약속된 은혜가 주어질 것이다.

우리의 신앙생활에는 여러 가지 은혜의 방편(the means of grace)이 있다. 은혜의 방편이란 은혜를 받을 수 있는 통로를 의미하는데 예를 들어 성찬식이나 세례(침례)식이 그렇다. 성찬식이나 세례식 외에 중요한 은혜의 방편이 영적 훈련이다. 영적 훈련은 마치 가뭄 뒤에 내리는 단비를 받는 그릇과 같다. 아무리 단비가 내려도 그릇을 씻어 위로 향하도록 준비하지 않으면 생수를 받을 수 없다. 악인과 선인에게 골고루 비를 내리시는 하나님은 모두에게 은혜를 주시기 원한다. 하지만 그릇을 준비하지 않은 사람은 은혜를 경험할 수 없다. 영적 훈련은 하나님이 주시기 원하는 신적 생명을 받고 경험하는 삶이다. 주기적으로 단비를 공급 받는 식물만이 생명이 넘치고 아름다운 열매를 맺는 것처럼 영적 훈련은 우리에게 하나님의 생명이 가득 차고 넘치는 삶을 약속한다. 그리고 그 생명이 흘러넘쳐서 모든 이들에게 전해지는 삶을 약속한다.

인간은 유한한 존재이며 그 유한함은 자기중심성에서 나타난다. 하나님의 성품을 따라 타자를 향해 개방적이고 헌신하도록 피조되었으나 인간은 자기 사랑을 추구한다. 그러한 인간에게 하나님의 임재는 자신의 한계를 넘어서는 초월의 삶이 가능하게 한다. 예수님의 가르침 이후 그리스도교 영성가들은 하나님의 임재 경험을 통해 인간의 한계를 극복하는 삶을 보여 주었다. 그들은 하나님의 임재를 경험하기 위해 침묵기도를 실천하였다.

이제까지 동방정교회를 중심으로 하나님의 임재를 경험하는 침묵기도의 역사와 실제에 대하여 살펴보았다. 먼저, 동방정교회의 영성가들이 실천해 온 침묵기도의 신학적 배경을 이해하기 위해 마음의 의미, 완전의 개념, 기도에 있어서 사고와 마음의 역할, 잡념을 극복하는 길, 그리고 신성의 빛을 통한 하나님의 임재에 대하여 고찰하였다. 이어서 이러한 침묵기도를 한국교회에 적용하기 위한 다양한 방안들을 제시해 보았다. 통성기도, 찬양, QT, 피조물 묵상, 그리고 마음의 기도에 침묵기도를 접목하는 실제적인 방법들을 구체적으로 살펴보았다. 마지막으로 하나님의 임재를 일상에서 경험하기 위한 영적인 생활 방식에 대하여 고찰해 보았다.

먼저 1부에서는 마음의 의미에 대하여 살펴보았다. 마음은 성령이 임재하는 곳으로 동방정교회에서는 인간 존재의 중심으로 이해하였다. 인간 존재의 중심이라는 의미에서 마음은 진정한 변화가 일어나는 곳이다. 하나님의 임재를 통해 인간의 마음은 이기적인 존재에서 이타적인 존재로 변화된다. 한편, 이 마음은 무엇이든지 담을 수 있는 곳으로 훈련이 필요하다. 악마적인 생각과 신적인 생각, 무엇보다 인간의 자기 사랑이 지배하는 곳이다. 인간을 지으신 하나님은 인간의 마음을 지배하기 원하시지만 하나님을 향해 마음을 집중하는 것은 인간이 해야 할 일이다. 그래서 마음은 훈련이 필요하다.

　동방정교회의 교부들 중 탁월한 영성신학자였던 니사의 그레고리오스는 모세의 생애를 통해 완전의 개념을 제시하였다. 완전이란 하나님에 대한 지적 이해와 더불어 하나님의 성품을 닮는 것을 의미한다. 하나님에 대한 지식은 곧 하나님에 대한 경험이며 그 경험은 하나님을 본받게 한다. 하나님에 대한 경험의 정수인 하나님의 임재는 인간이 자신의 한계를 극복하고 완전에 이를 수 있게 한다. 그런데 그 완전이란 더 이상 성장할 여지가 없는 절대적 의미의 완전이 아니라 신의 성품에 최대한 가까워지는 것이다. 그 경지에 이른 모세는 누구보다 온유한 성품의 소유자가 되었으며 하나님의 친구로 불리었다. 그레고리오스는 그 경지에 이르기 위해 매일매일 최선의 영적 경주를 해야 한다고 강조한다.

　하나님의 임재를 경험하기 위해서 신자는 최선의 기도를 하여야 한다. 동방정교회에서 이 최선의 기도에 대한 방향을 제시한 인물이 마카리오스와 에바그리오스라고 할 수 있다. 먼저, 인간의 심리 통찰에 탁월하였던 에바그리오스는 기도란 잡념을 극복한 상태에서 드리는 순수한 지성의 활동이라고 이해하였다. 이러한 지성의 활동은 하나님에 대한 경험은 물론 피조물과 삼위일체 하나님에 대한 깊은 신학적 묵상이 가능하게 한다. 한편, 마카리오스는 마음에서 이루어지는 성령의 활동과 감성의 긍정적 기능을 통한 하나님의 임재 경험을 강조하였다. 이렇게 순수한 사고와 마음의 가치를 강조한 두 사람의 가르침이 통합되어 마음에서 드리는 마음의 기도가 형성되었는데 그런 의미에서 마음의 기도는 전인적인 기도라고 할 수 있다.

에바그리오스의 가르침을 따라 영성가들은 잡념의 활동을 극복하고 침묵기도를 드리기 위한 다양한 영성 훈련들을 계발하였다. 동방정교회의 영성의 고전인 《필로칼리아》에는 잡념이 극복된 무정념의 상태에 이르기 위한 다양한 영성 훈련 방법들이 제시되어 있다. 여기서는 네 가지 방법들을 고찰하였다. 첫째는 예수기도를 통해 마음의 고요에 이르는 것이다. 둘째는 자신의 죽음의 순간에 대해 묵상하는 것이다. 셋째는 덕의 실천이다. 절제, 겸손, 사랑과 같은 덕은 기도자로 하여금 쉽게 마음의 고요에 이르게 하는데 예를 들어 사랑의 덕을 쌓은 사람은 시기나 질투심이 없기에 마음이 고요하다. 넷째는 눈물의 은사다. 통회와 하나님의 자비를 구하는 눈물은 쉽게 마음의 정적에 이르게 한다.

동서방교회의 영성가들은 잡념을 극복하고 하나님의 임재를 경험하는 침묵기도(관상기도)를 형성하였다. 먼저, 서방교회에서는 렉시오 디비나의 방법을 발전시켰는데 이것은 말씀 묵상을 통해 하나님의 임재를 경험하는 것이다. 그 순서는 주로 읽기, 묵상하기, 기도하기, 관상하기로 실천되었다. 한편, 동방정교회에서는 예수기도를 통하여 침묵기도를 하였다. 예수기도란 "예수여! 이 죄인을 불쌍히 여기소서."라는 기도문을 계속 반복함으로써 마음의 정적에 이르고 하나님의 임재를 경험하는 것이다.

동방정교회에서는 하나님의 임재에 대한 구체적인 현상의 하나로 신성의 빛을 강조하였다. 신 신학자 성 시메온은 이 신성의 빛을 대표하는 신학자인데 그를 포함한 동방정교회 영성가들은 모세와 예수님의 얼굴에 나타난 신성의 빛이 신자들에게도 실제로 이루어질 수 있다고 믿었다. 시메온에 의하면 신성의 빛은 하나님 임재의 구체적인 결과로 먼저 신자의 내면과 얼굴에 나타난다. 신성의 빛이 하나님 임재의 생생한 경험이기에 이 빛을 경험한 신자는 내면에 깊은 환희를 느낀다. 그리고 그 희열은 신자로 하여금 영적인 진보에 더욱 정진하게 한다. 그리하여 하나님과의 연합에 이르게 된다. 하나님과의 연합이란 간단히 말하면 하나님의 본성을 따라 전적으로 이타적인 존재가 되는 것을 의미한다.

2부에서는 다양한 침묵기도의 적용 방법들을 제시하였는데, 먼저 통성기도와 침묵기도에 대하여 고찰하였다. 통성기도는 한국교회가 잡념을 극복하기 위해 발전시킨 기도 방법이다. 아쉬운 것은 하나님의 임재 가운데 머무는 시간이 길지 않은 것이다. 그래서 통성으로 감사기도, 회개기도, 간구기도, 침묵기도, 마지막으로 중보기도를 해 볼 것을 제안하였다. 간구기도는 가장 간절한 삶의 기도이기에 쉽게 잡념을 극복할 수 있다. 이때 충분히 통성으로 간구기도를 한 후에 침묵으로 성령의 임재 가운데 머무는 것이다. 중보기도는 성령의 임재 가운데 드리는 것이 의미가 있기에 마지막에 하면 좋다.

찬양과 침묵기도에서는 찬양을 통해 경험한 성령의 임재 가운데 좀 더 오래 그리고 깊이 머무는 방법을 소개하였다. 찬양 가운데 성령의 임재를 깊이 경험하는 노래를 부른 후에 그 가사를 깊이 묵상하는 침묵기도를 드리는 것이다. 물론 그 사이에 통성기도를 하는 것도 무방하지만 중요한 것은 이러한 침묵기도의 원리를 찬양의 전 과정에 창의적으로 적용하는 것이다. 그러면 찬양을 통해 잡념을 비교적 쉽게 극복하는 젊은 세대를 좀 더 깊은 하나님의 임재로 인도할 수 있을 것이다.

QT와 침묵기도는 현재 한국교회에서 가장 적용이 용이한 분야다. QT를 통해 영적 성장을 경험하고 있는 한국교회에 침묵기도를 적용한다면 QT를 하는 신자의 성화와 영적 성숙에 더 기여할 것이다. 그러나 QT의 아쉬움은 하나님의 임재 가운데 머물기보다는 적용하는 것에 더 비중을 둔다는 사실이다. 그러면 자칫 적용에 실패했을 때 오히려 영적인 무거움을 경험할 수 있다. 그러나 QT 중에 성령의 임재 가운데 충분히 오래 머문다면 성화는 물론 좀 더 풍요로운 적용의 열매들을 경험하게 될 것이다.

피조물을 통한 침묵기도는 한국교회가 많이 실천하지 못하는 부분이다. 피조물은 하나님이 지으신 것으로 화가의 작품이 화가의 내면세계를 드러내듯 하나님을 드러낸다. 그래서 전통적으로 영성가들은 피조물에 대한 묵상을 중요한 영성 훈련의 하나로 실천하여 왔다. 피조물을 묵상할 때 신자는 영적인 정화, 조명, 그리고 하나님의 임재를 경험할 수 있다. 무엇보다 이것은 성경 말씀이나 찬양 또는 기도 같은 종교적 행위 없이 일상에서 마주치는 피조물을 통한 하나님의 임재 경험이기에 가치가 크다고 할 수 있다.

끝으로 한국교회에서 침묵기도의 적용으로 예수기도 없이 할 수 있는 마음의 기도를 고찰하였다. 예수기도가 신학적으로 좋은 기도임에 틀림없지만 같은 기도를 반복하는 것에 대하여 한국교회 교인들은 거부감을 느낄 수 있다. 그래서 예수기도 없이도 잡념을 잠재우고 성령의 임재를 경험하는 방법을 제시하였다. 물론 이것은 예수기도가 형성되기 이전에 이미 에바그리오스에 의하여 제시된 방법이었다. 그것은 마음의 눈으로 마음에 떠오르는 잡념들을 관찰하는 것이다. 관찰하되 그것을 분석하지 않고 다만 이름만 붙이는 것이다. 한동안 그것을 반복하다 보면 잡념이 어느 정도 진정되는 것을 경험한다. 그러면 이제 잡념의 활동에는 주의를 기울이지 않고 마음과 생각을 하나님께 모으고 성령의 임재만을 갈망하는 것이다. 이것은 어느 정도 훈련만 하면 다른 어떤 방법보다도 일상에서 하나님의 임재를 경험할 수 있는 훌륭한 기도 방법이다. 나아가 신앙생활은 하지 않지만 마음 훈련에 관심이 있는 현대인들에게 선교적 접촉점으로서 복음 전도의 좋은 방편이 될 것이다.

종합적으로, 하나님의 임재를 일상적으로 경험하는 삶의 방식에 대하여 논하였다. 성화는 경건한 삶의 열매다. 하루를 묵상과 기도 가운데 시작하는 사람의 삶에는 반드시 성화의 열매가 나타나기 때문이다. 그러한 삶을 위해서는 다양한 경건의 훈련이 필요한데 예를 들면, 하루를 저녁에 시작하는 훈련, 바쁜 일상 중에도 거룩한 정지를 하는 훈련, 주기적인 시간의 헌신 훈련, 그리고 일상에서 하나님을 주목하는 훈련 등이다.

한국교회는 위기를 겪고 있으나 많은 영적 잠재력이 있다. 새벽기도의 훈련, 빈번한 설교를 통해 축적된 성경 지식, QT와 제자 훈련을 통해 형성된 묵상 훈련 등이 한국교회의 영적 잠재력이라고 할 수 있다. 이러한 잠재력 위에 전통적인 침묵기도의 방법을 적용한다면 오늘의 위기를 극복할 수 있을 것이다. 개인적인 성화는 물론 이웃 사랑과 사회 정의를 위해 헌신했던 그리스도교 영성의 찬란한 전통들을 계승하게 될 것이기 때문이다.

장별 주석
참고 문헌

장별 주석

프롤로그

1 내 지체 속에서 한 다른 법이 내 마음의 법과 싸워 내 지체 속에 있는 죄의 법으로 나를 사로잡는 것을 보는도다 오호라 나는 곤고한 사람이로다 이 사망의 몸에서 누가 나를 건져내랴.

2 Ken Parry, "Deification", in The Blackwell Dictionary of Eastern Christianity, ed. Ken Parry, David Melling, Mimitri Brady, Sidney Griffith & John Healey (Malden, MA: Blackwell Publishers, 2002), 159. 신화는 신의 성품을 닮는다는 의미로 동방정교회에서 신학적 주제가 되어 온 개념이다. 구원받은 신자가 지향해야 할 최고의 신앙 목표다.

3 이를 구경하러 모인 무리도 그 된 일을 보고 다 가슴을 치며 돌아가고.

4 바울이 아덴에서 그들을 기다리다가 그 성에 우상이 가득한 것을 보고 마음에 격분하여.

5 리처드 포스터(Richard Foster), 송준인 옮김, 《기도》 (두란노, 1996), 213~215. 포스터는 영성가들의 관상기도에 대한 기록들을 연구하여 "천국을 꿈꾸는 것", "하나님에의 응시", "하나님의 이상과 생각 속에 들어가 그와 연합하는 것", "하나님 외에는 아무것도 보지 못하는 순수한 관계" 등으로 묘사하고 있음을 제시하였다.

6 Geoffrey Wainwright, "Types of Spirituality", in The Study of Spirituality, ed. Cheslyn Jones, Geoffrey Wainwright, and Edward Yarnold (New York: Oxford University Press, 1986), 592.

7 Philip Sheldrake, "What is Spirituality?", in Exploring Christian Spirituality, ed. Kenneth J. Collins (Grand Rapids, MI: Baker Books, 2001), 25.

8 오직 마음에 숨은 사람을 온유하고 안정한 심령의 썩지 아니할 것으로 하라 이는 하나님 앞에 값진 것이니라.

9 예를 들어, 마카리오스는 "마음은 작은 그릇이지만, 그 안에는 모든 것이 담겨 있다. 그 안에 하나님이 계시고, 천사들이 있고, 생명과 천국이 있고, 거룩한 도시들과 은혜의 보물들이 있다."고 말한다. 《기도의 기술》, 발라모의 카리톤 엮음, 엄성옥 옮김, 62에서 재인용.

10 너희는 이 세대를 본받지 말고 오직 마음을 새롭게 함으로 변화를 받아 하나님의 선하시고 기뻐하시고 온전하신 뜻이 무엇인지 분별하도록 하라.

11 마음이 청결한 자는 복이 있나니 그들이 하나님을 볼 것임이요.

12 교회는 그의 몸이니 만물 안에서 만물을 충만하게 하시는 이의 충만함이니라.

PART 1
침묵기도 훈련의 역사와 신학적 토대

1장 인간의 마음과 하나님의 임재

1 Pseudo-Macarius, The Fifty Spiritual Homilies and the Great Letter, trans. and ed. George A. Maloney (New York: Paulist Press, 1992), 229.

2 도널드 헤그너, 채천석 옮김, 《마태복음 1–13: Word Biblical Commentary》 33상 (솔로몬, 1999), 316.

3 Brother Lawrence & Frank Laubach, *Pacticing His Presence* (Jacksonville, FL; The SeedSowers), 103.

2장 인간의 소명과 완전을 향한 길 – 니사의 그레고리오스
《모세의 생애》에 나타난 완전의 개념

1 Athanasius, *On the Incarnation* (Lexington, KY: 2011), 28~30. 아타나시우스는 성자의 성육신 의미를 신화의 관점에서 설명한다. 즉 성자는 구속의 제물만이 아니라 신화의 길을 가는 신자에게 구체적인 모범자가 되기 위하여 성육신했다는 것이다. "하나님의 말씀이 그 자신의 인격으로 오셨는데 그 이유는 성부의 형상인 그분만이 인간을 그 형상에 따라 재창조할 수 있기 때문이다. …… 그가 감각으로 볼 수 있는 대상이 되셨다. 그래서 구체적인 것들 안에서 하나님을 추구하는 자들이 성육하신 말씀이 육신 가운데서 행한 일들을 통하여 성부를 이해하게 되었다."

2 이로써 그 보배롭고 지극히 큰 약속을 우리에게 주사 이 약속으로 말미암아 너희가 정욕 때문에 세상에서 썩어질 것을 피하여 신성한 성품에 참여하는 자가 되게 하려 하셨느니라.

3 본 장에서는 다음의 두 자료를 사용하였다.
영역본: *Gregory of Nyssa: The Life of Moses* (New York: Paulist Press, 1978),
헬라어본: ΑΓΙΟΥ ΓΡΗΓΟΡΙΟΥ ΝΥΣΣΗΣ, *ΕΙΣ ΤΟΝ ΒΙΟΝ ΤΟΥ ΜΩΥΣΕΩΣ*, ed.
Archimandrite Pangratios Mprousalis (Athens: Ἀποστολικὴ Διακονία, 1990). 이 책은 *Η ζω ή του Μωυσή*의 현대 헬라어본으로 평생 니사의 그레고리오스 연구에 헌신한 Archimandrite Pangratios Mprousalis에 의해 서론, 고전 헬라어, 현대 헬라어, 주석과 함께 편집되었다.

4 John Meyendorff, "Preface", in *Gregory of Nyssa: The Life of Moses* (New York: Paulist Press, 1978), xvi. 동서방교회의 모든 영성가들의 대표적 작품들을 시리즈로 출판한 Classics of Western Spirituality에서는 그레고리오스의 작품으로 모세의 생애를 선정하였는데 그것은 모세의 생애의 가치를 증명한다고 하겠다. 오코넬도 이것을 주장한다. Patrick F. O'connell, "The Double Journey in Saint Gregory of Nyssa: The Life of Moses", *Greek Orthodox Theological Review*, 28 no 4, Win (1983), 301.

5 김수천, "그리스도교 영성가들에게 있어서 관상(Contemplation)에 이르는 길과 관상기도(Contemplative Prayer)의 의미– 동방정교회(The Eastern Orthodox Church)의 관점을 중심으로", 《협성신학논단》 제9집 (2008년 겨울), 137~138. 영성가들에게 있어 관상의 대상은 성삼위만 해당하지 않는다. 예를 들어, 다메섹의 피터(St. Peter of Damaskos)는 동방정교회 영성의 고전 《필로칼리아》에 실린 "관상의 여덟 단계"라는 글에서 관상에 관한 동방정교회 영성가들의 가르침을 요약한다. 관상의 첫째 단계는 현세의 고난과 시련들에 대한 지식이고, 둘째 단계는 우리 자신의 잘못과 하나님의 관대하심에 대한 지식이며, 셋째 단계는 자신의 죽음의 순간에 대한 지식이다. 넷째 단계는 예수 그리스도의 생애와 제자들과 교부 및 성자들의 가르침에 대한 지식이고, 다섯째 단계는 사물의 본질과 변화에 대한 지식이며, 여섯째 단계는 눈에 보이는 창조에 대한 지식과 이해다. 일곱째 단계는 하나님의 영적 창조에 대한 이해이며, 마지막 단계는 하나님에 관한 지식, 소위 '신학'이다.

6 Kenneth Scott Latourette, *A History of Christianity*, vol. 1, rev. ed. (New York: Harper San Francisco, 1975), 162~163.

7 한스 폰 캄펜하우젠, 김광식 옮김, 《희랍교부연구—동방 교부들의 생애와 사상》 (대한기독교서회, 2002), 161.

8 Abraham J. Malherbe and Everett Ferguson, "Introduction", in *Gregory of Nyssa: The Life of Moses* (New York: Paulist Press, 1978), 6~7.

9 Andrew Louth, "The Cappadocians", in *The Study of Spirituality*, ed. Cheslyn Jones, Geoffrey Wainwright, and Edward Yarnold (New York: Oxford University Press, 1986), 166~167.

10 Abraham J. Malherbe and Everett Ferguson, "Notes", in *Gregory of Nyssa: The Life of Moses* (Paulist Press, New York, 1978), 146. 아브라함 마허비와 에버렛 퍼거슨은 이 구절에 대한 해석을 통하여 이것이 플라톤의 영혼 불멸 사상과 유사함을 지적한다.

11 Gregory of Nyssa, *Gregory of Nyssa: The Life of Moses* (New York: Paulist Press, 1978), 63.

12 Ibid., 81.

13 블라디미르 로스키(Vladimir Lossky), 박노양 옮김, 《동방교회의 신비신학에 대하여》 (한국장로교출판사, 2003), 37. 로스키는 이 부정의 신학 방법에 대하여 다음과 같이 말한다. "실제로 모든 지식들은 존재하는 어떤 것을 대상으로 삼는다. 그러나 하나님은 존재하는 모든 것 위에 계신다. 그분에게 다가가기 위해서는 그분에게 미치지 못하는 모든 것, 다시 말해 존재하는 모든 것을 부정해야만 할 것이다. …… 인식 가능한 모든 대상들 너머에 계신 분을 아는 것은 바로 무지를 통해서다. 부정에 의해 나아감으로써 우리는 존재의 열등한 수준으로부터 그것의 절정에 이르기까지 상승해 간다."

14 블라디미르 로스키(Vladimir Lossky), 주승민 옮김, 대니얼 B. 클린데닌 편집, "부정의 신학과 삼위일체 신학", 《동방정교회 신학》 (은성, 1997), 241.

15 Robert W. Jenson, "Gregory of Nyssa The Life of Moses", *Theology Today*, 62 (2006), 537.

16 Gregory of Nyssa, 136.

17 김수천, "4세기의 이집트 수도자 마카리오스와 에바그리오스의 영성 사상 고찰", 《신학과 실천》 19 상권 (2009, 여름), 247~249.

18 서방교회에서는 이 성경 묵상을 렉시오 디비나(Lectio Divina)라고 불렀는데 관상기도의 첫 단계로 실시한 렉시오 디비나는 묵상을 위한 수단만으로 그치지 않았다. 성경 묵상을 통하여 동시에 삶과 하나님에 대한 깨달음도 얻고자 하였다. 강치원, "성 빅토르의 휴고(Hugo von St. Viktor)에게 있어서 거룩한 독서(Lectio Divina)", 《한국교회사 학회지》 20 (2007 봄), 7~8.

19 Gregory of Nyssa, 41~42.

20 Ibid., 83~84.

21 Ibid., 131~132.

22 Ibid., 132.

23 Ibid., 59~60.

24 Ibid., 60.

25 출애굽기 20장 21절

26 Gregory of Nyssa, 95.

27 Fr. John Break, "Prayer of the Heart: Sacrament of the Presence of God", *St. Vladimir's Theological Quarterly*, 39 no 1 (1995), 26.

28 이 성경 구절은 모세의 죽음을 기록한 신명기 34장 5~7절을 그레고리오스가 임의로 생략하여 기록한 것이다.

29 Gregory of Nyssa, 135~136.

30 Ibid., 37.

31 Ibid., 125.

32 Ibid., 117~118.

33 O'connell, 318~319.

34 Abraham J. Malherbe and Everett Ferguson, "Notes", 171.

35 Gregory of Nyssa, Book Ⅱ. (44), 64. 한편, 아브라함 마허비는 이 구절에 대한 주석에서 인간의 노력과 그에 대한 성부의 도움이 결합되어 인간의 노력을 완성하게 해 준다는 신인협력설이 잘 나타난다고 주장하는데 타당한 견해다. Abraham J. Malherbe and Everett Ferguson, "Notes", 165.

36 Archimandrite Pangratios Mprousalis, "Notes", in *ΕΙΣ ΤΟΝ ΒΙΟΝ ΤΟΥ ΜΩΥΣΕΩΣ* (Athens: Απ οστολική Διακονία, 1990), 363. 므프루살리스는 여기서 구름을 성령으로 해석한 것은 그레고리오스가 오리게네스를 따른 것으로 오리게네스가 *Homilies on Exodus* (5.1)에서 그렇게 해석하였음을 지적한다. 또한, 신약성경에서 바울은 고린도전서 10장 2절에서 그리고 예수님은 요한복음 3장 3절에서 그렇게 해석하였다고 지적한다.

37 ΑΓΙΟΥ ΓΡΗΓΟΡΙΟΥ ΝΥΣΣΗΣ, *ΕΙΣ ΤΟΝ ΒΙΟΝ ΤΟΥ ΜΩΥΣΕΩΣ*, (121), 151.

38 Gregory of Nyssa, 82.

39 Abraham J. Malherbe and Everett Ferguson, "Notes", 165.

40 아브라함 마허비는 그레고리오스가 여기서 '하나님의 형상(εἰκόνα θεοῦ)'이란 단어를 아타나시우스가 그랬던 것처럼 '닮음'을 의미하는 ὁμόίωσις와 같은 뜻으로 쓰고 있다고 지적한다. 한편 그는 모세의 생애에서 이 단어가 이 책의 거의 마지막 부분에서 사용되고 있음에 주목한다. 즉 덕을 추구하는 삶의 마지막 목적은 하나님을 닮는 것임을 암시하기 위해 그레고리오스가 그렇게 했을 것이라고 설명한다. Abraham J. Malherbe and Everett Ferguson, "Notes", 194.

41 Gregory of Nyssa, 136.

42 Ibid., 114~115.

43 동방정교회에는 이 영적 아름다움에 대한 사랑을 나타내는 말로 필로칼리아(philokalia)라는 단어를 사용한다. 필로칼리아란 '삶과 진리 계시의 초월적 근원으로 이해되는 아름다운 것, 고귀한 것, 탁월한 것에 대한 사랑'을 의미한다. G. E. H. 팔머, 필립 쉐라드, 알키맨드라이트 K. 웨어(G. E. H. Palmer, Philip Sherrard and Archimandrite K. Ware), "서문", 《필로칼리아》, 성산의 성 니코디모스와 코린트의 성 마카리오스(St. Nikodimos of the Holy Mountain & St. Makarios of Corinth) 편집, 엄성옥 옮김, vol. 1 (서울: 은성, 2002), 11~12.

44 Gregory of Nyssa, 56.

45 O'connell, 305.

46 ΑΓΙΟΥ ΓΡΗΓΟΡΙΟΥ ΝΥΣΣΗΣ, *ΕΙΣ ΤΟΝ ΒΙΟΝ ΤΟΥ ΜΩΥΣΕΩΣ*, (319). 265.

47 Gregory of Nyssa, 137.

48 Mprousalis, 451.

49 Gregory of Nyssa, 133.

50 Kristina Robb–Dover, "Gregory of Nyssa's 'Perpetual Progress'", *Theology Today*, 65, (2008), 213. 도버는 그레그리오스의 이러한 진보적 성장의 개념이 완전을 정적인 개념으로 이해한 플라톤주의 철학을 넘어서는 사상적 기여라고 평가한다.

51 Everett Ferguson, "God's Infinity and Man's Mutability: Perpetual Progress according to Gregory of Nyssa", *Greek Orthodox Theological Review* 18 (1973), 60~61. 퍼거슨은 그레고리오스 이전에도 필로의 *The Posterity of Cain*, 이레나이우스의 *Against Heresies*, 알렉산드리아의 클레멘트의 *Stromata*, 그리고 오리게네스의 *Homilies on Numbers*, *On Prayer*와 *Commentary on Isaiah*와 같은 저술들에도 지속적인 진보(perpetual progress-επεκτασις)의 어휘가 이미 사용되었지만 그레고리오스에 의하여 이 어휘가 신학적으로 정립된 개념으로 사용되고 있음을 지적한다. 따라서 이 어휘는 그레고리오스 영성신학의 한 특징적인 개념이라고 할 수 있다.

52 O'connell, 315.

53 Ken Parry, "Apophatic Theology", in *The Blackwell Dictionary of Eastern Christianity*, ed. Ken Parry, David Melling, Mimitri Brady, Sidney Griffith & John Healey (Malden, MA: Blackwell Publishers, 2002), 36. 이러한 부정의 진리 탐구 방법론은 이미 3세기에 플로티누스의 *Enneads*에서 발견된다. 그런데 그레고리오스는 하나님의 본질을 완전히 이해하는 것이 가능하다고 주장한 유노미오스(Eunomios)의 사상에 맞서기 위해 이러한 방법론을 적용하게 되었다.

54 그레고리오스의 이 부정의 신비신학은 아레오바고의 디오니시우스(Denys the Areopagite)의 부정의 신비신학으로 계승되었다. 디오니시우스는 자신의 신비신학에서 신적 어두움을 향해 상승하는 모세에 대하여 언급하였는데 그의 언어들에서 그레고리오스의 영향이 있었음을 알 수 있다. Andrew Louth, "Denys the Areopagite", in *The Study of Spirituality*, ed. Cheslyn Jones, Geoffrey Wainwright, and Edward Yarnold (New York: Oxford University Press, 1986), 188.

55 Gregory of Nyssa, 137.

56 김수천, "성 시메온(St. Symeon the New Theologian)의 가르침에 나타난 신성의 빛의 의미", 《한국 교회사학회지》 제27집 (2010), 60.

3장 인간의 내면세계와 성찰의 길 – 마카리오스, 에바그리오스

1 이후정, "서문", 《마카리오스의 신령한 설교》 (도서출판 은성, 1993), 13~14.

2 Ibid., 13.

3 마카리오스는 이 신령한 설교를 직접 기록하지는 않았다. 이 설교는 마카리오스가 했던 설교를 그

의 제자 중 한두 명이 기록하였는데, 그 내용은 실제로 마카리오스가 설교했던 내용이나 최소한 그의 사상을 대변하는 글들을 참고해서 기록된 것으로 여겨진다. A. A. Stephenson, "Macarius the Egyptian", *New Catholic Encyclopedia* (New York, 1967), v. 9, 3〜4. David C. Ford, "Saint Makarios of Egypt and John Wesley: Variations on the Theme of Sanctification", *Greek Orthodox Theological Review* v.33 (1988), no. 3, 285에서 재인용.

4 이후정, 15.

5 Simon Tugwell, "Evagrius and Macarius", in *The Study of Spirituality*, ed. Cheslyn Jones, Geoffrey Wainwright, and Edward Yarnold (New York: Oxford University Press, 1986), 173.

6 G. E. H. Palmer, Philip Sherrard and Archimandrite K. Ware, "Evagrios the Solitary", in *The Philokalia: The Complete Text* vol. 1, com. St. Nikodimos of the Holy Mountain and St. Makarios of Corinth, trans. and ed. G. E. H. Palmer, Philip Sherrard and Archimandrite K. Ware (Faber and Faber: London, 1979), 29.

7 제5차 교회 공의회에 의해 이단으로 정죄된 에바그리오스는 교회사가들에게 주목받지 못하였다. 그러나 최근의 초기 이집트 수도원 운동 연구자들은 에바그리오스를 중점적으로 연구하고 있다. 그 이유는 그가 4세기의 이집트 수도원 운동을 형성하고 종합한 것으로 평가되기 때문이다. 자세한 내용은 Mette Sophia B. Rasmussen, "Like a Rock or like God? The Concept of apatheia in the Monastic Theology of Evagrius of Pontus", *Studia Theologica* 59 (2005), 147 과 Martin Laird, "The 'Open Country Whose Name is Prayer': Apophasis, Deconstruction, and Contemplative Practice", *Modern Theology* vol. 21 (Jan. 2005), no.1, 143을 참조하라.

8 G. E. H. Palmer, Philip Sherrard and Archimandrite K. Ware, "Introduction", in *The Philokalia*: The Complete Text vol. 1, 13.

9 Kallistos Ware, "The Origins of the Jesus Prayer: Diadochus, Gaza, Sinai", in *The Study of Spirituality*, ed. Cheslyn Jones, Geoffrey Wainwright, and Edward Yarnold (New York: Oxford University Press, 1986), 176〜184. 예수기도는 5세기에서 8세기 사이에 정형화되었다. 예수기도의 기도문은 아주 단순한 것으로 "예수여 이 죄인을 불쌍히 여기소서(Lord Jesus Christ, Son of God, have mercy on me, a sinner)."를 반복하는 것이다. 시편 51편 1절의 "하나님이여 주의 인자를 따라 내게 은혜를 베푸시며 주의 많은 긍휼을 따라 내 죄악을 지워 주소서(Have mercy on me, O Lord…)."와 그 내용이 유사한 것을 알 수 있다.

10 Kallistos Ware, "기도와 관상의 길-동방 교회", 버나드 맥긴, 존 마이엔도르프, 장 레크레르크 엮음, 《기독교 영성(I)》 (은성, 2003), 637〜649.

11 리처드 포스터(Richard J. Foster), 박조앤 옮김, 《생수의 강-기독교 영성의 위대한 여섯 가지 전통》 (두란노, 1999), 404〜405.

12 크리스토포로스 스타프로포울로스, "하나님의 성품에 참여하는 자", 대니얼 클렌데닌 편집, 주승민 옮김, 《동방정교회 신학》 (도서출판 은성, 1997), 284.

13 Ibid., 284.

14 복음서 가운데 특별히 누가복음은 예수의 기도 사역과 성령의 관계를 강조하는데 누가는 예수의 습관적인 기도 사역을 강조한다. John Nolland에 따르면 누가가 누가복음 22장 39절에서 사용하는 "습관을 따라"라는 표현은 누가 자신만의 독특한 표현이다. John Nolland, "The Gospel

according to Luke", *Word Biblical Commentary* 35C (Dallas, TX: Word Books, 1995), 1083. 나아가 누가는 예수의 사역은 기도로 일관된 사역이었음을 강조하기 위해 반복적으로 기도에 관한 기사를 묘사하는데 누가복음 4장 42절, 5장 16절, 6장 12절, 9장 28~36절, 11장 1절, 21장 36절, 22장 39~46절 등이 그것이다.

15 대니얼 클렌데닌, 김도년 옮김, 《동방정교회 개론》 (은성, 1996), 228.

16 G. E. H. Palmer, Philip Sherrard and Archimandrite K. Ware, "Evagrios the Solitary", 30.

17 Pseudo-Macarius, *The Fifty Spiritual Homilies and the Great Letter*, tr. and ed. George A. Maloney (New York: Paulist Press, 1992), 89.

18 Ibid., 229.

19 Ibid., 232.

20 Ibid., 54.

21 Ibid., 55.

22 Ibid., 246.

23 Ibid., 143.

24 블라디미르 로스키(Vladimir Lossky), 박노양 옮김, 《동방교회의 신비신학에 대하여》 (한국장로교출판사, 2003), 94~97. 동방교회에서 신적인 에너지라는 개념은 바울이 로마서 1장 20절에서 "하나님을 알 수 있게 하는 것들"이라고 말한 피조물들 안에서 스스로를 현시하는 삼위일체 공통의 활동들로 해석되곤 했다. 블라디미르 로스키는 구체적으로 "에너지들은 피조물들과 같이 신적 원인에 의한 결과물이 아니다. 그것들은 결코 창조되거나 무로부터 만들어진 것이 아니다. 오히려 그것은 삼위일체의 본질로부터 영원히 흘러나오는 것이다. 그것은 제한될 수 없으며 본질 그 이상인 신적 본질이 흘러넘치는 것이다."라고 정의한다. 마카리오스는 이 신적 에너지를 신화를 가능하게 하는 하나님의 활동적 현존으로 이해한다.

25 크리스토포로스 스타프로포울로스, 293. 스타프로포울로스는 신자의 신화를 위한 삼위의 역할에 대하여 다음과 같이 기술한다. "그러므로 성령의 역할은 마무리하는 역할이다. 성부 하나님은 만세 전부터 구원과 신화의 사역을 생각하셨으며, 때가 되어 성자 안에서 그것을 실현하셨다. 성령은 이 사역을 완성하고 완전케 하시고 사람들에게 적용시키신다."

26 Pseudo-Macarius, 143.

27 Ibid., 210.

28 Ibid., 57. "그러므로 사랑하는 형제들이여, 주님으로부터 우리에게 그렇게 선하고 놀라운 약속들이 주어졌으니 …… 전적인 간구와 사모함으로 그 선한 것을 추구하는 일에 전념하자. …… 그러면 지극히 높으신 분의 의로운 손에 의해 우리의 굳은 마음이 변화될 수 있다고 인정을 받을 것이고, 우리의 영혼은 성령에 대한 열정으로 상처를 입으며 영적인 감미로움과 안식에 이를 것이다."

29 Ibid., 112.

30 공관복음서(마 17:2; 막 9:2; 눅 9:29)에 기록된 예수님의 변모 기사에서 사용된 동사 μεταμορφόω는 예수님의 몸이 실제로 변화되었음을 나타낸다. J. Behm, "μορφή, μορφόω, μόρφωσις, μεταμορφόω," *Theological Dictionary of the New Testament* vol. 4, ed. Gerhard Kittel, 758. 한편 모세의 변모가 하나님의 영광을 상징하듯이 예수님의 변모도 구약성경에 나타난 하나님의 영

광을 나타내는 이미지 중 하나인 빛나는 광채와 깊은 관련이 있다. William B. Lane, "The Gospel according to Mark", *The New International Commentary on The New Testament* (Grand Rapids, MI: Wm. B. Eerdmans Publishing Co., 1988), 317.

31 Pseudo-Macarius, 102.

32 Ibid., 122~123.

33 Andrei Orlov and Alexander Golitzin, "Many Lamps Are Lightened from the One: Paradigms of the Transformational Vision in Macarian Homilies", *Vigiliae Christianae*, v. 55 (Aug. 2001) no. 3 (Leiden, Netherlands: Brill Academic Publishers, 2001), 297. 안드레이 올로브와 알렉산더 고리친은 다음과 같이 주장한다. "In this new concept of the transformational vision, Macarius, however, sets a significant distinction between Christ's Transfiguration and human luminous transformation. In contrast to the Lord's metamorphosis, the bodies of mortals cannot be completely transfigured into the divine glory but rather simply become glorified."

34 Evagrius, "Texts on Discrimination in Respect of Passions and Thoughts", in *The Philokalia* vol.1, 40.

35 에바그리오스는 인간의 내면에 대한 성찰에서 지성을 잡념을 포함한 생각의 활동과 분리하여 이해한다. 순수한 사고의 기능이라고도 표현할 수 있는 이 지성은 바로 순수한 기도와 하나님에 대한 지식 획득을 위해서 중요한 요소가 된다.

36 Evagrius, "On Prayer: 153 Texts", in *The Philokalia* vol. 1, 64.

37 John Cassian, "On the Eight Vices", in *The Philokalia* vol. 1, 73~93을 참조하라.

38 Tugwell, 171.

39 Evagrius, "On Prayer", 57.

40 Rasmussen, 148.

41 Ibid., 148.

42 Ibid., 160.

43 Ibid., 162.

44 Evagrius, "On Prayer", 62.

45 Ibid., 62.

46 Ibid., 58.

47 Ibid., 64. 여기서 에바그리오스에게 정욕적인 생각들이란 색욕과 관련된 것만을 말하지 않는다. 타락한 본성의 지배를 받아 신자의 내면에서 끊임없이 일어나는 욕심(passions), 근심(concerns), 잡념(thoughts), 그리고 과거의 기억(memories of the past)들을 총칭하는 것이다.

48 Ibid., 63.

49 Laird, 144.

50 Ibid., 147. "For Evagrius the struggle with thoughts …… is not a question of having no thoughts, but rather a matter of cultivating through vigilant awareness the open space that lets thoughts be without discursive commentary on them, what he calls giving them 'mental

consent', 'mulling over them.'"

51 Evagrius, "On Prayer", 69.

52 Evagrius, "Texts on Discrimination", 50.

53 Evagrius, "On Prayer", 63.

54 Ibid., 65.

55 Ibid., 62.

56 Ibid., 65.

57 Ibid., 68. "수도사는 기도를 통하여 천사들과 동등해지는데 그 이유는 하늘에 계신 아버지의 얼굴 보기를 갈망하기 때문입니다(마 18:10)."

58 경성(*nepsis*)을 통하여 관상(contemplation)의 전제 조건인 무정념(*apatheia*)에 이른다는 동방정 교회의 이러한 전통은 서방교회의 거룩한 독서(lectio divina) 전통에 비교할 수 있다. 강치원은 "성 빅토르의 휴고(Hugo von St. Viktor)에게 있어서 거룩한 독서(Lectio Divina)"라는 논문에서 초대부 터 중세에 이르기까지 서방교회의 영성 훈련 전통 중에 거룩한 독서가 첫 단계의 훈련이라고 제시 한다. 즉 lectio—meditatio—oratio —contemplatio라는 네 단계 중 독서는 관상을 위한 첫 단계이자 묵상을 위한 수단이 되는 것이다. 강치원. "성 빅토르의 휴고(Hugo von St. Viktor)에게 있어서 거 룩한 독서 (Lectio Divina)," 《한국 교회사학회지》 20 (2007 봄), 7~8. 서방교회에서 수도자는 성 경이나 교부들의 가르침 등 경건 서적에 대한 독서를 통해 묵상할 구체적인 자료를 얻는다. 이러 한 동방정교회와 서방교회의 영성 훈련 방법을 모두 실천해 본 필자는 경험을 통해 두 전통이 모 두 유익하다는 것을 발견하였다. 다만 영성 훈련의 초보 단계에 있는 사람들을 위해서는 서방교회 의 전통이 보다 더 쉽고 효과적이라고 판단된다.

59 Rasmussen, 160. "Knowledge of the Trinity reveals that God created man out of love, and the final goal of human life itself is to be able to mirror this love as a perfect image of God. Only through apatheia is this love recognizable. Only through apatheia can we learn to love the way God intended. In this way, love is indeed apatheia's daughter."

60 Evagrius, "On Prayer", 62.

61 John D. Zizioulas, "초기 기독교 공동체", 버나드 맥긴, 존 마이엔도르프, 장 레크레르크 편집, 이 후정 외 옮김, 《기독교 영성(I)》 (은성, 2003), 84.

62 리처드 포스터, 박조앤 옮김, 《생수의 강–기독교 영성의 위대한 여섯 가지 전통》 (두란노, 1999), 405.

4장 하나님의 임재를 위한 내적 고요의 길– 헤시키우스, 필로테오스, 탈라시오스, 스티타토스

1 Andrew Louth, "Augustine", in *The Study of Spirituality*, ed. Cheslyn Jones, Geoffrey Wainwright, and Edward Yarnold (New York: Oxford University Press, 1986), 135.

2 Kenneth Scott Latourette, *A History of Christianity* vol. 1 (New York: Harper San Francisco,

1975), 225~226. 알렉산드리아의 감독이었던 아타나시우스가 기록한 안토니오스의 전기에 의하면 안토니오스는 250년경에 태어나서 재산을 모두 팔아 가난한 사람들에게 나누어 주고 홀로 수도 생활에 전념하여 독거 수도 전통의 표준이 되었다. 영적 정진의 결과로 비록 많은 교육을 받지 못했으나 많은 사람들이 제자로 따르게 되었다.

3   Theodore Stylianopoulos, "The Philokalia: A Review Article", *Greek Orthodox Theological Review*, 252~254. 《필로칼리아》는 4세기부터 15세기에 이르기까지 동방정교회 수도자들의 수도 경험을 편집한 책으로 다섯 권에 이르는 분량에 모두 35명의 글들을 모은 것이다.

4   성산의 성 니코디모스와 코린트의 성 마카리오스 편집, 《필로칼리아》 vol. 1, 267. G. E. H. Palmer, Philip Sherrard and Archimandrite K. Ware는 《필로칼리아》를 영역하면서 당초 니코디모스가 헬라어판에서 모든 저자들의 글 앞에 기록했던 그 저자에 대한 소개를 새로 하고 있다. 즉 니코디모스 이후 추가된 연구를 바탕으로 보다 사실적인 소개를 한다고 판단되어 필자는 그들의 견해를 따르고자 한다. 팔머와 두 명의 번역자들은 성 헤시키우스가 성 존 클리마쿠스(6세기 또는 7세기)의 저서인 《거룩한 상승의 사다리》(*The Ladder of Divine Ascent*)를 잘 알고 있었던 것 같아 8세기나 9세기에 살았을 것으로 추정한다. 헤시키우스는 예수님의 거룩한 이름에 헌신했기 때문에 예수 기도를 하는 사람들은 그의 글을 귀중하게 여긴다고 소개하고 있다.

5   성 헤시키우스(St. Hesychios the Priest), "경성함과 거룩에 관하여: 테오둘로스를 위한 글", 《필로칼리아》 vol. 1, 332.

6   Ibid., 298~299.

7   Ibid., 300.

8   Kallistos Ware, "The Origins of the Jesus Prayer: Diadochus, Gaza, Sinai", in *The Study of Spirituality*, ed. Cheslyn Jones, Geoffrey Wainwright, and Edward Yarnold, (New York: Oxford University Press, 1986), 76. 칼리스토스 웨어에 의하면 성 안토니오스는 통회를 강조하여 다음과 같이 말하였다: "This is a man's chief work to always blame himself for his sins in God's sight", 또한 다음과 같이 내면의 슬픔을 강조하는 말들을 하였다: "I am weeping for my sins", "The monk should always have penthos in his heart."

9   성 헤시키우스, 298.

10 성산의 성 니코디모스와 코린트의 성 마카리오스 편집, 《필로칼리아》 vol. 3, 9~10. 팔머와 번역자들은 시나이의 필로테오스(St. Philotheos of Sinai)가 6~7세기 시나이의 수도원장이던 클리마쿠스의 요한의 영적 가르침과 8~9세기의 성 헤시키우스의 가르침을 따랐다고 본다. 따라서 필로테오스는 9세기나 10세기에 살았을 것으로 본다. 번역자들은 필로테오스가 특별히 죽음에 대한 명상을 강조했다고 소개한다.

11 시나이의 필로테오스(St. Philotheos of Sinai), "맑은 정신에 관한 40편의 글", 《필로칼리아》 vol. 3, 14.

12 성산의 성 니코디모스와 코린트의 성 마카리오스 편집, 《필로칼리아》 vol. 5, 371~372. 팔머와 번역자들은 예루살렘의 헤시키우스(Hesychius of Jerusalem)가 5세기의 인물로 젊어서 신학자 그레고리의 훌륭한 제자였으며 412년에 예루살렘의 주교로 임명되었다고 소개한다.

13 예루살렘의 헤시키우스(Hesychius of Jerusalem), "테오둘루스에게 보낸 맑은 정신과 기도, 그리고 영혼 구원에 관한 글", 《필로칼리아》 vol. 5, 424.

14 성산의 성 니코디모스와 코린트의 성 마카리오스 편집, 《필로칼리아》, vol. 2, 493~494. 팔머와 번

역자들은 리비아의 성 탈라시오스(St. Thalassios the Lybyan)는 리비아의 한 수도원 원장이었으며 고백자 막시무스와 개인적인 친구였다고 소개한다. 고백자 막시무스처럼 탈라시오스도 사랑의 중요성을 강조하였다.

15 리비아의 성 탈라시오스(St. Thalassios the Lybyan), "사랑, 절제, 지성과 일치하는 삶에 관하여", 《필로칼리아》 vol. 2, 527.

16 Ibid., 527.

17 시나이의 필로테오스, 13.

18 리비아의 성 탈라시오스, 527.

19 Ibid., 528.

20 Ibid., 537.

21 Ibid., 537.

22 Ibid., 537.

23 시나이의 필로테오스, 17.

24 Ibid., 18.

25 성산의 성 니코디모스와 코린트의 성 마카리오스 편집, 《필로칼리아》 vol. 2, 593. 팔머와 번역자들은 성 테오그노스토스가 쓴 이 글에 대하여 편집자인 니코디모스가 3세기 알렉산드리아의 테오그노스토스의 것이라는 것에 대하여 반대한다. 그 이유는 성 테오그노스토스가 그의 글에서 8세기의 인물인 다메섹의 요한을 인용하고 있기 때문이다. 번역자들은 성 테오그노스토스를 14세기의 사제로 추정한다.

26 성 테오그노스토스(St. Theognostos), "덕의 실천, 관상, 사제직에 관하여", 《필로칼리아》 vol. 2, 600.

27 성산의 성 니코디모스와 코린트의 성 마카리오스 편집, 《필로칼리아》 vol. 4, 103. 팔머와 번역자들은 니키타스 스티타토스가 10세기에서 11세기의 인물로서 신 신학자 시메온의 제자로 스승의 전기를 썼다고 소개한다. 그는 1020년경에 스튜디오스 수도원에 들어가서 후에 사제가 되었고 수도원장이 되었다. 그는 스승의 가르침을 따라 영성 생활에서 눈물과 가책의 중요성을 강조하였다.

28 니키타스 스티타토스 (Nikitas Stithatos), "사물의 내적 본질과 지성의 정화에 관한 100편의 글", 《필로칼리아》 vol. 4, 194.

29 Ibid., 170~171.

30 Ibid., 196~197.

31 김병훈, "기도의 본질에 관한 심층적 고찰", 《신학과 실천》 15 (2008 여름), 184.

5장 하나님의 임재를 경험하는 관상의 길 – 동서방교회의 렉시오 디비나와 예수기도

1 John Wesley, "The Scripture Way of Salvation", in *John Wesley*, ed. Albert C. Outler (New York: Oxford University Press, 1980), 274~275. 웨슬리 신학자 알버트 아우틀러(Albert C.

Outler)는 그의 저서 *John Wesley*에서 웨슬리의 에베소서 2장 8절에 대한 설교(제목—The Scripture Way of Salvation)를 그리스도인의 완전에 대한 의미를 잘 표현해 주는 대표적인 설교로 선정하여 설교 전문을 그의 책(272~282)에 싣고 있다. 이 설교에서 존 웨슬리는 다음과 같이 말하고 있다. "How exactly did Macarius, fourteen hundred years ago, describe the present experience of the children of God: ······ 'The unskillful' (or unexperienced), when ······ grace operates, presently imagine they have no more sin ······.", 계속해서 웨슬리는 마카리오스의 은혜 안에 살아도 죄 지을 가능성이 있다는 글을 직접 인용함으로써 그리스도교인의 완전에 대한 자신의 신학적 관점을 설명하고 있는데 이것은 웨슬리가 동방정교회의 신학적 관점으로부터 깊은 영향을 받았다는 한 증거가 된다.

2 Frank Lentricchia, "Last Will and Testament of an Ex-Literary Critic", *Lingua Franca* 6, no. 2 (New York: Lingua Franca, 1996), 65~66.

3 오무수, "옮긴이의 말", 토머스 머튼, 오무수 옮김, 《명상이란 무엇인가?》 (가톨릭출판사, 1986), 82. 토머스 머튼(Thomas Merton, 1915~1968)은 20세기 전반을 통틀어 가장 심오한 영적 사고와 체험을 했던 영성가 중 한 사람으로서 엄격한 규율과 침묵을 강조하는 트라피스트 수도사로 일생을 살았다. 《명상의 씨》, 《칠층산》, 《동서 관상》, 《마음의 기도》, 《그는 다시 살아나다》, 《침묵 속의 하느님을 찾는 사람들》, 《가장 완전한 기도》 등의 저서를 저술하였다.

4 류기종, 《기독교 영성-영성 신학의 재발견》 (은성, 1997), 110~113.

5 Andrew Louth, "Denys the Areopagite" in *The Study of Spirituality*, ed. Cheslyn Jones, Geoffrey Wainwright, and Edward Yarnold (New York: Oxford University Press, 1986), 186~189. 디오니시우스(Denys the Areopagite)는 하나님과의 연합이라는 영적 진보의 과정을 정화(purification), 조명(illumination), 완전(perfection)이라는 세 단계로 설명하였는데 그의 이러한 관점은 후에 동서방교회에 의해 받아들여지게 되었다. 동방교회가 비판적으로 수용한 반면, 서방교회는 보다 더 깊이 적극적으로 이 구조를 받아들였다.

6 토머스 머튼, 오무수 옮김, 《명상이란 무엇인가?》 (가톨릭출판사, 1986), 30.

7 Ibid., 39.

8 성산의 성 니코디모스와 코린트의 성 마카리오스 편집, 《필로칼리아》 vol. 3, 105~106. 다마스쿠스의 페트로스(St. Peter of Damascus)는 11세기에서 12세기의 인물일 것으로 추정된다. 한편 그의 글이 많이 수록된 이유는 그가 다른 수도사들을 위해 글을 쓴 수도사이기 때문일 것이다.

9 다마스쿠스의 페트로스(St. Peter of Damaskos), "관상의 여덟 단계", 성산의 성 니코디모스와 코린트의 성 마카리오스 편집, 엄성옥 옮김, 《필로칼리아》 vol. 3, 156~157.

10 Ibid., 202.

11 강치원, 17. 영성가들에 따라 렉시오 디비나를 다섯 단계로 나누기도 하는데 빅토르의 휴고는 lectio—meditatio—oratio—contemplatio라는 네 단계 중 contemplatio 단계 앞에 행위(operatio)를 넣기도 하였다.

12 Placid Spearritt, "Benedict", in *The Study of Spirituality*, ed. Cheslyn Jones, Geoffrey Wainwright, and Edward Yarnold (New York: Oxford University Press, 1986), 155. 성 베네딕투스의 수도원에서는 매일 4시간씩 성경이나 성경에 대한 교부들의 주석을 읽고 묵상하였다.

13 Owen Chadwick, "John Cassian", in *The Study of Spirituality*, ed. Cheslyn Jones, Geoffrey

Wainwright, and Edward Yarnold (New York: Oxford University Press, 1986), 145~148.

14 허성준, 『수도전통에 따른 렉시오 디비나』 (왜관: 분도출판사, 2011), 54.

15 Joseph G. Sandman, "Centering Prayer: A Treasure for the Soul", *America* (September/2000), 13. 제2차 바티칸 공의회는 관상기도의 가치를 인식하고 관상기도를 현대의 신앙인들에게 적용할 수 있는 방안을 연구하도록 요청하였다. 이에 대한 반응으로 1970년대 중반에 미국 매사추세츠 주에 있는 성 요셉 수도원의 트라피스트 수도회 수도사들인 토마스 키팅(Thomas Keating), 윌리엄 메닝거(William Meninger), 그리고 바질 페닝턴(Basil Pennington)이 수도자들이 아닌 일반 신앙인들에게 관상기도를 적용하기 위한 연구를 하게 되었다. 그중에서도 토마스 키팅이 주도적인 역할을 담당하게 된다.

16 Ibid., 14.

17 김종순, "향심기도", 정원범 엮음, 《영성 목회 21세기》 (한들출판사, 2006), 343.

18 Christopher Bryant, "The Nature of Spiritual Development", in *The Study of Spirituality*, ed. Cheslyn Jones, Geoffrey Wainwright, and Edward Yarnold (New York: Oxford University Press, 1986), 567.

19 발라모의 카리톤 편집, 엄성옥 옮김, 《기도의 기술》(*The Art of Prayer*) (은성, 2012), 90.

20 Sandman, 14. 중요한 내용이라 판단되어 독자들의 이해를 돕고자 원문을 제시한다. "The fundamental dynamic of centering prayer is not to stop thinking or to combat thoughts as they arise, but rather to let them go gently so they can pass through one's awareness. Thus the believer can return with his or her whole being to an awareness of God."

21 리비아의 성 탈라시오스(St. Thalassios the Lybyan), "사랑, 절제, 지성과 일치하는 삶에 관하여", 《필로칼리아》 vol. 2, 502~503.

22 다마스쿠스의 페트로스(St. Peter of Damaskos), 194~195.

23 성산의 성 니코디모스와 코린트의 성 마카리오스 편집, 《필로칼리아》 vol. 5, 121~122. 신 신학자 시메온(St. Simeon)은 11세기의 인물로 콘스탄티노플 근처에서 수도사로 살았다.

24 신 신학자 성 시메온(St. Symeon the New Theologian), "실질적인 가르침과 신학적인 가르침", 성산의 성 니코디모스와 코린트의 성 마카리오스 편집, 엄성옥 옮김, 《필로칼리아》 vol. 5, 177.

25 다마스쿠스의 페트로스, 202.

26 성 헤시키우스, "경성함과 거룩에 관하여: 테오둘로스를 위한 글," 《필로칼리아》 vol. 1, 318.

27 포티케의 디아도쿠스(St. Diadochos of Photiki), "영적 지식과 분별에 관하여", 성산의 성 니코디모스와 코린트의 성 마카리오스 편집, 엄성옥 옮김, 《필로칼리아》 vol. 1, 444~445. 포티케의 감독이었던 다아도쿠스는 400년경에 태어나 486년 이전에 사망하였다.

28 토머스 머튼, 12~13.

6장 하나님과 연합의 길 – 신 신학자 성 시메온

1 블라디미르 로스키(Vladimir Lossky), 박노양 옮김, 《동방교회의 신비신학에 대하여》 (한국장로교

출판사, 2003), 67. 무정념과 관상 그리고 신화에 대하여 동방정교회 영성신학의 권위자인 블라디미르 로스키는 다음과 같이 말한다. "삼위일체 하나님의 절대적 완전성과 신적인 충만에 대한 관상은 비록 '삼위일체 하나님에 대한 창백한 그림자'에 불과함에도 불구하고 이 사유는 모든 정념들로 가득 찬 인간 영혼의 한복판에 안정성과 '평정(ἀπάθεια-dispassion)', 즉 신화의 시작인 고요함을 부여하고, 변화하고 동요하는 존재 너머로 인간의 영혼을 상승시킨다. 왜냐하면 본질상 변화하게 마련인 피조물은 은총에 의해 영원한 안정 상태에 이르러야 하고, 삼위일체의 빛 안에서 영원한 삶에 참여해야 하기 때문이다."

2 Ibid., 265.

3 Ibid., 262~263. 동방정교회의 이 전통을 로스키는 다음과 같이 설명하고 있다. "창조되지 않은 빛 안에서 인지될 수 있는 신성을 보는 것은 '여덟 번째 요일의 신비'다. 그것은 다가올 세상에 속한다. 그럼에도 불구하고 그에 합당한 사람들은 '권능으로 임하는 하나님 나라(막 9:1)'를 이 지상의 삶에서부터 볼 수 있게 된다. 다볼 산 정상에서 세 명의 제자가 주님의 빛을 보았던 것처럼 말이다."

4 Bernard McGinn & Patricia F. McGinn, *Early Christian Mystics: The Divine Vision of the Spiritual Masters* (New York: The Crossroad Publishing Company, 2003), 10.

5 John McGuckin, "Symeon the New Theologian's Hymns of Divine Eros: A Neglected Masterpiece of the Christian Mystical Tradition", *Spiritus* 5 (2005) (The Johns Hopkins University Press, 2005), 188.

6 St. Nikodimos of the Holy Mountain & St. Makarios of Corinth, "Introductory Note", in *The Philokalia*, vol. IV (London: Faber and Faber, 1998), 13. 《필로칼리아》의 편집자인 성산의 성 니코디모스와 코린트의 성 마카리오스는 이 글이 시메온이 성 마마스의 대수도원장으로 재임하는 동안 수도사들에게 행한 설교들이나 교리문답 중 하나라고 설명한다. 시메온은 이 글에서 조지라는 이름을 가진 청년에 대하여 3인칭으로 말하는데 이 청년은 시메온 자신으로 조지는 자신이 수도 생활을 시작하기 전에 받은 세례명이었을 것이라고 말한다.

7 본 장에서는 다음의 두 자료를 사용하였다.
영역본: St. Symeon the New Theologian, "One Hundred and Fifty-three Practical and Theological Texts", in *The Philokalia*, vol. IV, com., St. Nikodimos of the Holy Mountain & St. Makarios of Corinth (London: Faber and Faber, 1998), 25~63.
헬라어본: St. Symeon the New Theologian, "154 πρακτικὰ καὶ θεολογικὰ κεφάλαια", in *ΦΙΛΟΚΑΛΙΑ*, vol. Δ (Greece, 2008), 13~48.
영역본에는 153장의 글로 되어 있고 헬라어본에는 154장으로 되어 있는데 이것은 헬라어본의 153장과 154장을 하나로 묶어 영어로 번역한 것이다.

8 Kallistos Ware, "Symeon the New Theologian", in *The Study of Spirituality*, ed. Cheslyn Jones, Geoffrey Wainwright, and Edward Yarnold (New York: Oxford University Press, 1986), 237.

9 St. Nikodimos of the Holy Mountain & St. Makarios of Corinth, "Introductory Note", 12~13. 또한 Kallistos Ware의 "Symeon the New Theologian", in *The Study of Spirituality*, ed. Cheslyn Jones, Geoffrey Wainwright, and Edward Yarnold (New York: Oxford University Press, 1986), 237 참고 바람.

10 Ibid., 11〜12.

11 McGuckin, 183.

12 Ibid.,184〜187.

13 블라디미르 로스키, 《동방교회의 신비신학에 대하여》, 183.

14 후스토 곤잘레스, 서영일 옮김, 《초대교회사》 (은성, 1995), 276. 아타나시우스는 이러한 신화를 이루기 위해서는 성부와의 친밀한 교제가 중요하다고 여겼다. 그리고 성육신 사건은 바로 이 성부와의 친밀한 교제와 연합을 위한 모범을 제시하고 있기에 성육신은 아타나시우스 신학 체계에 있어서 중요한 위치를 차지하였다.

15 블라디미르 로스키, 《동방교회의 신비신학에 대하여》, 187.

16 St. Symeon, "On Faith", in The Philokalia, vol. IV, com. St. Nikodimos of the Holy Mountain & St. Makarios of Corinth (London: Faber and Faber,1998), 21.

17 St. Symeon, "One Hundred and Fifty-three Practical and Theological Texts", 48. St. Symeon, "154 πρακτικὰ καὶ θεολογικὰ κεφάλαια", 34〜35.

18 Ibid., 49. St. Symeon, "154 πρακτικὰ καὶ θεολογικὰ κεφάλαια", 36.

19 Ibid., 50. St. Symeon, "154 πρακτικὰ καὶ θεολογικὰ κεφάλαια", 36.

20 Ibid., 41. St. Symeon, "154 πρακτικὰ καὶ θεολογικὰ κεφάλαια", 28.

21 Ibid., 36. St. Symeon, "154 πρακτικὰ καὶ θεολογικὰ κεφάλαια", 57.

22 Ibid., 40〜41. St. Symeon, "154 πρακτικὰ καὶ θεολογικὰ κεφάλαια", 27.

23 Ibid., 41. St. Symeon, "154 πρακτικὰ καὶ θεολογικὰ κεφάλαια", 27〜28.

24 시메온의 이러한 견해는 성령의 발현에 관한 동방정교회의 견해인 '아들을 통하여(through the Son)'라는 관점을 계승하고 있다고 할 수 있다. David J. Melling & Ken Parry, "Trinity", in The Blackwell Dictionary of Eastern Christianity, ed. Ken Parry, David Melling, Mimitri Brady, Sidney Griffith & John Healey (Malden, MA: Blackwell Publishers, 2002), 496.

25 St. Symeon, "One Hundred and Fifty-three Practical and Theological Texts", 40. St. Symeon, "154 πρακτικὰ καὶ θεολογικὰ κεφάλαια", 27.

26 John McGuckin, "Symeon the New Theologian's Hymns of Divine Eros: A Neglected Masterpiece of the Christian Mystical Tradition", 188. 맥걱킨은 빛에 대한 전통은 오리겐 학파에서 시작되어 나지안주스의 그레고리오스, 포티케의 디아도쿠스, 그리고 《필로칼리아》의 저자들에 의해 계승되었으며, 성령의 임재를 의식적으로 강조하는 전통은 익명의 마카리오스, 니사의 그레고리오스, 그리고 니느웨의 이삭으로 이어지는 전통이라고 설명하며, 시메온은 이 두 가지 전통을 종합하였다고 지적하는데 타당한 견해다. 다만 여기서 빛에 대한 전통은 다른 학자들의 관점에서는 지성적인 전통으로, 그리고 성령의 임재를 의식하는 전통은 감성적 전통으로 명명되기도 한다.

27 St. Symeon, "One Hundred and Fifty-three Practical and Theological Texts", 42. St. Symeon, "154 πρακτικὰ καὶ θεολογικὰ κεφάλαια", 28.

28 Ibid., 42. St. Symeon, "154 πρακτικὰ καὶ θεολογικὰ κεφάλαια", 29.

29 William F. Arndt and F. Wilbur Gingrich, A Greek-English Lexicon of the New Testament and

Other Early Christian Literature (Chicago, II: The University of Chicago Press, 1959), 105.

30 김수천, "기독교 영성가들에게 있어서 관상(Contemplation)에 이르는 길과 관상기도 (Contemplative Prayer)의 의미–동방정교회(The Eastern Orthodox Church)의 관점을 중심으로", 《협성신학논단》 제9집 (2008년 겨울), 138~139. 《필로칼리아》의 저자 가운데 하나인 다마스쿠스의 페트로스는 관상의 단계를 여덟 단계로 구분하면서 마지막 단계를 영적 세계와 하나님 자신에 대한 지식을 관상하는 것이라고 설명하는데 시메온의 관점이 페트로스의 관점과 일관성이 있는 것을 볼 수 있다.

31 블라디미르 로스키, 《동방교회의 신비신학에 대하여》, 242.

32 Wesley Perschbacher, *The New Analytical Greek Lexicon* (Peabody, Massachusetts: 1996), 444.

33 블라디미르 로스키, 《동방교회의 신비신학에 대하여》, 242.

34 St. Symeon, "On Faith", 18.

35 Kallistos Ware, "기도와 관상의 길–동방교회", 버나드 맥긴, 존 마이엔도르프, 장 레크레르크 엮음, 《기독교 영성(I)》 (은성, 2003), 663.

36 St. Symeon, "On Faith", 22~23.

37 Ibid., 24.

38 Ibid., 20.

39 Ibid., 19.

40 Daniel Griggs, "Symeon the New Theologian's Doctrines on Dispassion", *Mystics Quarterly* 27, No.1 (2001), 15.

41 토마스 머튼, 오무수 옮김, 《명상이란 무엇인가?》 (가톨릭출판사, 1986), 39. 토머스 머튼은 관상의 의미 가운데 하나로서 영혼의 꼭대기에 하나님의 사랑이 부어지는 것을 체험하는 것이라고 정의한다. 머튼이 말하는 이 신적 사랑의 체험은 인간 영혼에게 최고의 기쁨이 되는 것이다. 요한복음에서 예수님은 포도나무 비유(15:1~17)를 통해 나의 사랑과 말에 거하라고 초대한다. 예수님의 사랑 안에 거하면 사랑의 열매를 맺는다고 약속하면서 예수님은 이 포도나무 비유를 가르치는 이유가 기쁨을 위해서라고 강조하고 있다(11절–내가 이것을 너희에게 이름은 내 기쁨이 너희 안에 있어 너희 기쁨을 충만하게 하려 함이라).

42 Kallistos Ware, "Symeon the New Theologian", 240.

43 St. Symeon, "One Hundred and Fifty–three Practical and Theological Texts", 43. St. Symeon, "154 πρακτικὰ καὶ θεολογικὰ κεφάλαια", 29~30.

44 Ibid., 43. St. Symeon, "154 πρακτικὰ καὶ θεολογικὰ κεφάλαια", 30.

45 Ibid., 38의 각주를 참고 바람. 여기서 "하나님이 신들과 연합되고(Ο Θεὸς ἐνώνεται μὲ θεοὺς)"라는 표현은 시메온이 나지안주스의 그레고리오스의 글에서 인용하고 있는 것이다(Oration 45,3). 한편 신들(gods)로 번역되는 θεοὺς는 시편 82편 6절(내가 말하기를 너희는 신들이며 다 지존자의 아들들이라 하였으나)과 요한복음 10장 34절(예수께서 이르시되 너희 율법에 기록된 바 내가 너희를 신이라 하였노라 하지 아니하였느냐)에서 그 성경적 근거를 발견할 수 있다.

46 Ibid., 38. St. Symeon, "154 πρακτικὰ καὶ θεολογικὰ κεφάλαια", 25.

47 Ibid., 31. St. Symeon, "154 πρακτικὰ καὶ θεολογικὰ κεφάλαια", 18. 시메온은 신자가 하나님과 연합될 때 만물을 신적 관점에서 관상하게 된다고 말한다. "그분 안에서 보는 사람은 만물을 관상합니다. 그는 만물에 대한 관상을 삼가는 한편 동시에 자신은 자신이 관상하는 것 밖에 머무릅니다. 그리고 모든 것을 관상합니다. …… 그분 안에서 보는 사람은 그분을 통하여 자신과 다른 사람과 만물을 봅니다."

48 Ibid., 49. St. Symeon, "154 πρακτικὰ καὶ θεολογικὰ κεφάλαια", 36.

49 Ibid., 49~50. St. Symeon, "154 πρακτικὰ καὶ θεολογικὰ κεφάλαια", 36.

50 Theodore Stylianopoulos, "Holy Scripture, Interpretation and Spiritual Cognition in St. Symeon the New Theologian", *Greek Orthodox Theological Review* 46:1–2 (2001), 22.

PART **2**
하나님의 임재를 경험하는 침묵기도의 실제

1장 하나님의 임재를 위한 통성기도와 침묵기도

1 주여 들으소서 주여 용서하소서 주여 귀를 기울이시고 행하소서 지체하지 마옵소서 …….

2 Kallistos Ware, "기도와 관상의 길—동방교회", 버나드 맥긴, 존 마이엔도르프, 장 레크레르크 엮음, 《기독교 영성(I)》 (은성, 2003), 659~660.

3 퀘이커교는 조지 폭스(George Fox)에 의하여 시작된 개신교회 교단으로 현재는 친구들이란 의미로 교단 이름을 'The Friends'라고 부른다. 모든 인간은 하나님의 사랑과 뜻을 분별할 수 있는 내면의 빛(Inner Light)을 지니고 있기에 동등하고 고귀한 존재라는 신학에 따라 퀘이커교도들은 개인적인 깊은 영성은 물론 사회 정의를 균형 있게 추구할 수 있게 되었다. 전통적으로 성령의 임재 체험을 강조한 이 교단은 자연스럽게 역사를 통하여 많은 영성가들을 배출하였는데, 윌리엄 펜은 펜실베이니아에서 헬라어로 형제 사랑을 의미하는 필라델피아 도시를 건설하여 인디언 원주민들과의 평화로운 삶을 추구하는 사회 정의의 영성을 실현하였다. 또한 현대에는 미국의 리처드 포스터(Richard Foster)가 우리에게 잘 알려진 퀘이커교 영성학자다.

4 리처드 포스터, 송준인 옮김, 《기도》 (두란노, 1996), 240~241.

5 김수천, "Theodicy Expressed in Job—The Path of Suffering to Lead a New Understanding of the Creator and Self", 《협성신학논단》 10 (2009), 220~234.

6 Marvin H. Pope, *The Anchor Bible: Job 15* (Garden City, NY: Doubleday & Company, Inc., 1982), 352.

7 토머스 머튼, 오무수 옮김, 《명상이란 무엇인가?》 (가톨릭출판사, 1986), 12.

2장 하나님의 임재를 위한 찬양과 침묵기도

1 리처드 포스터, 박조앤 옮김, 《생수의 강−기독교 영성의 위대한 여섯 가지 전통》 (두란노, 1999), 97.

3장 하나님의 임재를 위한 QT와 침묵기도

1 Joseph G. Sandman, "Centering Prayer: A Treasure for the Soul", *America* (September/2000), 13.

2 Spearritt, "Benedict" (1986), 155.

3 장 레크레르크, "기도와 관상의 길−서방교회", 《기독교 영성(I)》 (은성, 1997), 674.

4 Ibid., 680.

5 Ibid., 683.

6 강치원, "성 빅토르의 휴고(Hugo von St. Viktor)에게 있어서 거룩한 독서(Lectio Divina)", 《한국 교회사학회지》 20 (2007), 23에서 재인용.

7 성 헤시키우스, 엄성옥 옮김, "경성함과 거룩에 관해서", 《필로칼리아》 vol. 1 (은성, 2001), 267∼333. 끊임없이 활동하는 사고의 속성으로 인해 그 사고에게 일할 대상을 주어야 한다는 관점은 영성가들에게 있어서 공통적인 관심이 되어 왔다. 예를 들어, 성 헤시키우스는 예수기도를 반복함으로써 생각은 잡념을 극복하고 순수한 사고의 활동인 무정념의 상태에 이를 수 있다고 강조하였다.

8 Ibid., 278.

9 강치원, "성 빅토르의 휴고(Hugo von St. Viktor)에게 있어서 거룩한 독서(Lectio Divina)", 25∼26쪽에서 재인용.

10 리처드 포스터, 송준인 옮김, 《기도》 (두란노, 1995), 213∼215.

11 Ibid., 213∼214.

12 토머스 머튼, 윤종석 옮김, 《묵상의 능력》 (두란노, 2006), 61∼64.

13 리처드 포스터, 《기도》, 215에서 재인용.

14 유진소, 《말씀과 함께 하나님과 함께》 (두란노, 2009), 68∼72. 현재 개신교회에서 실천하는 QT 운동은 19세기 후반 영국의 캠브리지 대학에서 학생들의 영적 훈련으로 시작되었다. 그들은 하루 일과의 일부를 성경 읽기와 기도로 보내는 삶을 시작하였는데 이때 'Quiet Time을 기억하자'는 구호를 강조하였다.

15 Ibid., 119∼120. 이러한 QT의 단계를 대표하는 전통적인 방법으로 PRESS QT 방법이 있다. PRESS는 다음과 같다. P: Pray for a moment(잠깐 준비 기도하기), R: Read His Word(말씀 읽기), E: Examine His Word(말씀 묵상하기), S: Say back to God(감동 받은 말씀을 가지고 다시 기도하기), S: Share with others what you have found(받은 은혜를 다른 사람과 나누기).

16 에드워드 슈바이처, 편집부 옮김, 《마태오복음: 국제성서주석》 29 (한국신학연구소, 1993), 97. 슈

바이처는 청결한 마음을 하나님을 향한 순수한 마음으로 해석한다.

17 유진소, 《말씀과 함께 하나님과 함께》 (두란노, 2009), 171~172.

18 Ibid., 213~214. 3P에 대하여 유진소는 Personal, Practical, 그리고 Possible로 소개하며 Possible에 대하여 "가능한 적용은 오늘 내가 지금 당장 행동으로 옮길 수 있는 적용을 말합니다."라고 하여 적용하는 시간을 강조하고 있다. 따라서 필자는 Practical의 의미와 유사한 Possible보다는 현재의 의미를 강조하는 Present가 더 바람직한 용어라고 판단한다.

19 장 레크레르크, "기도와 관상의 길" (1997), 678~679.

20 김홍기, 《감리교회사》 (도서출판kmc, 2003), 239. 나눔을 통한 영적 진보를 추구한 이 모임을 특별신도회라고 불렀는데 이 모임의 회원들은 속마음을 진솔하게 털어놓았다. 이것은 그리스도 안에서 진정한 교제와 영적 성장의 전통을 계승하는 것이었다.

21 예수님은 4절에서 포도나무 가지가 줄기에 붙어 있는 것처럼 나의 안에 거하라고 한 후에 9절에서 "아버지께서 나를 사랑하신 것 같이 나도 너희를 사랑하였으니 나의 사랑 안에 거하라."고 하신다. 따라서 포도나무의 비유는 신적 사랑 안에 머무는 것을 추구하는 영성신학의 핵심을 보여 준다고 할 수 있다.

22 William F. Orr and James Arthur Walther, *The Anchor Bible*: *I Corinthians*, 32 (Garden City, NY: Doubleday & Company, Inc., 1982), 291~292.

23 토머스 머튼, 《묵상의 능력》 (2006), 38~50.

24 Benedicta Ward, "The New Orders", in *The Study of Spirituality*, ed. Cheslyn Jones, Geoffrey Wainwright, and Edward Yarnold (New York: Oxford University Press, 1986), 287. 12세기의 사랑신비주의자였던 클레르보의 베르나르(St. Bernard of Clairvaux)는 기도와 봉사의 균형을 강조하였다. 그는 기도를 저수지에 비유하였다. 즉 봉사는 흘러넘치는 저수지처럼 자연스러운 기도의 열매다. 한편, 저수지가 끊임없이 상류로부터 흘러 들어오는 샘물을 필요로 하듯이 봉사를 실천하는 사람도 끊임없이 기도를 통해 하나님의 사랑을 공급받아야 한다.

25 Ibid., 288. 클레르보의 베르나르는 "하나님의 사랑에 관하여(On the Love of God)"에서 신자의 영적 진보를 네 단계의 사랑으로 설명한다. 첫째 단계는, 자신을 위한 인간적 사랑, 둘째 단계는 하나님이 주시는 것 때문에 드리는 계산적 사랑, 셋째 단계는 의무로부터 나오는 자식으로서의 사랑, 그리고 마지막은 하나님 자신과 하나님에 의해 사랑받는 신자 자신을 위한 순수한 사랑이다. QT를 통해 하나님의 사랑 가운데 충분히 머물면 그 사랑으로 인해 신자는 마지막 단계의 순수한 사랑으로 하나님을 사랑할 수 있게 된다. 그리고 그러한 사랑의 관계에서 신자는 예수님이 말씀하신 "더욱 충만해지는 기쁨(요 15:11)"을 경험하게 된다.

26 권희순, 《웨슬리 영성 수련 프로그램》 (도서출판kmc, 2006), 100.

27 Dietrich Bonhoeffer, *Meditating on the Word*, ed. and tr. David Mcl. Gracie (NY: Walker & Company, 1986), 41~57. 본회퍼는 말씀 묵상을 위해 읽은 본문을 모두 묵상하려고 하지 말고 한 구절이나 단어를 반복해서 묵상하라고 조언한다. 이것은 말씀에 대한 묵상보다는 침묵기도가 더 중요한 목적인 침묵기도 훈련을 위해 좋은 방향을 제시한다.

28 토머스 머튼, 《묵상의 능력》, 88~89. 머튼은 묵상에 있어서 가장 중요한 것은 하나님의 사랑 체험이라고 강조한다.

29 David J. Melling, "Hesychasm", *The Blackwell Dictionary of Eastern Christianity* ed. Ken Parry, David Melling, Mimitri Brady, Sidney Griffith & John Healey (Malden, MA: Blackwell Publishers, 2002), 230~232. 동방정교회의 침묵기도 방법을 헤지카즘이라고 하는데 헬라어로 hesychia는 마음의 정적 또는 영적인 쉼을 의미한다.

30 권희순, 《웨슬리 영성 수련 프로그램》, 88. 권희순은 다양한 그리스도교 묵상 전통에 대한 연구를 통해 묵상할 때 오감을 동원하여 성경 이야기 속으로 들어가서 상상의 눈으로 주변을 보고 소리를 듣고 냄새를 맡아 보는 것이 도움이 된다고 강조한다.

31 칼 엘리거, 편집부 옮김, 《소예언서: 국제성경주석》 28 (한국신학연구소, 1993), 267. 엘리거는 이 구절에 대한 주석에서 "신랑 신부가 처음 만날 때와 같은 싱싱한 사랑의 신선함에 대한 아름다운 비유"라고 설명한다. 그러므로 본문을 묵상하는 신자는 그러한 하나님의 친밀한 사랑을 경험하게 될 것이다.

32 피터 크레이기, 손석태 옮김, 《시편(1–50)》(*Word Biblical Commentary*) 19 (솔로몬, 1999), 65~67.

33 헨리 나우웬, 김명희 옮김, 《이는 내 사랑하는 자요》 (IVP, 1995), 25.

34 유진소, 《말씀과 함께 하나님과 함께》, 227.

35 리처드 포스터, 《기도》, 11.

4장 하나님의 임재를 위한 피조물 묵상

1 폴 틸리히, 김경수 옮김, 《조직신학》 vol. I 하 (성광문화사, 1987), 99~106.

2 서종원, "위그 드 생–빅토르의 노아 방주에 나타난 영적 상승과 하나님 형상의 회복", 《한국 교회사학회지》 28 (2011), 134.

3 New International Version의 약자로 이 번역은 비교적 헬라어에 충실한 번역본으로 알려져 있다.

4 에드워드 슈바이처, 편집부 옮김, 《마태오복음: 국제성경주석》 29 (한국신학연구소, 1993), 260.

5 김영선, 《존 웨슬리와 감리교신학》 (대한기독교서회, 2002), 237.

6 Gordon J. Wenham, *Word Biblical Commentary: Genesis 1–15*, vol. 1 (Waco, TX: Word Books, Publisher, 1987), 33. 하나님은 창세기 1장 28절에서 "생육하고 번성하여 땅에 충만하라, 땅을 정복하라 …… 모든 생물을 다스리라."고 하셨다. 인간이 만물의 영장이라고 하는 것은 두 가지 신학적 의미를 지니고 있다. 첫째는 인간만이 하나님의 형상대로 지어졌다는 것이고, 둘째는 하나님의 형상대로 지어졌기에 인간에게는 하나님을 대리하여 피조물을 관리할 수 있는 신적 위임이 주어진 것이다.

7 이용도, 변종호 편, 《이용도목사전집(2): 일기》 (장안문화, 2004), 250.

8 마르크 린하르드, "루터와 종교개혁의 태동", 버나드 맥긴, 존 마이엔도르프, 장 레크레르크 엮음, 《기독교 영성(II)》 (은성, 2003), 395.

9 Henri Nouwen, *The Return of the Prodigal Son: A Story of Homecoming* (NY: Continuum, 1995), 42~43.

10 김수천, "Groaning: A Spirituality of the Believer Living between 'Already' and 'Not Yet'", *Theology and Praxis*, 21 (2009), 151~152.

5장 하나님의 임재를 위한 마음의 기도

1 발라모의 카리톤, 엄성옥 옮김, "서론", 《기도의 기술》 (은성, 2012), 33~35.

2 리처드 포스터, 송준인 옮김, 《기도》 (두란노, 1995), 168.

3 발라모의 카리톤 편집, 엄성옥 옮김, 《기도의 기술》, 99쪽에서 재인용.

4 토마스 첼라노, 프란치스꼬회 한국관구 옮김, 《아씨시 성 프란치스꼬의 생애》 (분도출판사, 2004), 148.

5 김수천, "The First Priority to Live as Living Sacrifice in the World", *Theology and Praxis*, 25 (2010), 177~180.

6 Jürgen Moltmann, *The Way of Jesus Christ*, tr. Margaret Kohl (Minneapolis, MN: First Fortress Press, 1993), 148~149.

7 마르크 린하르드, "루터와 종교개혁의 태동", 버나드 맥긴, 존 마이엔도르프, 장 레크레르크 엮음, 《기독교 영성(II)》 (은성, 2003), 406.

6장 하나님의 임재를 일상에서 경험하는 삶

1 E. W. Trueman Dicken, "Teresa of Avila and John of the Cross", in *The Study of Spirituality*, ed. Cheslyn Jones, Geoffrey Wainwright, and Edward Yarnold (New York: Oxford University Press, 1986), 371~373.

2 리처드 포스터, 송준인 옮김, 《기도》 (두란노, 1995), 36.

3 김홍기, 《감리교회사》 (도서출판kmc, 2003), 117~118.

4 토머스 머튼, 오무수 옮김, 《명상이란 무엇인가?》 (가톨릭출판사, 1986), 43.

참고 문헌

1차 자료

Gregory of Nyssa, *Gregory of Nyssa: The Life of Moses* (New York: aulist Press, 1978).

ΑΓΙΟΥ ΓΡΗΓΟΡΙΟΥ ΝΥΣΣΗΣ. ΕΙΣ ΤΟΝ ΒΙΟΝ ΤΟΥ ΜΩΥΣΕΩΣ. ed. Archimandrite Pangratios Mprousalis (Athens: Αποστολική Διακονία, 1990).

발라모의 카리톤 엮음, 엄성옥 옮김, 《기도의 기술》(은성, 2012).

Athanasius, *On the Incarnation* (Lexington, KY: 2011).

성산의 성 니코디모스와 코린트의 성 마카리오스(St. Nikodimos of the Holy Mountain & St. Makarios of Corinth) 편집, 엄성옥 옮김, 《필로칼리아》 (*The Philokalia*) vol. I, II, III, IV, V (은성, 2002).

Pseudo-Macarius, *The Fifty Spiritual Homilies and the Great Letter*. tr. and ed. George A. Maloney (New York: Paulist Press, 1992).

2차 자료

강치원, "성 빅토르의 휴고(Hugo von St. Viktor)에게 있어서 거룩한 독서(Lectio Divina)", 《한국 교회사학회지》 20 (2007 봄), 7~37.

후스토 곤잘레스, 서영일 옮김, 《초대교회사》(은성, 1995).

권희순, 《웨슬리 영성수련 프로그램》(도서출판kmc, 2006).

김병훈, "기도의 본질에 관한 심층적 고찰", 《신학과 실천》 15 (2008 여름), 184~210.

김수천, "4세기의 이집트 수도자 마카리오스와 에바그리오스의 영성 사상 고찰", 《신학과 실천》 19 상권 (2009 여름), 231~262.

_____. "그리스도교 영성가들에게 있어서 관상(Contemplation)에 이르는 길과 관상 기도(Contemplative Prayer)의 의미—동방정교회(The Eastern Orthodox Church)의 관점을 중심으로", 《협성신학논단》 9 (2008년 겨울), 134~153.

_____. "성 시메온(St. Symeon the New Theologian)의 가르침에 나타난 신성의 빛의 의미", 《한국 교회사학회지》 27 (2010), 37~66.

_____. "동방정교회 영성의 고전 필로칼리아에 나타난 무정념에 이르는 길", 《신학과 실천》 16 (2008), 251~282.

김영선, 《존 웨슬리와 감리교신학》 (대한기독교서회, 2002).

김종순, "향심기도", 정원범 엮음, 《영성 목회 21세기》 (한들출판사, 2006), 335~346.

김홍기, 《감리교회사》 (도서출판kmc, 2003).

헨리 나우웬, 김명희 옮김, 《이는 내 사랑하는 자요》 (IVP, 1995).

포티케의 디아도쿠스(St. Diadochos of Photiki), "영적 지식과 분별에 관하여", 《필로칼리아—The Philokalia》 vol. 1, 407~476.

류기종, 《기독교 영성-영성 신학의 재발견》 (은성, 1997).

블라디미르 로스키(Vladimir Lossky), 박노양 옮김, 《동방교회의 신비신학에 대하여》 (한국장로교출판사, 2003).

_____. 주승민 옮김, "부정의 신학과 삼위일체 신학", Daniel B. Clendenin 편집, 《동방정교회 신학》 (은성, 1997), 27~247.

마르크 린하르드, "루터와 종교개혁의 태동", 버나드 맥긴, 존 마이엔도르프, 장 레크레르크 엮음, 《기독교 영성(II)》 (은성, 2003), 391~434.

토머스 머튼, 오무수 옮김, 《명상이란 무엇인가?》 (가톨릭출판사, 1986).

_____. 윤종석 옮김, 《묵상의 능력》 (두란노, 2006)

게르하르트 폰 라드, 《창세기: 국제성서주석》 vol. 1 (한국신학연구소, 1993).

장 레크레르크, "기도와 관상의 길-서방교회", 버나드 맥긴, 존 마이엔도르프, 장 레크레르크 엮음, 《기독교 영성(I)》 (은성, 2003), 669~685.

A. 바이저, 《시편(I): 국제성서주석》 vol. 16-1 (한국신학연구소, 1993).

서종원, "위그 드 생-빅토르의 노아 방주에 나타난 영적 상승과 하나님 형상의 회복", 《한국 교회사학회지》 28 (2011), 115~164.

에두아르트 슈바이처, 《마태오복음: 국제성서주석》 vol. 29 (한국신학연구소, 1993).

크리스토포로스 스타프로포울로스, "하나님의 성품에 참여하는 자", 대니얼 클렌데닌 편집, 주승민 옮김, 《동방정교회 신학》 (은성, 1997), 283~299.

니키타스 스티타토스(Nikitas Stithatos), "사물의 내적 본질과 지성의 정화에 관한 100편의 글", 《필로칼리아》 vol. 4, 51~255.

신 신학자 시메온(St. Simeon), "실질적인 가르침과 신학적인 가르침", 《필로칼리아》 vol. 5, 123~194.

칼 엘리거, 편집부 옮김, 《소예언서: 국제성서주석》 28 (한국신학연구소, 1993).

칼리스토스 웨어(Kallistos Ware), "기도와 관상의 길-동방교회", 버나드 맥긴, 존 마이엔도르프, 장 레크레르크 엮음, 《기독교 영성(I)》 (은성, 2003), 637~649.

오무수, "옮긴이의 말", 토머스 머튼, 오무수 옮김, 《명상이란 무엇인가?》 (가톨릭출판사, 1986), 82~93.

유진소, 《말씀과 함께 하나님과 함께》 (두란노, 2009).

이용도, 《이용도목사전집(2): 일기》, 변종호 편 (장안문화, 2004).

이후정, "서문", 마카리오스, 이후정 옮김, 《마카리오스의 신령한 설교》 (은성, 1993), 13~20.

존 지지울러스(John D. Zizioulas), "초기 기독교 공동체", 버나드 맥긴, 존 마이엔도르프, 장 레크레르크 엮음, 이후정 외 옮김, 《기독교 영성(I)》 (은성, 2003), 57~86.

토마스 첼라노, 프란치스꼬회 한국관구 옮김, 《아씨시 성 프란치스꼬의 생애》 (분도출판사, 2004).

발라모의 카리톤, "서론", 발라모의 카리톤 편집, 엄성옥 옮김, 《기도의 기술》 (은성, 2012), 9~56.

피터 크레이기, 손석태 옮김, 《시편(1-50)》 (Word Biblical Commentary) vol. 19 (솔로몬, 1999).

대니얼 클렌데닌(Daniel B. Clendenin), 김도년 옮김, 《동방정교회 개론》 (은성, 1996).

리비아의 성 탈라시오스(St. Thalassios the Lybyan), "사랑, 절제, 지성과 일치하는 삶에 관하여", 《필로칼리아》 vol. 2, 495~558.

성 테오그노스토스(St. Theognostos), "덕의 실천, 관상, 사제직에 관하여", 《필로칼리아》 vol. 2, 594~625.

폴 틸리히, 김경수 옮김, 《조직신학》 vol. I 하 (성광문화사, 1987).

G. E. H. 팔머, 필립 쉐라드, 알키맨드라이트 K. 웨어(G. E. H. Palmer, Philip Sherrard and Archimandrite K. Ware), "서문", 《필로칼리아》 vol. 1, 9~6.

리처드 포스터(Richard J. Foster), 박조앤 옮김, 《생수의 강–기독교 영성의 위대한 여섯 가지 전통》 (두란노, 1999).

_____. 송준인 옮김, 《기도》 (두란노, 1996).

마빈 포우프, 편집부 옮김, 《욥기: 국제성서주석》 vol. 15 (한국신학연구소, 1993).

다메섹의 피터(St. Peter of Damaskos), "관상의 여덟 단계", 《필로칼리아》 vol. 3, 156~203.

시나이의 필로테오스(St. Philotheos of Sinai), "맑은 정신에 관한 40편의 글", 《필로칼리아》 vol. 3, 11~34.

도날드 헤그너, 채천석 옮김, 《마태복음 1–13: Word Biblical Commentary》 vol. 33 상. 솔로몬. 1999.

성 헤시키우스(St. Hesychios the Priest), "경성함과 거룩에 관하여: 테오둘로스를 위한 글", 《필로칼리아》 vol. 1, 269~333.

예루살렘의 헤시키우스(Hesychius of Jerusalem), "테오둘루스에게 보낸 맑은 정신과 기도, 그리고 영혼 구원에 관한 글", 《필로칼리아》 vol. 5, 373~440.

Arndt, William F. and F. Wilbur Gingrich, *A Greek–English Lexicon of the New Testament and Other Early Christian Literature* (Chicago, Il: The University of Chicago Press, 1959).

Behm, J., "μορφή, μορφόω, μόρφωσις, μεταμορφόω", *Theological Dictionary of the New Testament* vol. 4, ed. Gerhard Kittel, 742~759.

Break, Fr. John, "Prayer of the Heart: Sacrament of the Presence of God", *St. Vladimir's Theological Quarterly* 39 no 1 (1995), 25~45.

Bryant, Christopher, "The Nature of Spiritual Development", in *The Study of Spirituality*, ed. Cheslyn Jones, Geoffrey Wainwright, and Edward Yarnold (New York: Oxford University Press, 1986), 565~567.

Bonhoeffer, Dietrich, *Meditating on the Word*. ed. & tr. David McI. Gracie (NY: Walker & Company, 1986).

Cassian, John, "On the Eight Vices", in *The Philokalia* vol. 1, 73~93.

Chadwick, Owen, "John Cassian", in *The Study of Spirituality*, ed. Cheslyn Jones, Geoffrey Wainwright, and Edward Yarnold (New York: Oxford University Press, 1986), 145~148.

Dicken, E. W. Trueman, "Teresa of Avila and John of the Cross", in *The Study of Spirituality*, ed. Cheslyn Jones, Geoffrey Wainwright, and Edward Yarnold (New York: Oxford University

Press, 1986), 363~376.

Evagrius, "Texts on Discrimination in Respect of Passions and Thoughts", in *The Philokalia* vol. 1. com. St. Nikodimos of the Holy Mountain and St. Makarios of Corinth, tr. and ed. G. E. H. Palmer, Philip Sherrard and Archimandrite K. Ware (Faber and Faber: London, 1979), 38~52.

_____. "On Prayer: 153 Texts", in *The Philokalia* vol. 1, 55~71.

_____. "Outline Teaching on Asceticism and Stillness in the Solitary Life", in *The Philokalia* vol. 1, 31~37.

_____. "Extracts from the Texts on Watchfulness", in *The Philokalia* vol. 1, 53~54.

Ferguson, Everett, "God's Infinity and Man's Mutability: Perpetual Progress according to Gregory of Nyssa", *Greek Orthodox Theological Review* 18 (1973), 59~78.

Ford, C. David, "Saint Makarios of Egypt and John Wesley: Variations on the Theme of Sanctification", *Greek Orthodox Theological Review* 33 (1988) no. 3, 285에서 재인용. 285~312.

Griggs, Daniel, "Symeon the New Theologian's Doctrines on Dispassion", *Mystics Quarterly* 27. no.1 (2001), 9~27.

Jenson, Robert W. "Gregory of Nyssa The Life of Moses", *Theology Today* 62 (2006), 533~537.

Kim, Sucheon, "Groaning: A Spirituality of the Believer Living between 'Already' and 'Not Yet'", *Theology and Praxis* 21 (2009), 151~166.

_____. "The First Priority to Live as Living Sacrifice in the World", *Theology and Praxis* 25 (2010), 169~189.

_____. "Theodicy Expressed in Job—The Path of Suffering to Lead a New Understanding of the Creator and Self", 《협성신학논단》 10 (2009), 220~234.

Laird, Martin, "The 'Open Country Whose Name is Prayer': Apophasis, Deconstruction, and Contemplative Practice", *Modern Theology* 21 (Jan. 2005) no.1, 141~155.

Lane, William B., "The Gospel according to Mark", *The New International Commentary on The New Testament* (Grand Rapids, MI: Wm. B. Eerdmans Publishing Co., 1988).

Latourette, Kenneth Scott, *A History of Christianity* vol. 1 (New York: Harper San Francisco, 1975).

Lawrence, Brother & Frank Laubach, *Practicing His Presence* (Jacksonville, FL: The SeedSowers).

Lentricchia, Frank, "Last Will and Testament of an Ex–Literary Critic", Lingua Franca 6. no. 2 (New York: *Lingua Franca*, 1996), 59~67.

Louth, Andrew, "The Cappadocians", in *The Study of Spirituality*, ed. Cheslyn Jones, Geoffrey Wainwright, and Edward Yarnold (New York: Oxford University Press, 1986), 161~168.

_____. "Denys the Areopagite", in *The Study of Spirituality*, ed. Cheslyn Jones, Geoffrey Wainwright, and Edward Yarnold (New York: Oxford University Press, 1986), 161~168, 184~189.

_____. "Augustine", in *The Study of Spirituality*, ed. Cheslyn Jones, Geoffrey Wainwright, and Edward Yarnold (New York: Oxford University Press, 1986), 134~145.

Malherbe, Abraham J. and Everett Ferguson, "Introduction", in *Gregory of Nyssa: The Life of Moses* (New York: Paulist Press, 1978), 1~23.

_____. "Notes", in *Gregory of Nyssa: The Life of Moses* (New York: Paulist Press, 1978), 141~194.

McGinn, Bernard & Patricia F. McGinn,. *Early Christian Mystics: The Divine Vision of the Spiritual Masters* (New York: The Crossroad Publishing Company, 2003).

McGuckin, John, "Symeon the New Theologian's Hymns of Divine Eros: A Neglected Masterpiece of the Christian Mystical Tradition", *Spiritus* 5 (2005) (The Johns Hopkins University Press, 2005), 182~202.

Meyendorff, John, "Preface", in *Gregory of Nyssa: The Life of Moses* (New York: Paulist Press, 1978), xi–xvi.

Melling, David J., "Hesychasm", in *The Blackwell Dictionary of Eastern Christianity*, ed. Ken Parry, David Melling, Mimitri Brady, Sidney Griffith & John Healey. Malden (MA: Blackwell Publishers, 2002), 230~232.

Melling, David J. & Ken Parry, "Trinity", in *The Blackwell Dictionary of Eastern Christianity*, ed. Ken Parry, David Melling, Mimitri Brady, Sidney Griffith & John Healey. Malden (MA: Blackwell Publishers, 2002), 494~496.

Moltmann, Jürgen, *The Way of Jesus Christ*, tr. Margaret Kohl (Minneapolis, MN: First Fortress Press, 1993).

Mprousalis, Archimandrite Pangratios, "Notes", in *ΕΙΣ ΤΟΝ ΒΙΟΝ ΤΟΥ ΜΩΥΣΕΩΣ* (Athens: Απο στολική Διακονία, 1990), 304~453.

St. Nikodimos of the Holy Mountain & St. Makarios of Corinth, "Introductory Note", in *The Philokalia* vol. IV (London: Faber and Faber, 1998), 11~15.

Nolland, John, "The Gospel according to Luke", *Word Biblical Commentary* vol. 35C (Dallas, TX: Word Books, 1995).

Nouwen, Henri, *The Return of the Prodigal Son: A Story of Homecoming* (NY: Continuum, 1995).

O'connell, Patrick F., "The Double Journey in Saint Gregory of Nyssa: The Life of Moses", *Greek Orthodox Theological Review* 28 no 4. Win (1983), 301~324.

Orlov, Andrei and Alexander Golitzin, "Many Lamps Are Lightened from the One: Paradigms of the Transformational Vision in Macarian Homilies", *Vigiliae Christianae* 55 (Aug. 2001) no. 3 (Leiden, Netherlands: Brill Academic Publishers, 2001), 281~298.

Orr, William F. and James Arthur Walther, *The Anchor Bible: I Corinthians* vol. 32 (Garden City, NY: Doubleday & Company, Inc., 1982).

Palmer, G. E. H. Philip Sherrard and Archimandrite K. Ware, "Evagrios the Solitary", in *The Philokalia* vol. 1, 29~30.

_____. "Introduction", in *The Philokalia* vol. 1, 11~18.

Pope, Marvin H, *The Anchor Bible: Job* vol. 15 (Garden City, NY: Doubleday & Company, Inc., 1982).

Parry, Ken, "Apophatic Theology", in *The Blackwell Dictionary of Eastern Christianity*, ed. Ken Parry, David Melling, Mimitri Brady, Sidney Griffith & John Healey. Malden (MA: Blackwell Publishers, 2002), 36~37.

_____. "Deification", in *The Blackwell Dictionary of Eastern Christianity*, ed. Ken Parry, David Melling, Mimitri Brady, Sidney Griffith & John Healey. Malden (MA: Blackwell Publishers, 2002), 159.

Perschbacher, Wesley, *The New Analytical Greek Lexicon* (Peabody, Massachusetts: 1996).

Rasmussen, Mette Sophia B., "Like a Rock or like God? The Concept of apatheia in the Monastic Theology of Evagrius of Pontus", *Studia Theologica* 59 (2005), 147~162.

Robb-Dover, Kristina, "Gregory of Nyssa's 'Perpetual Progress'", *Theology Today* 65 (2008), 213~225.

Sandman, Joseph G., "Centering Prayer: A Treasure for the Soul", *America* (September/2000), 12~14.

Sheldrake, Philip, "What is Spirituality?", in *Exploring Christian Spirituality*, ed. Kenneth J. Collins. Grand Rapids (MI: Baker Books, 2001), 21~42.

St. Symeon, "On Faith", in *The Philokalia* vol. IV, 16~24.

_____. "One Hundred and Fifty-three Practical and Theological Texts", in *The Philokalia* vol. IV, 25~63.

_____. "154 πρακτικὰ καὶ θεολογικὰ κεφάλαια", in *ΦΙΛΟΚΑΛΙΑ* vol. Δ (Greece, 2008), 13~48.

Spearritt, Placid, "Benedict", in *The Study of Spirituality*, ed. Cheslyn Jones, Geoffrey Wainwright, and Edward Yarnold (New York: Oxford University Press, 1986), 148~156.

Stephenson, A. A., "Macarius the Egyptian", *New Catholic Encyclopedia* 9 (1967): 3~4. Quoted in David C. Ford, "Saint Makarios of Egypt and John Wesley: Variations on the Theme of Sanctification", *Greek Orthodox Theological Review* 33, no. 3 (1988): 285.

Stylianopoulos, Theodore, "The Philokalia: A Review Article", *Greek Orthodox Theological Review*, 252~263.

_____. "Holy Scripture, Interpretation and Spiritual Cognition in St. Symeon the New Theologian", *Greek Orthodox Theological Review* 46:1-2 (2001), 3~34.

Tugwell, Simon, "Evagrius and Macarius", in *The Study of Spirituality*, ed. Cheslyn Jones, Geoffrey Wainwright, and Edward Yarnold (New York: Oxford University Press, 1986), 168~175.

Wainwright, Geoffrey, "Types of Spirituality", in *The Study of Spirituality*, ed. Cheslyn Jones, Geoffrey Wainwright, and Edward Yarnold (New York: Oxford University Press, 1986), 592~605.

Ward, Benedicta, "The New Orders", in *The Study of Spirituality*, ed. Cheslyn Jones, Geoffrey Wainwright, and Edward Yarnold (New York: Oxford University Press, 1986), 283~291.

Ware, Kallistos, "The Origins of the Jesus Prayer: Diadochus, Gaza, Sinai", in *The Study of Spirituality*, ed. Cheslyn Jones, Geoffrey Wainwright, and Edward Yarnold (New York: Oxford University Press, 1986), 176~184.

_____. "Symeon the New Theologian", in *The Study of Spirituality*, ed. Cheslyn Jones, Geoffrey Wainwright, and Edward Yarnold (New York: Oxford University Press, 1986), 235~241.

Wenham, Gordon J., *Word Biblical Commentary: Genesis 1–15* vol. 1 (Waco, TX: Word Books, Publisher, 1987).

Wesley, John, "The Scripture Way of Salvation", in *John Wesley*, ed. Albert C. Outler (New York: Oxford University Press, 1980), 271~282.

침묵기도, 하나님을 만나는 길
일상의 성화를 위한 훈련

발행일   2020년 3월 19일 초판 1쇄
             2020년 4월 20일 초판 2쇄

지은이   김수천
발행인   전명구
편집인   한만철
발행처   도서출판kmc

서울특별시 종로구 세종대로 149 감리회관 16층
(재)기독교대한감리회 도서출판kmc
전화 02-399-2008   팩스 02-399-2085
www.kmcpress.co.kr

디자인·인쇄 코람데오

Copyright (C) 도서출판kmc, 2020, *Printed in Korea*.
ISBN 978-89-8430-837-4 03230

이 도서의 국립중앙도서관 출판예정도서목록(CIP)은 서지정보유통지원시스템 홈페이지(http://seoji.nl.go.kr)와
국가자료종합목록 구축시스템(http://kolis-net.nl.go.kr)에서 이용하실 수 있습니다. (CIP제어번호 : CIP2020008802)